SOUVENIRS

D'UN TÉLÉGRAPHISTE

STRASBOURG

L'ARMÉE DE LA LOIRE

L'ARMÉE DE L'EST

SOUVENIRS D'UN TÉLÉGRAPHISTE

1870 - 1871

TYPOGRAPHIE ET LITHOGRAPHIE HENRY FRICOTEL
2, Quai de Juillet, 2

1898

« *Nous sommes heureux de dire que nous avons reçu de M. le
« général d'Aurelle de Paladines, membre de notre commission, le
« témoignage le plus favorable sur les services qu'a rendus à
« l'armée de la Loire la mission télégraphique détachée auprès de
« lui.* »

(Rapport de MM. Eschasseriaux et Lallié à l'Assemblée Nationale sur les communications postales et télégraphiques. — *Enquête parlementaire*, séance du 22 décembre 1872.)

<div style="text-align:center">~~~~~~~~~~</div>

« *Rien ne me serait plus agréable que de reproduire l'éloge que
« me faisaient des missions de télégraphie militaire les généraux
« Faidherbe, Chanzy, Martin des Pallières, Billot, Borel, Bourbaki,
« etc. Mais il faut se borner. La commission écouta avec faveur les
« louanges que le général d'Aurelle de Paladines donnait devant
« elle et devant moi à mes collaborateurs.* »

(Stéénackers : *Les Postes et les Télégraphes en province.*)

<div style="text-align:center">~~~~~~~~~~</div>

« *Pour moi, je ne suis guère qu'un écho dans l'éloge à faire des
« chefs des missions télégraphiques et de leurs subordonnés. Les
« généraux ont été unanimes à leur rendre justice. En dehors même
« de ce qui regarde les services spéciaux qu'ils rendaient, ils eurent
« toujours une attitude qui fut remarquée partout où ils furent
« envoyés, sans cesse aux premiers rangs, faisant avec le plus grand
« sang-froid leur difficile et périlleux service, payant bravement de
« leur personne toutes les fois que cela était nécessaire, sans hésiter
« jamais, sans marchander, comme le soldat qui a le souci de son
« honneur, le sentiment de son devoir.* »

(STÉENACKERS : *Les Postes et les Télégraphes en province.*)

« *Les mouvements furent exécutés avec une précision remarqua-
« ble, grâce à la sûreté des communications télégraphiques qui n'ont
« pas cessé de fonctionner jusque sous le feu de l'ennemi. Je saisis
« cette occasion de signaler les services inappréciables rendus aux
« armées, pendant tout le cours de la campagne, par le personnel
« des télégraphes. Plusieurs agents ont montré un courage et un
« sang-froid au-dessus de tout éloge.* »

(DE FREYCINET : *La Guerre en province.*)

« Le Directeur Général s'empresse, avec la plus vive satisfac-
« tion, de porter à la connaissance des Agents de l'Administration des
« Postes et Télégraphes la dépêche suivante qu'il vient de recevoir
« du délégué du Ministre de la Guerre auprès de la 1re armée :

« Ornans, 14 janvier 1871.

« Hier, pendant le combat d'Arcey, la ligne télégraphique a été
« poussée jusqu'aux batteries ; quelques heures à peine après l'enlè-
« vement des positions, un poste fonctionnait dans le village arraché
« à l'ennemi. Je suis heureux de pouvoir vous adresser mes félici-
« tations pour de tels résultats qui ont fait ici l'admiration de tous.

(Ordre du jour de M. Stéénackers, 14 janvier 1871.)

PREMIÈRE PARTIE

I

ROCHEFORT

Lorsque, le 19 juillet 1870, circula la nouvelle de la déclaration de guerre à la Prusse, j'étais à Rochefort où, fort paisiblement, j'exerçais les modestes fonctions de télégraphiste.

L'incident qui causait l'explosion s'était produit au commencement du même mois, à la suite de l'acceptation de la couronne d'Espagne par le Prince Léopold de Hohenzollern. Sur les représentations énergiques faites à Berlin par le ministère Ollivier, ce projet avait été abandonné avec l'assentiment du roi de Prusse. La guerre aurait donc été évitée si l'Empereur n'avait exigé que le roi Guillaume promît de ne jamais consentir à la candidature éventuelle des Hohenzollern : ce dernier, alors à Ems, répondit le 13 juillet à notre ambassadeur Bénédetti qu'il refusait de s'engager sans terme et pour tous les cas.

Lorsqu'il eut connaissance du résultat de l'entrevue, M. de Bismarck rédigea la fameuse dépêche dite d'Ems, destinée à tromper l'opinion en France :

« *L'ambassadeur français a demandé à Sa Majesté le Roi à Ems de l'autoriser à télégraphier à Paris que Sa Majesté s'engageait pour tout l'avenir à ne jamais donner son consentement dans le cas où les Hohenzollern reviendraient sur leur candidature. Sa Majesté a refusé alors de recevoir de nouveau l'ambassadeur français et lui a fait dire qu'elle n'avait plus rien à lui communiquer.* »

Rien n'était plus faux. En réalité, le roi Guillaume n'avait refusé de voir Bénédetti que pour ne pas continuer l'entretien sur un sujet épuisé, et, quelques instants plus tard, avant de quitter Ems, il avait dit à l'ambassadeur que son gouvernement poursuivrait les négociations.

Le cabinet français considéra la dépêche prussienne comme un outrage, et, le 15 juillet, demanda un crédit de 500 millions en annonçant qu'il avait rappelé les réserves pour soutenir la guerre qu'on lui offrait.

L'événement ne surprit personne. Dans les sphères gouvernementales, tout le monde voulait la guerre : l'Impératrice dans un intérêt dynastique ; son entourage, parce qu'il voyait dans la lutte avec la Prusse le moyen de relever le prestige affaibli de l'Empereur.

et Thiers lui-même qui avouait désirer plus que personne la réparation des événements de 1866. Les journaux affirmaient que l'armée impériale mènerait l'ennemi tambour battant et ne ferait des Prussiens qu'une bouchée (1).

A Rochefort, comme à Paris, comme partout, la nouvelle de la déclaration provoqua presque une émeute.

La majorité de la population, facilement impressionnable et convaincue de l'infaillibilité de nos armes, se livrait à des manifestations belliqueuses parsemées de ces cris « à Berlin » que l'on croyait prophétiques.

Quant à moi, je me laissais volontiers aller à l'enthousiasme populaire et je n'envisageais l'avenir que sous les plus riantes couleurs. Est-ce que, de 1792 à 1808, la Prusse n'avait pas tenté par deux fois de se faire contre nous le champion de la féodalité terrassée et des trônes menacés par la Révolution française ? Une première fois vaincue à Valmy, elle s'était fait écraser à Iéna et à Auerstædt par Napoléon qui lui avait imposé la paix de Tilsitt.

N'en serait-il pas ainsi cette fois encore ? La guerre deviendrait pour la France l'occasion d'un nouveau triomphe, d'une gloire nouvelle. Pouvait-il en être autrement, alors que ceux qui assumaient en cette occasion les plus lourdes responsabilités, les membres

---

(1) Arthur CHUQUET (*La Guerre de 1870-71*).

du gouvernement, avaient, dans la fameuse séance du 15 juillet, déclaré à la Chambre qu'ils le faisaient « d'un cœur léger » ?

J'avais été, l'année précédente, réformé pour myopie par le Conseil de révision, et il m'eût été loisible, comme à tant d'autres, de rester tranquillement chez moi et de juger à distance et sans danger les coups que les deux adversaires allaient échanger. Mais je n'y pensai pas un seul instant, et, avec l'assentiment de mon père, j'écrivis au directeur général à Paris pour me mettre à sa disposition.

Les Conseils de révision n'étaient pas aussi sévères à cette époque qu'ils le sont aujourd'hui, et la myopie qui m'avait fait déclarer impropre au service militaire ne pouvait en aucune façon m'empêcher d'utiliser aux armées mes connaissances professionnelles ; aussi, demandais-je instamment à M. de Vongy [1] de me désigner pour faire partie d'une mission télégraphique militaire.

L'ordre de rappel des réserves avait été lancé le 14 juillet et la mise en route des détachements avait commencé le 18. Elle se poursuivait péniblement, entravée par les embarras des chemins de fer débordés par les transports de toute espèce et par l'insuffisance des approvisionnements dans les dépôts. A Rochefort, les détachements se succédaient sans interruption : on les dirigeait sur Paris et, de là, sur la frontière. A

---

[1] Directeur général des Télégraphes.

l'arsenal de la marine, on travaillait fiévreusement nuit et jour.

Mon père avait accepté sans grand enthousiasme, on le comprend, mon ¡projet d'enrôlement comme télégraphiste dans l'armée qui se concentrait sur les bords du Rhin. Il s'était fait de la télégraphie militaire une idée absolument fausse que, en dépit de mon ignorance personnelle sur la matière, je m'efforçais de combattre ou, tout au moins, d'atténuer.

« Tu vas être exposé, me disait-il, à mille dangers. Il est évident qu'en campagne le télégraphiste militaire devient une sorte d'enfant perdu dont le rôle est de pénétrer au milieu des lignes ennemies, de couper les communications, d'établir des dérivations pour surprendre les dépêches échangées, les ordres de marche, etc. Rien, jusqu'à ce jour, ne t'a préparé à ce rôle si difficile, si périlleux ; sauras-tu le remplir convenablement ? Ta mauvaise vue ne viendra-t-elle pas le compliquer ? »

Certes, je comprenais ses craintes, mais, en demandant à partir, j'avais accepté d'avance toutes les conséquences de ma démarche, et ma seule appréhension était de ne pas me montrer à la hauteur des événements, soit par suite de l'insuffisance de mon instruction professionnelle, soit que le courage vint à me manquer en présence de dangers brusquement entrevus.

J'attendais, agité d'une impatience qui devint presque douloureuse, car l'ordre attendu n'arriva pas immédiatement comme je l'espérais.

Je renouvelai ma demande, par le télégraphe cette fois.

Enfin, le 30, l'ordre arriva. Je l'ai retrouvé parmi de vieux papiers. Il est assez laconique pour que je le transcrive ici :

M. Bitteau est invité à cesser immédiatement son service et à se présenter d'urgence à Paris, 103, rue de Grenelle, au cabinet de M. Bonivard, chef du Personnel.

J'allais donc partir ! J'allais pouvoir consacrer ma part d'efforts à la France ; aider, dans mes faibles moyens, à lui tresser une majestueuse couronne de gloire !

Tout de suite, je consultai l'horaire des trains sur Paris : je n'avais plus que quatre heures devant moi pour boucler ma malle et embrasser mon père, ma sœur et mon oncle, toute ma famille. Je n'eus pas le temps de réfléchir durant ces courts instants que j'aurais cependant voulu abréger, tant je redoutais le moment si cruel de la séparation.

C'est à peine si je pus prendre en compagnie de ces êtres chéris que j'allais quitter un repas hâtif qu'attristait le silence de tous.

En ces ports de mer où dominent les officiers de vaisseau, les officiers d'infanterie ou d'artillerie de marine, les scènes de cette nature sont fréquentes ;

les embarquements, les nominations aux colonies provoquent de longues et douloureuses séparations, et il n'est peut-être pas une famille qui ne compte un de ses membres naviguant au loin sur un de nos bâtiments de guerre ou remplissant quelque fonction dans une de nos possessions d'outre-mer. Mon père et mon oncle avait subi le sort commun : revenus à leur port d'attache après des années d'absence, ils s'étaient faits à l'idée que je partirais aussi quelque jour et étaient d'ailleurs animés de sentiments trop patriotiques pour ne pas comprendre que j'accomplissais un devoir étroit.

Aussi, s'efforçaient-ils de dissimuler leur propre tristesse pour ne pas augmenter celle de ma sœur qui ne cachait rien, elle, de ses sentiments, dont les larmes coulaient sans interruption et qui (les esprits forts me pardonneront l'intimité de ces détails) ne me quittait pas des yeux et m'embrassait à chaque instant.

Alors seulement, plus l'heure du départ se faisait proche, plus je sentis une force presque invincible me retenir là, dans ce foyer. Je me souviens qu'au dernier moment, lorsque je me levai pour leur donner le baiser d'adieu, ma gorge se serra et qu'une explosion de sanglots me secoua tout entier.

II

PARIS

J'arrivai à Paris.

Tout de suite, je fus frappé de l'aspect singulier qu'avait la grande cité en ces journées d'effervescence. C'était, dans les rues principales, sur les boulevards, une foule grouillante et extraordinairement animée. Une chose me frappa : de tous côtés, je n'apercevais qu'hommes en blouses blanches, figures que, malgré moi, je jugeai suspectes, types étranges qu'un enthousiasme factice ou non rendait fort bruyants. On les eût pu croire sincères à constater l'ardeur avec laquelle ils entonnaient la *Marseillaise* et le *Ça ira*.

J'allai rue de Grenelle. Après une longue attente, je fus enfin reçu par le directeur du Personnel qui me notifia ma nomination de télégraphiste à l'armée du Rhin et me donna l'ordre de me rendre immédiatement à Strasbourg.

— Partez au plus vite, me dit-il, vous trouverez à

Strasbourg votre commission et les ordres vous concernant.

— Fort bien, pensai-je, mais de l'argent ?

Je trouvais juste qu'on me délivrât une feuille de route me permettant de faire ce voyage au tarif militaire ; je pensais même qu'une indemnité d'entrée en campagne m'était dûe. J'en fis timidement la remarque, mais rien de tout cela n'était préparé. Je toucherais donc à Strasbourg la somme nécessaire à ma mise en route !

Alors je partais sans autre argent que celui que j'avais en poche, et j'en avais peu.

Quelqu'autre, à ma place, eût peut-être, en insistant, obtenu la délivrance d'un mandat, mais l'encombrement des bureaux, l'énervement des chefs étaient tels que je n'osai protester. « Je me serrerai l ventre », me dis-je, et, sur cette réflexion toute philosophique, je quittai la direction et me rendis à la gare de l'Est.

Le grand hall était plein d'une foule hurlante de soldats de toutes armes, sans chefs, confondus avec des Allemands que rappelait chez eux l'ordre de mobilisation.

D'un côté j'entendais les cris de « Vive la France ! » de l'autre ceux de « Vive l'Allemagne ! »

Ce heurt de sentiments patriotiques, aussi sincères chez les uns que chez les autres, provoquait un peu partout des rixes que personne, d'ailleurs, ne s'occupait d'apaiser, tant le désordre était grand.

Le personnel de la Compagnie était affolé : aucun guichet n'était ouvert, l'accès des quais était libre. Je parvins à grand peine à atteindre un wagon de 3e classe et à m'installer, tant bien que mal, dans un compartiment accaparé déjà par neuf soldats qui buvaient, fumaient et menaient un tapage infernal.

Après plusieurs heures d'attente, le train s'ébranla. Ce fut le signal d'un vacarme difficile à décrire. Les hommes vociféraient et leurs cris n'avaient plus rien d'humain.

III

EN ROUTE !

Qu'il fut pénible, ce voyage !

A tous les arrêts (et combien fréquents!) c'étaient, de la part des populations, des ovations bruyantes. Des gens, mûs par un ardent patriotisme, envahissaient les quais, offraient aux soldats du vin, de l'eau-de-vie, du tabac, des aliments et les obligeaient à boire pour fêter par avance les futurs succès de nos armées.

Hélas! tous ces braves gens avaient la foi ; tous croyaient à notre supériorité, disaient merveille de notre armement.

Et le train reprenait sa course.

Mais nous stoppâmes souvent encore, et tous ces arrêts, plus fatigants que tout le reste, n'en finirent plus.

Je me souviens qu'en rase campagne, on nous laissa sur place près de quatre heures, en pleine obscurité.

Nous étions sur une voie de garage, attendant que d'autres trains, sans doute plus importants que le nôtre, fussent passés. Nous vîmes dans la nuit défiler des wagons chargés de chevaux, de matériel d'artillerie.

Ces masses noires passant dans la nuit avaient quelque chose de lugubre.

Dans le compartiment où je me trouvais, l'entrain n'était plus le même qu'au départ. Les hommes s'impatientaient, et si quelques-uns n'élevaient plus la voix, c'est que le sommeil commençait à les abattre.

J'en vis qui, lassés d'une attente aussi prolongée, descendirent du train, franchirent les barrières et se perdirent dans les environs, en quête, sans doute, d'une auberge, d'une ferme où ils pussent boire encore.

Et le train repartit sans eux.

Dans son remarquable ouvrage : *les Chemins de fer pendant la guerre de 1870-71*, M. Jacquemin, directeur de la Compagnie de l'Est, s'exprime ainsi au sujet de ces scènes de désordre :

Les troupes étaient accompagnées d'une foule immense poussant les cris « la *Marseillaise*, à Berlin » et qui se précipitait dans nos cours et jusque sur nos quais. Malgré les efforts des officiers, les soldats qui avaient à attendre pendant de longues heures le moment du départ, étaient entraînés dans les cabarets du voisinage, et plusieurs ne regagnaient leurs rangs que dans un état d'ivresse des plus regrettables. Les officiers eurent même à constater des cas d'ivresse furieuse et ils exprimèrent à plusieurs reprises l'opinion que des boissons spéciales avaient été versées à leurs hommes. Nous eûmes encore la preuve que des munitions avaient été dérobées à des soldats dans ces scènes de fraternisation repoussante. Ces scènes eurent lieu surtout à la gare de Paris. L'artillerie à Pantin, la garde impériale et beaucoup de régiments de ligne à la Villette, s'embarquèrent sans bruit, avec un calme et une dignité qui remplissaient le cœur d'espérance.

Dès le troisième et le quatrième jour, toutes les gares du réseau français ont été successivement encombrées de soldats isolés appartenant à tous les régiments de l'armée, groupés sous les ordres de quelques sous-officiers qui, sans autorité sur les détachements qui leur étaient confiés, partaient en laissant en chemin une partie de leurs hommes égarés. Ces derniers ont constitué de suite une masse flottante, vivant dans les buffets improvisés dans les gares par les soins et aux frais de personnes bienveillantes et ne retrouvant jamais leurs corps.

— Quel tableau, dit M. le commandant Rousset dans son beau livre : *la seconde Campagne de France*. N'est-ce point là comme une scène de la déroute anticipée ?

Ajoutons qu'en dix jours, la Compagnie fournit 594 trains et transporta à la frontière 186,620 hommes, 34,000 chevaux, 3,162 canons ou voitures, 925 wagons de munitions.

Si, à une époque où nulle mesure préventive n'était prise, où il n'existait ni un horaire ni une fiche de transport, le personnel d'une Compagnie de chemins de fer a trouvé dans son patriotisme le moyen de répondre ainsi aux exigences d'une mobilisation hâtive désordonnée, nous pouvons être rassurés sur l'avenir. Car, à l'heure actuelle, tout est préparé d'avance, tout est prévu: chaque unité possède, dès le temps de paix, son train constitué en personnel et en matériel et sait, le jour du départ, où elle doit s'embarquer et où elle doit arriver : des stations « halte-repas » assureront la nourriture aussi bien aux hommes qu'aux chevaux ; des rampes mobiles permettront, à défaut de quais, l'embarquement et le débarquement sur n'importe quel point d'une ligne. Enfin, par une entente constante de l'Etat-Major et des Compagnies, tout peut être prévu d'avance jusqu'au plus petit détail.

IV

STRASBOURG

Parti de Paris le 1er août je n'arrivai à Strasbourg que le 3, rompu de fatigue, écœuré de ce parcours d'une journée et de deux nuits dans un compartiment empli d'une odeur nauséabonde.

Après avoir pris quelques heures de repos, je me disposai à faire les démarches nécessaires pour régulariser ma situation. Il y avait en ville un grand mouvement de troupes : des batteries d'artillerie, des régiments de ligne défilaient, musique en tête, vers la gare, afin de rejoindre l'armée qu'allait commander le maréchal de Mac-Mahon. Le temps était superbe. L'aspect martial des troupes me réjouissait. La population très gaie, les acclamait, leur jetait des fleurs, et il n'y avait peut-être pas un canon de fusil qui n'en fut orné.

On sentait partout, chez tous, la confiance et l'espoir.

A ce moment, j'étais heureux, tout semblait sourire à mes plus chères espérances, je songeais à la France bientôt victorieuse, et plein de ces délicieuses pensées, je pris le chemin de l'État-Major.

Mais aucun ordre me concernant n'y était encore parvenu. Le maréchal de Mac-Mahon devait partir le lendemain pour prendre le commandement de son armée ; je comptais bien être désigné pour la mission télégraphique qui l'accompagnerait, mais on refusa de me délivrer ma commission.

On me dit d'attendre.

Alors, très embarrassé, j'allai faire ma visite à l'inspecteur, chef du service télégraphique du département, M. Aubry. Je lui expliquai ma situation, lui déclarai que j'étais sans argent, et qu'ainsi, sans emploi régulier, je ne pouvais aller loin. Il m'écouta avec intérêt, me fit payer mes frais de route de Rochefort à Strasbourg, et m'ordonna de me tenir à la disposition du chef de station, M. Klié, jusqu'à ce que ma situation militaire fût établie.

C'était donc ainsi que je devais faire mes premières armes, civil comme devant, sans cesse rongé cependant de la fièvre ardente de plus glorieuses entreprises !

Mais l'homme propose et Dieu dispose.

Au bureau télégraphique, je liai connaissance avec deux de mes collègues, Jæglé et Fridblatt dont, par la suite, j'ai gardé un excellent souvenir. Fridblatt me fit admettre comme pensionnaire à l'hôtel de la Couronne et m'indiqua un logement, rue du Jeu-des-Enfants, vis-à-vis du faubourg de Saverne.

Comme on le pense, les premiers événements de la guerre ne laissèrent pas de m'intéresser : on avait appris le 2 août le succès remporté à Sarrebruck, les prouesses du Prince impérial et la fameuse histoire de la balle que ce jeune fils de Mars avait ramassée à ses pieds. Les gens compétents avaient bien vite réduit l'affaire à sa juste valeur, mais quoiqu'il en fût, c'était un avantage pour nos troupes, une bonne entrée en campagne. Tout le monde s'en était réjoui, et cette nouvelle m'avait salué comme une bienvenue dès mon arrivée.

Mais le 4, le bruit s'était répandu puis confirmé que la division Abel Douay du 1er corps, avancée en pointe à Wissembourg, avait été surprise par la 3e armée allemande commandée par le Prince royal, et que, après une résistance acharnée, elle avait été obligée de se replier. Le général Douay avait été tué et 1,500 hommes mis hors de combat.

Bien que les forces en présence fussent disproportionnées (40,000 allemands contre 5,000 français), bien que les pertes eussent été égales de part et d'autre, on savait que le malheureux résultat de cette bataille était dû en grande partie à des reconnaissances mal faites, à l'ignorance des dispositions de l'ennemi, et cette première défaite, sans cependant diminuer la foi en l'habileté de nos généraux et la vaillance de nos soldats, n'avait pas moins produit une pénible impression.

Le 6 au matin, notre collègue Michel qui desservait le poste de Reischoffen, nous annonça qu'une grande bataille était engagée de ce côté. Après le combat de Wissembourg, la 3e armée allemande avait continué sa marche en avant et attaquait le maréchal Mac-Mahon à Wœrth et à Freischwiller.

Alors nous connûmes, heure par heure, les péripéties de cette bataille, car, tous réunis auprès de l'appareil, nous suivions, attentifs et très émus, la lecture de la bande morse au fur et à mesure qu'elle déroulait. Nous apprîmes ainsi successivement que les Allemands avaient 126,000 hommes et 300 pièces contre, nous, 46,000 hommes et 120 canons ; que l'artillerie, superbe de courage, avait perdu 28 pièces sous le feu, que des régiments entiers se faisaient écraser sans reculer, que la brigade de cavalerie Michel, lancée à la charge contre l'infanterie ennemie, à travers des houblonnières, était venue s'anéantir presque tout entière dans le village de Morsbroon dont les rues étaient barricadées ; que la division de cuirassiers Bonnemains avait fourni une autre charge désespérée et avait été décimée avant d'avoir atteint les lignes ennemies ; enfin que l'armée française était en pleine retraite.

Le bruit de ce désastre ne tarda pas à se répandre

dans la ville. On s'inquiéta : l'armée de Mac-Mahon battait en retraite ; qu'allait faire maintenant le maréchal ? Viendrait-il prendre position sous Strasbourg et sous la protection des feux de la place, tenterait-il une nouvelle bataille ? Autant de questions que chacun se posait. Hélas ! la confiance, si forte jusque là, commençait à faiblir et nombre de gens, se tenant prêts à toute éventualité, firent leurs préparatifs de départ.

Dans les rues, la Générale retentissait, lugubre. Des estafettes allaient et venaient effarées. Au coucher du soleil, pour la première fois, les portes furent fermées ; des rôdeurs avaient été aperçus dans le faubourg de la Robertsau et l'on disait que l'ennemi venait de franchir le Rhin, non loin de là, à la Waseneau.

Une atroce angoisse fit place à l'enthousiasme de la veille. Toute la nuit se passa dans une fébrile attente, chacun voulant espérer contre toute espérance.

Ces suprêmes illusions allaient être emportées avec la brume qui cachait encore l'horizon.

Dans l'aube claire, empourprée comme un jour de triomphe, apparaissent de longues files de soldats. Pêle-mêle, cavaliers et fantassins se pressent aux portes, harassés, livides d'épouvante et de faim ; beaucoup sont blessés, ils racontent les épisodes de la sanglante mêlée de la veille.

Ce lugubre défilé dura tout le jour ; c'étaient des isolés de tous les régiments, les uns cheminaient accablés et taciturnes, les autres propageaient les mauvaises nouvelles en les exagérant. La population excitée, fiévreuse, se pressait autour d'eux et voyait des espions partout. (1)

En si piteux état que fussent ces malheureux soldats, ils allaient constituer un renfort pour la faible garnison laissée à Strasbourg. En effet, le général Uhrich prescrivit par la suite de composer avec ceux de ces hommes qui pouvaient faire un service, un régiment d'infanterie et un de cavalerie, dont la formation et le commandement furent confiés à deux officiers supérieurs, l'un M. Rollet, lieutenant-colonel, blessé, du 47e, et l'autre à M. le chef d'escadron de Serlay, du 2e lanciers. (2)

Mais, en même temps qu'eux, un grand nombre de paysans pénétraient dans la place. Ces malheureux que chassait la crainte de l'invasion prussienne, poussaient devant eux ce qu'ils avaient pu sauver de leur bétail et traînaient de longues voitures chargées de leurs objets mobiliers les plus précieux. C'étaient autant de bouches inutiles qu'il faudrait nourrir, autant d'êtres dont on n'aurait aucune aide à attendre, mais que la simple pitié commandait d'accueillir.

Le mot de trahison circulait : les grosses épaulettes étaient évidemment mal vues, et le sentiment de l'abandon presque complet dans lequel la ville se trouvait, peut-être la crainte qu'elle ne fût saccagée

---

(1) J. DE LA FAILLE (*Une famille de marins*).
(2) BARON DU CASSE (*Journal du Siège*).

durant un effort impuissant à la défendre, tout cela jetait dans l'air comme des éclairs de terreur, de haine et de découragement. ([1])

Quant aux soldats, la foule les accueillait bien différemment ; ils ne revenaient pas vainqueurs, il est vrai, mais ils avaient courageusement combattu, ils avaient offert leur sang à la Patrie ; on leur devait de la reconnaissance.

Au milieu d'eux, nous aperçûmes un cuirassier d'énorme taille qui marchait avec peine, soutenu par deux soldats de la même arme. Il avait été grièvement blessé à la tête et son visage disparaissait en partie sous les linges qui l'enveloppaient ; son front était marbré de sillons sanglants, mais, en dépit de ses souffrances, il avait le regard vif encore et souriait en montrant un débris de drapeau qu'il serrait jalousement sur sa poitrine.

A cette vue, la foule eut un frisson d'enthousiasme, les hommes se découvrirent et, soudain, un immense cri de « Vive la France ! » retentit.

A la fin de cette même journée, je trouvai au bureau l'ordre de me mettre, avec mes collègues Eyband, Musart et Michel, à la disposition du général commandant la place.

---

[1] Notes de Du Petit Thouars.

V

SUR LA CATHÉDRALE

J'eus, en lisant cet ordre, un mouvement de joie. Evidemment, j'allais trouver à l'Etat-Major ma commission de télégraphiste militaire et recevoir l'ordre de rejoindre l'armée du Rhin. Certes, Strasbourg, en temps de paix, m'eût beaucoup plû comme résidence, mais nous étions en pleine guerre et je n'avais pas quitté Rochefort et ma famille pour le plaisir de venir faire en Alsace de la télégraphie privée.

Hélas ! ma désillusion fut vive. La retraite de l'armée de Mac-Mahon rendait possible, probable même l'investissement de Strasbourg, et le général Uhrich avait pensé à établir sur la plateforme de la cathédrale, au-dessous de la lanterne qui supporte la croix, un observatoire d'où l'on pût découvrir au loin, dans la campagne, les mouvements de l'ennemi, la marche de ses colonnes et de ses convois. Cet observatoire devait être mis en communication directe avec l'Etat-Major de la place par un fil volant et le général Uhrich avait prié M. Aubry de désigner, pour desservir le poste, des télégraphistes qui, étant données les conditions spéciales dans lesquelles ils allaient se trouver, seraient considérés comme militaires et recevraient directement ses instructions.

Musart, Michel rentré de Freischwiller et moi nous étions immédiatement disponibles et c'est nous qu'on envoyait prendre les instructions de l'Etat-Major.

Le général Uhrich nous prescrivit d'installer immédiatement un poste télégraphique sur la plateforme de la cathédrale, ce que nous nous empressâmes de faire pendant que le chef surveillant Villac établissait entre le monument et l'hôtel de la place une ligne provisoire. Deux heures après l'ordre reçu, la communication fonctionnait.

Ce n'était pas là ce que j'avais désiré, rêvé. J'aurais voulu suivre une armée, traverser avec elle ce fleuve que j'apercevais là-bas, ces plaines allemandes que doraient à cette heure les reflets du soleil couchant et que je devinais fertiles et riches. C'est au milieu des mille événements de la guerre que j'aurais trouvé l'occasion d'être utile, de me dévouer, de me distinguer, tandis qu'ici, sur cette tour que je croyais à l'abri des projectiles ennemis, je n'aurais aucun danger à courir, aucune chance de me signaler.

Les événements devaient me prouver qu'une fois

encore je me trompais. Je comptais sans le vandalisme prussien.

Nous devions occuper alternativement le poste vingt-quatre heures durant, en compagnie d'un officier d'état-major. Le guetteur de la cathédrale nous fut adjoint. C'était un vieil alsacien qui connaissait admirablement le pays. Son concours nous était fort précieux, car il pouvait donner un nom à la plus insignifiante habitation que l'on apercevait au loin, à la ferme la moins importante.

Notre rôle consistait à remplacer l'officier à la lunette d'approche pour scruter l'horizon et à lui signaler tout mouvement insolite, enfin à transmettre et à recevoir les télégrammes échangés entre la cathédrale et l'Etat-Major.

Michel inaugura le service le 10 août. Le lendemain ce fut mon tour.

Pendant mes premières heures de garde, je n'eus pas grand'chose à faire. Je ne m'amusais guère, et l'officier pas plus que moi. Cette existence à deux au milieu des airs nous rapprocha. Nous causâmes, et longuement. Grâce à quelques notes prises, et aussi à l'excellente mémoire dont je suis doué, de ce que j'entendis pendant ces heures, rien ne fut perdu pour moi, car mon compagnon ne dédaigna pas de me fournir les renseignements qui seuls, à ce moment, me tirèrent de l'ignorance où j'étais plongé.

Ville forte de premier ordre, dans une plaine arrosée

par l'Ill, Strasbourg a la forme d'un triangle allongé dont le sommet, tourné vers le Rhin, est occupé par la citadelle. Sa force de résistance était relativement sérieuse : plusieurs ouvrages avancés étaient reliés au corps de place par des caponnières ; devant le front nord, deux fortins. Malheureusement, avec son armement et ses approvisionnements, la ville ne pouvait prétendre à une résistance prolongée.

L'artillerie, forte de 250 bouches à feu, comprenait tous les calibres, même les plus anciens ; avec cela, le nombre de ses servants était insuffisant. (1)

La garnison comptait onze compagnies de pontonniers, le 87º de ligne, les dépôts des 18º et 96º, ceux des 16º et 10º bataillons de chasseurs, des détachements du 74º et du 78º, un bataillon du 21º, 450 douaniers et 90 marins commandés par le contre-amiral Exelmans et le capitaine de vaisseau Du Petit Thouars ; en tout, avec les pompiers de la ville, un bataillon de la garde mobile et les gardes nationaux, 15,000 hommes environ. Comme ressources, Strasbourg possédait 180 jours de pain, 60 jours de vivres et quelque bétail, Cela pour la garnison.

Voilà ce dont nous disposions pour résister à l'attaque qui allait se produire. Au point de vue de la défense, rien n'avait été fait : de Strasbourg au Rhin, la campagne était couverte de luxuriantes moissons. Les

---

(1) Commandant Rousset : *Histoire générale de la guerre franco-allemande*, page 231, vol. nº 6.

hautes houblonnières, les arbres étaient restés debout, formant un épais rideau derrière lequel l'ennemi était assuré de trouver un abri efficace, d'installer commodément ses batteries, d'ouvrir tranquillement ses tranchées.

Mais bientôt l'activité était devenue fébrile : le général Uhrich avait fait raser les arbres des remparts et des routes, palissader les glacis, démolir le couvent du Bon Pasteur, les brasseries et malteries de Schiltigheim et les maisons qui entouraient la place.

Les écluses avaient été ouvertes et la plaine, de Strasbourg au Rhin, était inondée.

Sur la plateforme de la cathédrale, notre rôle s'était borné à interroger l'horizon, à scruter la plaine silencieuse et déserte, lugubre sous la nappe d'eau qui la couvrait. Au loin, nous voyions la ligne argentée du Rhin, et, dressées au milieu du fleuve, les deux seules arches demeurées debout de ce qui avait été le pont de Kehl.

Un lourd silence pesait sur la campagne désolée. Des hirondelles cependant se poursuivaient gaiement dans l'air, profilant sur le ciel limpide leur silhouette élégante.

L'officier avait terminé son heure d'observation ; il allait s'éloigner lorsque, l'œil encore à la lunette, il m'appela. Je pensais qu'il avait découvert l'ennemi, je m'approchai hâtivement, mais il se mit à rire et me dit :

— Regardez donc !

Au loin, sortant d'une ferme, une bonne paysanne avait entrepris de traverser son champ inondé ; rassurée par le calme environnant, certaine d'être seule en ce désert liquide, elle avait retroussé ses jupons et, presque nue, s'avançait tranquillement dans l'eau de plus en plus profonde.

— La pauvre femme, dis-je.

L'officier devenu sérieux fit de la main un geste approbatif et rentra dans la maisonnette du guetteur.

Resté seul, une tristesse m'envahit, le souvenir de ma famille me revint, intense. Je pensais à l'inquiétude qu'éprouverait mon père lorsqu'il saurait la ville assiégée, et longtemps, le cœur gros, je rêvai, les yeux perdus dans le vide.

Mais, brusquement, un mot que me cria l'officier me rappela à la réalité.

— Rien de nouveau ?

Je me précipitai à la lunette et, de tous côtés, je scrutai l'horizon.

Mais rien, tout était calme, pas un mouvement sur le Rhin, pas une âme dans les champs ou par les routes.

On n'entendait que le bruit incessant, confus et vague des fourgons, des prolonges d'artillerie, des voitures d'ambulance et les sonneries de clairon dont les notes inégales venaient mourir à nos oreilles.

Tout à coup, j'eus une exclamation. Là-bas, sous le

clair soleil, sur la route poudreuse que l'inondation n'avait pas atteinte, insolemment campé sur son cheval, la carabine sur la cuisse, la tête haute comme s'il était déjà en pays conquis, un soldat prussien s'avançait en éclaireur, et derrière lui, au loin, enveloppés d'un nuage de poussière, brillaient des casques. J'avais le triste privilège de signaler les premiers soldats ennemis qui devaient paraître sous les murs de Strasbourg.

L'officier prit ma place pour la céder lui-même de temps en temps au guetteur qui, au fur et à mesure, lui nommait les points sur lesquels les Allemands faisaient leur apparition. Et pendant des heures, sans relâche, le cœur serré, la gorge sèche, j'ai transmis ces renseignements à l'état-major de la place !

VI

LE BOMBARDEMENT

Le 13 août, l'investissement fut complet. Les fils télégraphiques furent coupés, la gare fermée. De tout ce qui se passait au dehors, nous ne devions plus rien savoir.

Nous étions assiégés par la division badoise que commandait le général de Werder. Elle comprenait, ainsi que je l'ai pu apprendre plus tard, la landwehr de la garde et la 1re division de réserve avec une brigade de cavalerie, soit 40 bataillons, 24 escadrons et 18 batteries de campagne, plus un parc de siège de 200 pièces rayées et 88 mortiers avec 6,000 hommes d'artillerie à pied et 10 compagnies de pionniers. En tout 40,000 hommes.

Les hostilités ne commencèrent effectivement que le 12. Le 11, un parlementaire était venu sommer la place de se rendre et, comme le général Uhrich avait refusé, nous avions vu, de notre poste d'observation, les têtes de colonnes badoises apparaître sur le front septentrional et commencer les premiers travaux d'approche.

Rien ne pouvait les gêner. Les mesures préventives avaient été, de notre part, insuffisantes ; on n'avait cherché nullement, par l'établissement d'ouvrages et de batteries, à étendre le périmètre de défense et à se ménager ainsi un espace nécessaire aux manœuvres. Nous étions donc condamnés à l'inaction presque complète (1).

Le 12, les avant-gardes badoises placées entre les routes de Saverne et de Haguenau, derrière les villages de Kœnigshoffen et de Schiltigheim, engagèrent le feu avec les ouvrages avancés. Le 14, une batterie ennemie, construite pendant la nuit au sud de la route de Saverne, d'autres batteries établies en face du front nord-ouest, battirent à coups redoublés les lunettes et les bastions, démontèrent nos pièces et mirent le feu en maints endroits. On pensa pouvoir laisser sortir de l'enceinte les femmes et les enfants, mais les Allemands s'y refusèrent.

La ville, jusque là, n'avait pas trop souffert, car, seules, des batteries de campagne avaient été mises en jeu. Cela ne faisait pas l'affaire des assiégeants qui entendaient obliger la place à se rendre le plus promptement possible. Aussi les vit-on hâter au loin d'importants travaux de terrassement, afin de proté-

---

(1) Commandant ROUSSET (loc. cit.)

ger les batteries de siège qui allaient battre le front nord-ouest de Strasbourg ; l'une d'elles devrait prendre pour objectif spécial la citadelle qui, d'autre part, pouvait être facilement atteinte par les canons installés de l'autre côté du Rhin, à Kehl.

Pour se rendre compte de ce qui se passait devant la place, le général Uhrich fit faire, le 13, une reconnaissance sur Neuhoff et Altkirch, mais les troupes envoyées n'eurent avec l'ennemi aucun engagement. Elles rentrèrent à Strasbourg avec des approvisionnements et un troupeau de bœufs. [1]

Le lendemain, une nouvelle reconnaissance fut tentée sur la rive gauche de l'Ill ; nos soldats ramenèrent prisonniers un médecin et cinq infirmiers allemands qui furent, du reste, aussitôt relâchés.

Le 15, c'était l'anniversaire de la fête de l'Empereur, et naturellement nous songeâmes à lui. Où était-il ? Avait-il réparé les défaites de Wœrth et de Frœschwiller, ses armées étaient-elles victorieuses, et, dans le monde officiel, célébrait-on sa fête ?

Hélas ! isolés comme nous l'étions du monde entier, nous ne savions rien. Personne n'osait se réjouir. Le canon que nous entendions était dirigé contre nous et faisait à chaque instant des victimes : comme cortège, nous avions la file des voitures d'ambulance qui ramenaient des ouvrages avancés de pauvres soldats blessés

---

[1] Baron DU CASSE (*Journal du Siège*).

dont les plaintes déchirantes nous poursuivaient douloureusement.

Espérant retarder l'établissement des batteries de siège et les travaux d'approche que nous venions de signaler, le général Uhrich fit faire, le 16, une nouvelle sortie commandée par le colonel Fiévet. Mais les troupes, prises de panique, s'enfuirent abandonnant trois pièces à l'ennemi. Le colonel Fiévet fut rapporté mortellement blessé.

Trois jours plus tard, les batteries ennemies, démasquées, tiraient sur la ville, tandis que, de Kehl, on bombardait la citadelle qui, bien qu'éprouvée, ne laissa pas échapper une si belle occasion de se montrer. Elle riposta et Kehl fut incendié.

Les obus allemands faisaient maintenant à Strasbourg de sérieux ravages : l'arsenal et le quartier St Nicolas placé entre la ville et la citadelle eurent beaucoup à souffrir.

Il fallait, dans la mesure du possible, préserver la ville de l'incendie. Les habitants reçurent l'ordre d'installer, au dernier étage de chaque maison, de grands réservoirs d'eau pour le cas où des obus venant éclater sur les toitures y mettraient le feu.

Mais le moyen prescrit n'eut pas toute l'efficacité qu'on en attendait.

Et voici pourquoi : les habitants, dès qu'ils voyaient tomber les projectiles sur leurs maisons, n'avaient plus d'autre souci que de se protéger eux-mêmes. Ils se réfugiaient dans les caves, y emportaient avec eux ce qu'ils avaient de précieux, mais ne songeaient nullement à exposer leur vie pour le faible espoir de vaincre l'incendie sans cesse allumé.

Les Prussiens, qui jugeaient bon de ne pas brûler leur poudre inutilement, tiraient de préférence la nuit. Ils avaient ainsi tout avantage : les flammes étant un guide, leur tir devenait beaucoup plus sûr ; ils s'offraient, de plus, le farouche spectacle de l'incendie qu'ils allumaient.

Et Strasbourg, la vieille cité aux constructions anciennes, offrait aux flammes un aliment certain. De maisons modernes, peu. Toutes vieilles demeures aux toits pointus, avançant en saillie sur la rue, faites de grosses poutres visibles même à l'extérieur. Habitations d'un aspect pittoresque à vrai dire, mais que l'incendie dévorait avec une trop grande facilité.

La maison que j'occupais était ainsi ; cloisons, escaliers, et tout ce qui en composait l'ossature était en bois desséché par le temps ; le toit était couvert de tuiles plates rongées par la mousse et posées sur de fragiles poutrelles que la moindre secousse pouvait abattre.

Je dus bientôt, personnellement, subir les conséquences de la pénible situation faite à la ville par l'état de siège. Le propriétaire de l'hôtel de la Couronne, M. Weber, me déclara qu'il lui était impossible de me garder comme pensionnaire. Il avait bien, dès les premières menaces d'investissement, accumulé chez lui des provisions de toute sorte, mais, ne sachant pas quelle pourrait être la durée du siège, il jugeait prudent de ne conserver que ses plus anciens clients.

Devant d'aussi bonnes raisons, je ne pus que m'incliner, et, séance tenante, je soldai à mon hôtelier la dépense faite chez lui depuis mon arrivée à Strasbourg.

Je tentai de me faire admettre dans d'autres restaurants de la ville, mais inutilement, je rencontrai partout le même refus.

Force me fut donc de payer l'un après l'autre chacun des repas que je faisais. Je ne pouvais ainsi aller loin, attendu que le prix des vivres était déjà doublé. Avec cela, mes ressources (les frais de route que j'avais touchés) diminuaient sensiblement. La situation se compliquait.

VII

LE BOMBARDEMENT (Suite)

Vers le 25 août, les choses prirent une tournure inquiétante. Depuis le 23, les Allemands, avec leurs pièces de gros calibre, dirigeaient sur la ville un feu d'une violence inouïe.

La nuit du 24 au 25 fut terrible. L'incendie envahit les bâtiments de l'arsenal, ceux de la citadelle, et fit sauter 35,000 fusées percutantes qui s'y trouvaient.

Durant des heures, les obus tombèrent, véritable pluie de feu, sur les maisons et les édifices publics.

Du haut de la cathédrale, j'assistais à l'horrible spectacle d'une ville en feu. Exposé moi-même au tir de l'ennemi, j'entendais le fracas des murs qui s'écroulaient, les cris des blessés, les appels au secours des habitants qui s'enfuyaient éperdus.

Successivement, brûlèrent le temple neuf, le Broglie, la bibliothèque avec ses 200,000 volumes, le musée de peinture, la gare, l'hôpital civil sur lequel nos sauvages ennemis tiraient quoique le drapeau de Genève le leur signalât.

Il fallut l'évacuer. La violence des incendies était telle que les ailettes de plomb des projectiles fondirent au parc à boulets.

Nous fîmes des efforts inouïs pour contrebattre l'artillerie ennemie, mais nos pièces établies sur les remparts et dans les ouvrages avancés eurent beaucoup à souffrir ; elles atteignaient difficilement les batteries allemandes qui se trouvaient hors de leur portée.

L'ennemi tirait sur nous avec des pièces volantes de 12 qu'il déplaçait à tout instant pendant la nuit et que, par conséquent, nous ne pouvions viser. Son tir était ainsi toujours juste, assuré, terrible, tandis que le nôtre était indécis, flottant et la plupart du temps inefficace. (1)

Nous pûmes constater que les Allemands poussaient souvent loin leur vandalisme. Nous reçûmes, en effet, en guise de projectiles, des débris de croix mortuaires volées au cimetière de Ste-Hélène. Ils ne se plaignirent pas moins de ce que nos canons avaient détruit Kehl. A cela, le général Uhrich répondit simplement que nous n'avions fait que riposter. Nous eûmes cependant à protester aussi, de notre côté, car l'officier qui portait la réponse aux récriminations du général Werder

---

(1) Baron DU CASSE (*Journal du Siège*).

fut blessé par des sentinelles ainsi que le trompette qui l'accompagnait.

Le général allemand, prié de s'expliquer sur ce fait, fit croire à un malentendu, promit qu'une enquête serait ouverte et que les coupables seraient punis.

Satisfaction, pour nous, bien platonique et bien problématique aussi.

L'hôpital militaire dut aussi être évacué : les malades furent transportés dans les sous-sols du château, vaste édifice situé au centre de la ville, et, pour protéger les habitants dont les maisons avaient été détruites, on construisit, au pied des remparts, des abris blindés, demeures improvisées où ces pauvres déshérités ne pouvaient certes rien retrouver du confort auquel jusque là ils s'étaient habitués.

La situation devenait intolérable, la souffrance excessive. L'évêque, Mgr Ræss, voulut tenter auprès des Allemands une démarche dans le but d'obtenir l'arrêt du bombardement. Le 30 août, il se rendit en personne au camp ennemi, mais dut rentrer à Strasbourg sans avoir rien obtenu de ce que sa charité chrétienne lui commandait de solliciter.

L'admirable attitude de la population strasbourgeoise dut, certes, convaincre nos ennemis, que leur procédé de bombardement à outrance ne produisait pas tout l'effet qu'ils en attendaient. Tout en continuant à bombarder, ils commencèrent les opérations d'un siège méthodique.

Le poste d'observation de la cathédrale les gênait ; on devine aisément pourquoi. Il fallut l'abandonner ; nous étions devenus la cible sur laquelle les artilleurs allemands s'exerçaient sans relâche.

Déjà, le 26, deux obus avaient atteint l'un, la lanterne, l'autre la croix placée à l'extrémité de la flèche. Mais le vandalisme teutonique ne devait pas s'arrêter en si bon chemin. La toiture de la nef fut brûlée, la fameuse horloge brisée, et une partie des escaliers qui conduisaient à la plateforme détruite.

Dès qu'il fut évident que nous ne pouvions rester là-haut, nous reçûmes l'ordre de quitter la cathédrale et d'aller desservir à la citadelle un poste qui était en communication avec l'Etat-Major de la place.

J'avais reçu au haut de la cathédrale, entre terre et ciel, le baptême du feu. Nombre de projectiles avaient éclaté au-dessus de ma tête, des éclats d'obus avaient ricoché près de moi, écornant les sculptures du vieil édifice, mutilant les saints de pierre que, jusque-là, dans ces moments pénibles, nous avions eus pour seule compagnie. Je n'eus, il est vrai, aucune blessure dans ce tourbillon incessant de projectiles meurtriers, mais je ne me souviens pas, non plus, qu'ainsi exposé, mon cœur ait battu trop fort, je n'ai nul souvenir que le tremblement de la peur m'ait secoué.

L'officier eut à ce propos, pour moi, un mot d'éloge dont ma fierté juvénile se trouva fort bien.

Je n'aurais, en ce moment, désiré qu'une chose, c'est que mon père pût l'entendre. Il l'eut bien un peu consolé des chagrins que ma situation lui causait.

Une nuit, mon collègue Fridblatt m'avait offert l'hospitalité de sa cave. Après une soirée passée à la brasserie Grubert et Reeb, nous étions allés dormir dans la froide demeure improvisée que les pénibles circonstances du moment nous avait fait choisir. Le lendemain, je me dirigeai vers mon propre domicile. Ma surprise fut grande, mon chagrin aussi, quand je pus constater que, de ce qui avait été ma maison, il ne restait que des décombres et les vestiges d'une carcasse noircie par les flammes. Je questionnai. On m'apprit qu'un obus avait éclaté dans ma chambre même et y avait mis le feu. Je remerciai Dieu et l'ami Fridblatt qui, sans s'en douter, m'avait sauvé d'une mort certaine.

Mais de tout ce que je possédais, il ne restait rien : mon linge, mes vêtements, mes papiers, tout cela avait disparu.

Ce spectacle n'était pas fait pour me réjouir, non plus que la vue de ma propriétaire qui était là pleurant silencieusement devant les débris encore fumants de sa maison.

Le lendemain, j'échappais encore à un danger tout différent : une méfiance exagérée s'était emparée de l'esprit de la population, méfiance justifiée par l'excès des souffrances auxquelles on était en butte. On croyait ne voir partout qu'espions ou mouchards ; à propos de rien on criait à la trahison.

Les Allemands, nous n'en doutions pas, avaient des intelligences dans la place. Ils avaient été avertis à temps des sorties projetées et ce n'était assurément pas le hasard qui attirait une pluie de projectiles sur le conseil municipal, en quelque lieu qu'il se réunît, et quelque soin qu'il prit de changer l'heure de ses séances.

Aussi le soupçon s'étendait il un peu au hasard, frappant aveuglément ici et là, faisant parfois des victimes.

Nous avions pu voir, le jour de l'entrée à Strasbourg des soldats échappés de Frœschwiller, un malheureux peintre qu'une fille publique avait dénoncé comme espion, massacré par la foule. Nous étions là quelques télégraphistes, dont mon ami Fridblatt. Comprenant l'erreur de cette foule exaspérée, nous nous étions précipités au secours de l'infortuné, l'avions dégagé à grand'peine et transporté, dans quel état ! à l'hôtel d'Angleterre où il mourait quelques instants après.

Je ne devais pas échapper à cette suspicion. Depuis mon arrivée à Strasbourg je n'avais pas trouvé le loisir de visiter la ville dont, au bout d'une vingtaine de jours, je ne connaissais que de rares quartiers.

J'avais, le lendemain, à remplacer mon collègue Michel à la citadelle que commandait le général Moréno. Le désir me vint de connaître l'itinéraire que j'aurais à suivre pour me rendre à mon nouveau poste, et, dans ce but, j'interrogeai, place Kléber, un artilleur qui me paraissait tout désigné pour me fournir ce renseignement. Le soldat, sans la moindre difficulté, me donna satisfaction : je le remerciai et, le plus tranquillement du monde, je me dirigeai vers la citadelle. Chemin faisant, je tournais la tête de temps à autre, intéressé par le voisinage du général Uhrich qui, en compagnie de quelques officiers, stationnait devant l'hôtel de la Maison-Rouge.

Je me sentis tout-à-coup appréhendé au collet. Je me retournai vivement et je reconnus en mon agresseur le même artilleur qui tout à l'heure m'avait si obligeamment renseigné. Il m'avait à peine saisi que, d'une voix indignée, il me lançait à la face des qualificatifs dont mon patriotisme fut loin d'être satisfait. Il me traita d'espion, d'Allemand, de sale Juif.

Comme on pouvait s'y attendre, la foule s'amassa vite autour de nous, et s'imaginant déjà que j'étais un espion, se rua menaçante. Vingt mains me saisirent et tentèrent de me renverser.

Je sentis que si je tombais, j'étais perdu ; une soudaine colère s'empara de moi, décuplant mes forces. D'un effort énergique je me dégageai, et furieux, je sautai à la gorge d'un de mes agresseurs. Je le secouai violemment, lui jetant à la face toutes les injures que je pus trouver.

Mais la lutte était trop inégale.

Meurtri, la figure ensanglanté, les vêtements déchirés, j'allais succomber, lorsque, fort heureusement pour moi, les soldats du poste de la place Kléber accoururent et parvinrent à me soustraire à la foule.

Placé au milieu d'eux, je fus conduit auprès du commandant de place, le colonel Ducasse. Je n'eus certes pas de peine à démontrer et mon civisme et ma qualité de télégraphiste. L'ordre que je portais sur moi ne permit aucun doute à ce sujet.

Mais je m'empressai de suivre le conseil que me donna le colonel Ducasse de me composer une sorte de costume officiel afin d'éviter le retour d'une semblable mésaventure. Je me procurai un képi auquel j'adaptai une large bande bleue ; à ma vareuse, je cousus quelques boutons d'uniforme.

Le soldat qui avait provoqué ce scandale fut retenu à la place et puni de plusieurs jours de prison. Il n'en fut sans doute pas fâché outre mesure : le cachot lui évitait le service sur les remparts et aux tranchées. Qui sait si on ne lui faisait pas grâce de la vie que lui eût ôtée peut-être quelque balle ennemie ?

VIII

A LA CITADELLE

La situation ne s'améliorait pas.

Bien plus d'ailleurs que la garnison, les habitants souffraient du tir implacable des assiégeants. Les ménagères, obligées d'aller aux provisions, les hommes qui, pour respirer un air plus pur, sortaient des caves, tombaient frappés par des éclats d'obus. Souvent ceux qui se précipitaient à leur secours subissaient le même sort.

On ne voyait partout que blessés qu'on transportait, hurlant de douleur, à l'hôpital. Des voitures d'ambulance sillonnaient les rues, chargées de cadavres, se dirigeant vers le jardin botanique transformé, pour la circonstance, en cimetière.

Il y avait, dans ce même jardin, une salle que les élèves de l'Ecole militaire de médecine avaient dénommée la « salle des bidoches ». Là, étaient entassés, pêle-mêle, des cadavres d'hommes, soldats et civils, de femmes, d'enfants même, réunis, confondus dans le dernier sommeil, en une terrifiante promiscuité.

Et les ravages s'ajoutaient aux ravages.

Une bombe de gros calibre vint s'abattre sur un pensionnat où demeuraient quatorze jeunes filles. Elles s'étaient réfugiées dans la cave. Le projectile pénétra jusque dans ce dernier réduit, après avoir percé tous les étages, et, en éclatant, tua six de ces pauvres enfants et blessa grièvement les huit autres.

Cette sombre captivité des caves était lourde à supporter. On en voulait sortir malgré le sifflement des obus, les éclats de mitraille, les incendies qui transformaient en fournaises les rues étroites de la vieille cité ; les brasseries Gruber, de la Hache, du Pêcheur, du Sauvage, blindées du sol à la toiture au moyen de sacs d'orge, ne désemplissaient pas. Plus que jamais, la bière y coulait, servie par les mêmes jeunesses accortes, pendant que, dans leurs salles closes, la fumée des pipes épaississait l'atmosphère. Là, on commentait les événements ; du dehors, on n'avait d'autres nouvelles que celles que l'assiégeant voulait bien laisser parvenir ; elles suffisaient à alimenter les conversations ; on supputait les chances de succès, on escomptait le découragement des Allemands devant l'attitude stoïque de la population et la belle conduite de la garnison, et l'on riait à l'avance de leur fuite précipitée au moment où paraîtrait l'armée envoyée à notre secours.

Chères illusions, bien nécessaires aux hommes quand le malheur qui s'acharne après eux se montre par trop impitoyable.

Vinrent les premiers jours de septembre sans que rien n'indiquât où ne laissât même soupçonner quelque soulagement prochain. On avait appris de source plus ou moins sûre que la municipalité avait demandé au gouvernement militaire l'autorisation d'aller solliciter du général Werder une suspension du bombardement ; qu'on verserait à cet effet une somme de 100,000 francs pour chaque journée de trêve. On assurait que le général Uhrich avait opposé à cette demande un refus formel. Nous sûmes pourtant de façon certaine que quelques personnes avaient essayé de sortir de la ville et que les Allemands les y avaient repoussées à coups de fusil.

Le 87e de ligne avait fait une sortie et ramené quelques prisonniers, mais ses efforts pour combler les tranchées allemandes étaient restés vains. Cette tentative lui valut, du reste, la perte d'une assez grande quantité d'hommes.

Quoique les Allemands eussent enfin adopté les procédés d'un siège méthodique et régulier, le bombardement n'en continua pas moins. Cent quarante bouches à feu tiraient, à une faible distance, sur la ville, lançant tous les jours plus de 4,000 projectiles.

Et toujours, les travaux d'attaque se poursuivaient avec acharnement.

Et cette vieille et noble cité, sous un feu incessant, semblait vouée à l'anéantissement. Les édifices tombaient un à un : le 6 septembre c'était la caserne de la Finckmack, le 10, c'était le théâtre, puis la préfecture.

La porte de Pierres fut tellement endommagée qu'il fallut la boucher avec des sacs de plâtre ; le faubourg de Saverne ne fut bientôt qu'un amas de décombres, plâtras, poutres et meubles brisés. Et, parmi ces décombres gisaient, pourrissaient au soleil des cadavres de chevaux qu'on ne songeait même plus à enlever.

Le 10 septembre, le maire, M. Humann, fut informé de la faveur accordée par le général Werder, de laisser pénétrer dans la ville trois délégués suisses, avec un sauf-conduit pour des femmes et des enfants.

Le siège de Strasbourg, si long, si barbare, impressionnait, en effet, toute l'Europe, mais c'était surtout en Suisse que les souffrances des assiégés excitaient une commisération profonde.

L'entrée des Suisses, a écrit Du Petit-Thouars [1], a marqué dans l'histoire du siège de Strasbourg. Le premier sentiment que chacun éprouva fut celui de l'espérance, et l'impression qu'ils laissèrent en partant fut celle d'un marasme profond.

C'est que, pour subir les épreuves d'un siège sans faiblir, il faut se renfermer en soi-même, s'absorber dans une pensée unique, celle de la résistance ; ne rien discuter, ne rien voir des souffrances de ceux qui vous entourent ; vivre dans le passé en songeant au prix de quels sanglants sacrifices nos pères ont fait la grandeur du pays ;

---

[1] Notes sur le Siège.

vivre dans l'avenir en songeant aux malédictions qui suivront ceux qui, appelés à l'honneur de défendre les frontières, auront hésité à les couvrir de leurs corps !

Or, qu'apportaient les Suisses ? Des nouvelles ! Mais ces nouvelles si impatiemment attendues, c'était la certitude de nos désastres, la certitude de notre abandon, la certitude de notre destruction complète si nous tenions jusqu'à la dernière limite.

La faculté de sortir pour les femmes et pour les enfants ?

Quelle épreuve pour ces femmes qui, jusque là, avaient courageusement supporté leur sort ! Voilà cette porte qui s'entr'ouvrait : fallait-il aller rejoindre ceux qui n'avaient pas été renfermés et dont elles n'avaient plus reçu de nouvelles ? Fallait-il sauver leurs enfants, en abandonnant pères, frères et maris ?

Et ces hommes qui avaient gardé auprès d'eux, sans arrière pensée, tant d'êtres chéris, voilà donc qu'il leur fallait aussi lutter contre eux pour les forcer à s'éloigner !

Jamais le fameux *timeo danaos et dona ferentes* ne fut plus justifié qu'en cette circonstance. Le général Werder se donnait à peu de frais une apparence de générosité : l'autorisation accordée aux Suisses n'était qu'une manœuvre destinée à jeter le découragement et la discorde au sein de la malheureuse cité. Et il fut aidé en cela, inconsciemment, par les Suisses qui s'obstinaient à ne porter sur les listes des sauf-conduits que des personnes ayant des moyens d'existence. Cette fâcheuse distinction de classes, dit l'historiographe de du Petit Thouars, M. J. de la Faye, dans son livre : *Une famille de marins,* eut pour effet de creuser tout d'un coup un fossé entre les riches et les pauvres, de réveiller les égoïsmes et les haines, tandis que jusqu'ici, tous les cœurs étaient unis dans une même communauté de souffrances et d'abnégation.

En outre, la présence de la délégation suisse n'avait amené d'autre trêve que celle du bombardement, et loin de suspendre les travaux d'attaque, les allées et venues entre la ville et le quartier général avaient permis aux officiers du génie allemand de s'éclairer sur les approches de la place.

Si jamais journées furent lugubres, ce furent bien celles où tous ces malheureux usèrent de l'autorisation qui leur était donnée de fuir ce lieu de ruines et de désolation, où tous laissaient des êtres chers, parents ou amis, qu'ils craignaient de ne jamais revoir.

C'était pour eux le salut, la fin des misères atroces. Mais le nombre en fut relativement restreint. Deux mille personnes environ sortirent de Strasbourg dans l'espace d'une semaine, puis les Suisses durent regagner la frontière. Le cercle, un instant entr'ouvert se refermait : désormais, pas un rayon d'espérance ne viendrait relever le courage des assiégés.

Profitant de cette circonstance inattendue, mon collègue Jæglé dut user de son autorité pour faire partir sa femme et ses trois enfants qui, comme on peut le penser, ne voulaient pas le quitter.

Ce fut un affreux moment que celui où cette lamentable cohue de fugitifs s'ébranla, marchant à la suite de la délégation suisse. Nous fûmes témoins de scènes déchirantes qu'il serait insensé de vouloir dépeindre.

La France entière apprit alors, par la relation que firent les délégués suisses de leur visite à Strasbourg, le triste état dans lequel nous étions. Bien des cœurs ont dû tressaillir au récit des souffrances que nous avions à supporter, et je veux croire que les âmes françaises restées pieuses n'ont pas manqué alors de demander à Dieu notre délivrance.

Je n'étais pas, pour mon compte, tout à fait malheureux. J'étais en bonne santé, point capital. Jæglé avait fait, pour lui et sa famille, d'assez fortes provisions de bouche qu'il m'offrit de partager. J'acceptai, non sans empressement et beaucoup de reconnaissance, l'offre de ce brave garçon. Je n'avais plus, dès lors, à courir de restaurant en restaurant, en quête d'un maigre morceau de cheval. Les jours où je n'étais pas de service à la citadelle, je faisais la popote avec mon ami. Je vivais ainsi moins isolé, j'étais mieux nourri et Jæglé lui-même se trouvait satisfait de cette nouvelle combinaison, heureux de ma société et content surtout de trouver avec qui s'entretenir de ses chers absents.

A l'annonce de la chute de l'Empire, le maire, le conseil municipal et le préfet démissionnèrent. Ce dernier, toutefois, conserva ses fonctions jusqu'à l'arrivée de son successeur, M. Valentin, qui, au péril de sa vie, traversa les lignes ennemies pour entrer dans la ville.

Dans le récit qu'il a fait du siège de Strasbourg, M. Valentin Labrousse raconte l'odyssée du nouveau préfet avec les plus grands détails, d'après les témoignages personnels les plus complets.

Strasbourg était déjà bloqué par les Prussiens : Valentin résolut d'y pénétrer à tout prix. Longtemps il erra autour de la malheureuse ville avec un passeport américain qu'on lui avait procuré. Longtemps il échoua partout, sans cesse arrêté comme espion, ne se sauvant que parce qu'il connaissait l'anglais comme un Anglais. Rejeté à la fin dans le pays de Bade, il fut arrêté une dernière fois comme il essayait de passer le Rhin. Cette fois, on mit sur son passeport une telle annotation qu'il était certain d'être fusillé à la première tentative manquée.

Il fit alors un grand détour par la Bavière rhénane, et arriva, par Wissembourg, jusqu'au village de Schiltigheim, situé sur la ligne d'investissement. Là, des amis le cachèrent. En avant du village, il y avait une tranchée que les soldats allemands quittaient quelques instants, vers huit heures du soir, pour aller recevoir leur ration de café. Valentin, portant cousue dans la manche de sa chemise l'ampliation de son décret de nomination, parvint, avec mille précautions, à se glisser derrière la haie la plus voisine de la tranchée. Puis, dès que les soldats quittèrent la place, en deux bonds il eut atteint la tranchée, la passa et se coucha, comme il put, dans un champ de pommes de terre et de maïs où il s'avança en rampant vers Strasbourg. On ne l'avait pas vu, mais on vit le mouvement des végétations qui l'abritaient. Les Allemands tirèrent, les canons des batteries suivirent l'exemple des fusils et les remparts de Strasbourg répondirent.

C'est sous les feux croisés de la place et des assiégeants que le préfet du Bas-Rhin gagnait sa préfecture. On devine ce que fut ce voyage fait dans les ténèbres, sur les genoux. Valentin mit quatre à cinq heures à franchir les sept cents mètres qui le séparaient des remparts, s'égarant, se traînant à tâtons, revenant sur ses pas, traversant à la nage des bras de la rivière ou des fossés pleins d'eau, trempé, glacé, meurtri, écorché, couvert de boue. A deux ou trois reprises, il faillit s'évanouir. Enfin, il prit pied sur les remparts où une salve de coups de fusil l'accueillit. Un vieux zouave allait l'exécuter à bout portant. Le caporal releva le fusil en disant : « Tu vois bien qu'il est seul ». Sitôt le jour paru, cet homme, gardé à vue, aux vêtements déchirés et fangeux, étonnait quelque peu l'officier d'ordonnance du général Uhrich en lui disant : « Veuillez annoncer le préfet du Bas-Rhin. »

Il apportait en vain, hélas ! à la grande cité alsacienne son intrépide dévouement. (1).

Un autre homme s'était fait l'âme de la résistance : je veux parler du commandant Du Petit-Thouars. Tout le monde, à Strasbourg, le connaissait. Chaque matin,

---

(1) Camille PELLETAN (l'Éclair, mercredi 15 décembre 1897).

on le voyait assister à la messe, puis aller à ses batteries, dirigeant le tir lui-même, encourageant ses marins, payant toujours de sa personne.

Le soir du 20 septembre, il apprend par ses éclaireurs que les Allemands avaient résolu de tenter une surprise du côté d'un des ponts en pierres jetés sur l'Ill. Un exprès qu'il envoie aussitôt au commandant de la place revient lui annoncer que le général Uhrich, fatigué, remet au lendemain toute opération militaire. C'est la nuit même cependant qu'il faut faire sauter ce pont ; le lendemain ce sera trop tard. Le commandant Du Petit-Thouars n'hésite pas : il court au quartier général. L'officier de service lui objecte ses ordres ; il insiste et pénètre jusqu'auprès du général qui lui dit en maugréant :

— Que diable, Monsieur, il sera temps de détruire ce pont demain, j'y veillerai.

— Mon général, c'est sur l'heure que j'ai besoin de cet ordre ; et, comme le général impatienté le congédie : « J'obéis, général, lui dit Du Petit-Thouars, mais la mort dans l'âme », et, se redressant de toute sa haute taille, il ajoute : « Rappelez-vous que vous répondez sur votre tête du salut de Strasbourg ». Ce ton solennel de son interlocuteur en impose au général qui finit par lui donner carte blanche. Deux heures après, le pont était miné et, à l'aube, il sautait, entraînant dans sa chute l'avant-garde d'une colonne ennemie.

Tel était l'homme. La population avait en lui, dans les marins qu'il commandait, la plus entière confiance. Combien de fois lorsque revenant du Contades où étaient établies ses batteries, il rentrait en ville le matin, ne fut-il pas arrêté par des femmes ou des hommes qui, la figure pâle et défaite, les traits amaigris, frissonnant de tous leurs membres à chaque détonation, lui disaient : « N'est-ce pas, Monsieur, on ne se rendra pas ? »

C'est qu'il personnifiait la défense et que son nom se trouvait sur toutes les lèvres, avec ceux d'Excelmans, Blot, Humann, Kuss, Malarmé, Fiévet.

Hélas ! il n'était au pouvoir ni de Petit-Thouars ni de ses courageux marins, ni de Valentin, ni de personne de sauver Strasbourg.

Du jour où je quittai mon poste de la cathédrale, je fus à court d'informations. J'en vins à ne plus savoir des événements stratégiques que ce que tout le monde, à Strasbourg, pouvait savoir. Car le général Uhrich cachait, autant que possible, la vérité à cette population dont une partie demandait la fin d'une résistance qui ne pouvait amener que de nouvelles ruines et de nouveaux deuils.

On savait que les progrès des assaillants prenaient des proportions très inquiétantes et que la tranchée se trouvait à 200 mètres environ de la place ; les canonniers manquaient à nos pièces, on avait dû les remplacer par des hommes pris dans un régiment de marche ; les vivres se faisaient rares au point qu'il avait fallu abattre des chevaux de cavalerie pour nourrir la troupe et nombre d'indigents.

Et voici ce que, poussé par les marques de découragement de la population, le gouverneur fit afficher :

Habitants de Strasbourg, officiers, sous-officiers et soldats de la garnison, la République a été proclamée à Paris ; un gouvernement de la Défense nationale s'est constitué. En tête de son programme, il a mis l'expulsion de l'étranger du sol français. Nous nous rallierons à lui, nous, chargés de la défense de Strasbourg et de conserver à la France cette vieille et importante cité.

Habitants de Strasbourg, par vos suffrages, par votre résignation, par le courage de tant d'entre vous qui prennent part à la défense de la ville, par votre patriotisme, vous avez secondé l'armée dans ses efforts. Vous resterez dignes de vous-mêmes. Et vous, soldats, votre passé répond de l'avenir, je compte sur vous, comptez sur moi.

Comme le dit Edmond About dans son admirable livre *l'Alsace*, le moral des Strasbourgeois n'était peut-être pas unanimement héroïque, lorsque les Allemands apparurent sous les murs de la place. Tous les fuyards de l'aile droite de Mac-Mahon qui se jetèrent dans la ville après la bataille de Wœrth avaient communiqué à plus d'un habitant la terreur dont ils étaient pleins. On s'était compté, on avait raisonné : quelques-uns avaient osé dire à demi-voix que la résistance était impossible et que le plus court serait d'ouvrir les portes. Le matin du 10 août, lorsque le général Uhrich déclara que la ville se défendrait tant qu'il resterait un soldat, une cartouche et un biscuit, bien des gens avaient murmuré à la lecture de son affiche et jugé qu'il allait un peu loin.

La garde nationale avait pris les armes sans hésiter, un corps de francs-tireurs s'était organisé, prêt à bien faire : on avait vu des êtres doux et pacifiques comme M. Liès-Bodard, professeur de chimie à la Faculté, endosser l'uniforme et conduire bravement de petites sorties. Toutefois, les premiers obus qui tombèrent en ville, la vue de pauvres gens blessés dans leur lit ou dans la rue, le carnage des petites filles à l'orphelinat, les incendies, la mort du vaillant colonel Fiévet et la perte de trois canons dans une sortie malheureuse, troublèrent bien des cœurs et amollirent quelques courages.

Mais, quand une nouvelle affiche signée du général, du maire et du préfet annonça que le moment solennel était arrivé, quand les ennemis commencèrent ce qu'ils appelaient dans leurs sommations officielles le bombardement régulier, quand une grêle de projectiles s'abattit sans interruption sur les maisons, les hôpitaux, les ambulances, les églises, tuant à tort et à travers les vieillards, les enfants, les femmes, les blessés, un héroïque désespoir s'empara de tout le peuple et chacun fit, sans marchander, le sacrifice de sa vie. Les plus tièdes devinrent les plus ardents, l'indignation, le mépris et la haine envahirent les plus timides.

Durant plus d'un mois, cette honnête, paisible et douce population avait vécu au milieu des flammes et s'y était acclimatée. Les oreilles s'étaient habituées au sifflement des obus, au fracas des explosions, les cœurs s'étaient endurcis à l'idée de cette mort subite qui pleuvait çà et là, frappant aujourd'hui l'un, demain l'autre.

Quoiqu'il fut impossible de faire cent pas dans la rue sans voir éclater une bombe, on sortait, on allait à ses devoirs, à ses affaires, et même à ses plaisirs. Les enterrements étaient suivis du cortège accoutumé.

Lorsque, le 11 septembre, les Suisses obtinrent du général ennemi l'autorisation d'emmener les femmes, les enfants, les vieillards et les malades, la ville avait accueilli leurs délégués avec une ardente reconnaissance, mais des milliers de femmes refusèrent de quitter leurs maris. Quant aux hommes, ils s'affermirent dans leur devoir et flétrirent, par une décision du conseil municipal, tout citoyen valide qui s'était soustrait au danger. Plus la ville devenait inhabitable, plus on se *cramponnait* à ses ruines, et plus on repoussait l'idée d'ouvrir la porte aux destructeurs.

Mais les ruines s'étaient accumulées, la garnison était à bout de forces : elle comptait sept cents morts, treize cents blessés ou malades, la plupart des canons taient hors de service. Les chefs militaires moins enflammés que la population civile, pensaient qu'il était temps d'en finir. Peu à peu, leur propre conviction s'était infiltrée dans l'esprit du peuple et les énergiques paroles du général Uhrich ne suffirent plus pour réveiller l'enthousiasme des premiers jours : la nouvelle du désastre de Sedan avait anéanti toute espérance et l'on savait maintenant qu'il ne fallait plus compter sur une intervention de l'armée française. Toutefois, si l'on voulait bien continuer à souffrir, si on consentait à résister encore, il était facile de démêler partout une sorte de résignation farouche, de découragement sombre.

Et, ce découragement, les Prussiens l'entretenaient comme à plaisir. Le canon ne cessait de tonner et les victimes se faisaient tous les jours plus nombreuses.

Le nombre des malades augmentait aussi : les enfants, les vieillards qui n'avaient, ni les uns ni les autres, la nourriture que réclamait leur débilité, succombaient : le séjour prolongé des caves, leur atmosphère humide suffisaient à hâter la fin de ces frêles existences.

Nous arrivions au 20 septembre ; quelque chose nous disait que le dénouement était proche. Issue fatale que, malgré notre découragement, nous aurions voulu pouvoir éloigner encore, reporter à une date indéfinie, puisque, lorsqu'elle se produirait, Strasbourg serait perdu pour la France.

A la lunette 53, une brèche d'une trentaine de mètres venait d'être ouverte. Le général Uhrich faisait alors évacuer et détruire cet ouvrage. De son côté, le général Werder crut le moment opportun de faire une nouvelle sommation. Il annonça qu'en cas de refus le bombardement continuerait plus terrible encore et qu'il était, cette fois, décidé à ne rien épargner à l'exception de la cathédrale.

Le général Uhrich refusa encore de se rendre et la défense devint plus acharnée que jamais.

Les lunettes 44-72 furent prises ainsi que les bastions 11 et 12. Nous ne pouvions rien contre le feu nourri de l'ennemi ; nos pièces, à peine pointées, étaient démontées.

On ne saurait décrire sans une certaine monotonie tous ces ravages successifs, sans cesse renouvelés et toujours les mêmes, portés en des points divers de la malheureuse cité. Ils étaient de nature à peu près identiques, et pourtant une épouvante toujours plus forte naissait de leur intensité.

Qu'allions-nous faire ? Qu'allions-nous devenir ? Le massacre n'avait plus de limites. A la citadelle dont il ne restait que quelques murs informes, la prison, les casernements, les magasins d'approvisionnement, tout était devenu la proie du feu. Sur l'esplanade, les arbres déchiquetés jonchaient le sol de leurs débris ; les terre-pleins étaient inaccessibles sous le feu des

Allemands qui tiraient à quelques centaines de mètres avec leurs fusils de rempart.

Rien ne se pouvait imaginer de plus horrible. Le bâtiment où se trouvait, à la citadelle, le poste télégraphique relié à l'Etat-Major avait à peu près résisté. Seule, la toiture en avait été crevée, mais le rez-de-chaussée et le premier étage étaient encore (pour combien de temps?) habitables.

Je passais mes heures de service dans la salle à manger du général Moreno transformée en poste télégraphique. Une chaise, une table, quelques accessoires peu encombrants, et c'était tout.

Là, j'attendais tristement les ordres du général. Assis près d'une fenêtre, je voyais les résultats de l'atroce bombardement ; je contemplais avec un douloureux serrement de cœur les remparts désertés par les soldats et dont, seules, quelques pièces démontées rompaient la désolante monotonie. Je regardais plus loin, au-delà de l'esplanade : autre spectacle bien plus sinistre, celui-là. Soudain une toiture s'effondrait, des murs s'écroulaient, et presque aussitôt, des flammes, lugubres dans leur clarté rougeâtre, achevaient l'œuvre de destruction ébauchée, comme indiquée par l'obus.

C'étaient, sur différents points de la ville, de capricieux nuages de fumée d'où émergeaient des langues de feu qui paraissaient et disparaissaient tour à tour, monstres formidables aux caresses enveloppantes et qui portaient partout, terribles auxiliaires de la férocité allemande, la dévastation et la mort.

Et, de cette ville agonisante, montait vers moi un silence lugubre entrecoupé seulement par les coups sourds et répétés de la canonnade.

Un jour, après une longue contemplation de ce genre, je me sentis envahi par une prostration profonde. J'étais seul dans notre poste improvisé : le général visitait les casemates avec les officiers de son état-major, et, libre de pleurer à mon aise, je ne m'en fis pas faute. Puis, troublé par je ne sais quelle pensée de mort, j'écrivis à mon père la lettre qui suit :

Strasbourg, 22 septembre.

Hélas ! mon pauvre père, je ne pensais pas t'écrire de lettre qui te fît tant de peine que celle-ci. Tout d'abord, j'allais te demander de prier pour la France, pour nous tous ici, mais je réfléchis que, quand ces pages te parviendront, si elles te parviennent, il sera trop tard.

Je t'avais toujours donné de l'espoir, car j'espérais moi-même. Les quelques détails que j'ai pu te faire parvenir n'avaient rien de trop alarmant, tu l'as pu voir ! (1) Pardonne-moi donc, père, la douleur que je vais te causer. Je veux croire que cette lettre encore te parviendra : je t'écris en hâte ; il se peut que, demain, je ne puisse plus le faire. Les Prussiens approchent : ils sont à une portée de fusil.

Le général allemand de Werder nous a par deux fois sommés de nous rendre. Pouvions-nous le faire ? Non, n'est-ce pas ? Nous rendre ? Et pourquoi ?

---

(1) En effet, dans les premiers temps du siège, j'écrivis de temps à autre à mon père, notamment par l'intermédiaire de la délégation suisse.

Mais maintenant, mon pauvre père, la mitraille, les obus tombent avec rage et c'est sous cette pluie de feu que je t'écris.

Ma lettre devra te paraître décousue, pardonne, je t'écris comme je peux, le bruit du canon me secoue les nerfs.

Je suis à la citadelle, sous le feu direct de l'ennemi, le bâtiment que j'occupe n'a déjà plus de toiture ; dans la ville tout brûle. Des bâtiments, des maisons s'écroulent... Oh ! ne t'alarme pas outre mesure, je sortirai d'ici, je te reverrai, j'ai confiance encore. J'espère bien leur échapper.

. . . .

Ils sont à cent mètres !

Tout à l'heure, je m'efforçais d'espérer, je sens maintenant mon courage faiblir. Devrais-je te dire cela ?...

Les obus pleuvent toujours. Un homme vient de tomber frappé à mort, sous mes yeux. Vais-je aussi mourir sans t'avoir revu, sans avoir revu, embrassé ma bonne petite sœur ? Et pourtant je vous ai quittés plein d'espérance.

. . . .

Pardonne, père, je suis un insensé de te faire tant de peine. Aurais-je donc perdu toute mon énergie ?

Non, non, je vous reverrai. Je ne vous dis pas adieu, ce serait trop triste.

Embrasse bien fort pour moi mon oncle et ma bonne sœur, mais bien fort, entends-tu ?

Maintenant, au revoir, au revoir, mon cher père, sois courageux, je le serai.

Ton enfant qui t'aime plus que jamais et qui te reviendra...

Mais cette lettre ne devait pas arriver à sa destination, il était déjà trop tard, je l'ai gardée.

IX

LA CAPITULATION

Ainsi que l'avait promis le général Werder, les Allemands continuèrent leurs atrocités. Nous dûmes passer encore une semaine dans d'affreux tourments sans que rien vint affermir notre courage. Le 22, ce qui subsistait encore des bâtiments de la citadelle fut complètement détruit.

Un obus vint, en effet, s'abattre sur le plafond de la pièce où j'étais. Subitement, je fus enseveli sous un amas de plâtras, de débris de poutres brisées, entouré d'un nuage de poussière. Je restai quelques secondes sans pouvoir me dégager ; lorsque j'y eus réussi et qu'il me fut enfin possible de me rendre compte de la situation, je levai les yeux et j'aperçus le ciel.

Je ne devais plus songer à continuer la transmission des télégrammes à l'Etat-Major : la ligne était brisée et mon appareil hors de service.

Je cherchai le général Moreno pour lui exposer la

situation et lui demander l'autorisation de quitter la citadelle. Entouré de ses officiers, il venait de décider l'évacuation de ce dernier refuge ; aussi, ne fit-il aucune difficulté pour me laisser partir.

— Allez, me dit-il ; tout est fini maintenant ; il ne reste plus d'espoir. Vous êtes un brave garçon, votre attitude sous le feu m'a beaucoup plu, et, si je sors d'ici moi-même, elle vous vaudra une récompense bien méritée.

Ces paroles élogieuses, prononcées en présence de plusieurs officiers, adoucirent l'amertume que les circonstances avaient mise en moi, et c'est moins triste que je tentai la traversée de l'esplanade entièrement découverte.

Des éclats d'obus en jonchaient le sol ; de tous côtés, des arbres brisés dont je me faisais un abri lorsque quelque projectile éclatait à proximité.

Puis, les jours passèrent. Le 27, on apprit que les chefs du génie avaient eu le triste devoir de rendre compte de la situation au général Uhrich. Hélas ! il n'était plus possible de tenir : la brèche du corps de place était maintenant praticable, et les assiégeants pouvaient, s'ils le voulaient, donner l'assaut.

Le général Uhrich réunit le conseil de défense.

Dans ses notes sur le siège, Du Petit Thouars raconte que, fortement contusionné dans la matinée du 27, il avait dû rester à la mairie pour se faire soigner. Son chef, l'amiral Excelmans, était auprès de lui. Tous deux écoutaient avec angoisse la furieuse canonnade. A chaque instant, les murailles étaient ébranlées par les projectiles dont les éclats tombaient avec un bruit sinistre sur le pavé de la cour.

Vers trois heures, l'amiral fut appelé au quartier général. Nous nous regardâmes sans échanger une parole, car le même trait nous avait traversé le cœur.

Peu d'instants après, il rentra.

Strasbourg et l'Alsace étaient perdus pour la France.

M. le général Uhrich avait exposé au conseil la nécessité de capituler immédiatement pour éviter à la population civile déjà si éprouvée les chances peu douteuses d'un assaut, et l'amiral Exelmans s'était retiré en disant : qu'ayant offert son concours pour la défense, il n'avait plus rien à faire alors que le général jugeait qu'elle était arrivée à son terme. (1)

Et le conseil de défense avait reconnu que la lutte ne pouvait plus continuer,

Le général Uhrich avait sur le visage, à ce moment décisif, une expression d'immense tristesse, et c'est les yeux pleins de larmes et d'une voix entrecoupée qu'il donna l'ordre de cesser le feu et de hisser au sommet de la cathédrale le drapeau blanc. La capitulation allait mettre un terme aux souffrances physiques d'une noble et courageuse cité mais allait aussi imprimer dans l'âme fière et haute de ses habitants un deuil que le temps ne parviendrait jamais à effacer.

---

(1) Du Petit Thouars (notes).

Strasbourg se rendait !

Bien que plus de vingt-cinq ans nous séparent de cette heure fatale, ma plume à écrire ces trois mots semble se refuser; au moment même où je trace ces lugubres caractères, je sens en moi une commotion douloureuse et la sensation triste que pendant tout ce récit j'ai éprouvée devient aiguë, presque intolérable.

C'est que je l'ai aimé, ce Strasbourg dont j'ai connu les souffrances, avec qui j'ai vécu de cette existence de misère qui fait les soudains rapprochements ; c'est qu'après avoir partagé avec ses enfants les affres d'une horrible séquestration, j'ai appris à les chérir, ces malheureux êtres dont la dernière espérance, la suprême joie, celle de rester Français, s'en sont allées, emportées par le vent de désolation que soufflait devant lui un ennemi implacable.

Au souvenir de cette heure terrible, je m'incline et veux rendre un dernier hommage au superbe héroïsme de cette vaillante cité. Que ceux des Français qui me lisent s'inclinent aussi et saluent en passant leurs frères de là-bas qui les implorent et qui attendent d'eux la réalisation du beau rêve qu'ils n'ont jusqu'ici cessé de poursuivre.

Si, à la vue de ce drapeau blanc, d'aspect sinistre pour nous, les Allemands sautèrent hors des tranchées ; si, ivres de joie, ils emplirent l'air de leurs chants de triomphe, en ville, le spectacle était tout autre.

Il ne faut pas nier qu'une partie de la population était lasse de cette résistance acharnée dont elle n'attendait plus rien ; il faut accorder aussi que le conseil municipal et, plus tard, la commission instituée après la chûte de l'Empire, avaient insisté auprès du général Uhrich pour que cessât cette longue agonie d'une ville vouée à l'anéantissement ; mais il faut reconnaître que nombreux furent ceux qui consentaient aux pires souffrances, qui voulaient lutter encore et qui acceptaient de prendre les armes et de défendre jusqu'à la mort cette vieille et fière cité dont on allait les séparer. Ceux-ci se refusaient à croire qu'une capitulation fût offerte. Qu'était-ce pour eux, que ce drapeau blanc ? N'était-il pas l'aveu d'un découragement coupable ?

Une soudaine et inquiétante effervescence s'éleva. On s'attroupa, des bandes de citoyens parcoururent la ville, chantant la *Marseillaise,* on tira sur le drapeau blanc et des hommes, en masse, se portèrent vers le quartier général, s'indignant d'une décision semblable. Les femmes elles-mêmes protestaient :

— Nous n'avons pas assez souffert, disaient-elles, nous pouvons endurer mille fois plus de maux, nous voulons mourir ici ! Tout, plutôt que de rendre la place aux Allemands : dès qu'ils seront entrés à Strasbourg, ils n'en voudront plus sortir et nous serons perdus pour la France.

Mais ces démonstrations durent rester sans effet. Le général Uhrich démontra, hélas ! trop clairement, que toute chance, tout espoir étaient perdus et que c'était folie que de songer à se relever. Et il dut faire l'aveu pénible que deux parlementaires étaient en route pour le camp ennemi.

Alors, plus lugubre que tout ce qu'on avait constaté jusque-là, plus sinistre que le bombardement lui-même, que toutes les atrocités réunies du siège, un silence profond, glacial, terrifiant s'abattit sur la cité : le silence de l'acceptation dans le malheur, le plus sombre qui soit.

Après la perte des êtres chers, des biens les plus précieux, après tant de souffrances endurées, la seule, la dernière consolation, achetée au prix de tant de sacrifices, s'évanouissait : rester Français !

Silencieuse et triste, une longue procession de Strasbourgeois revêtus de leurs habits de deuil se répandit par la ville. Et ces victimes des atrocités allemandes s'en allèrent, comme en un pèlerinage pieux, vers les points de la cité où gisaient les débris de ce qui avait été leur bien, de ce qui, jusque là leur avait fait aimer la vie.

J'étais personnellement dans une assez pénible situation. Je n'avais plus un sou : je n'avais, de vêtements, que ceux dont j'ai déjà parlé et qui ne pouvaient que me signaler à l'attention des Prussiens. Allais-je pouvoir sortir de Strasbourg, et comment m'y prendrais-je ? Et que deviendrais-je, une fois dehors ?

De sombres réflexions hantaient mon cerveau.

Je sus bientôt que nombre d'employés du télégraphe, désireux de fausser compagnie aux Prussiens, allaient demander à M. Aubry le paiement de leurs appointements. Je ne trouvai rien de mieux que de me joindre à eux, et bien m'en prit, car dans la nuit du 28 septembre je touchais mon traitement.

Mais, pour moi, le problème complexe que je m'étais posé n'était pas entièrement résolu. Je me rendis chez Jaéglé. Il se disposait à partir pour St-Dié. La Providence ne m'abandonnait pas, elle s'incarnait en mon ami qui, très gracieusement, me prêtait un paletot, un chapeau, et, de plus, m'offrait de l'accompagner.

La capitulation venait d'être signée dans la nuit à Kœnigshofen. J'étais allé, dès le matin, aider M. Klié, le chef de station, à brûler, au bord du canal, les archives de son bureau. Ce faisant, j'apercevais aux portes de la ville des compagnies prussiennes et badoises qui, attendant des ordres, stationnaient.

Et à onze heures, les troupes françaises quittaient Strasbourg, ayant à leur tête et marchant à pied, en un lamentable défilé, Uhrich, Barral, Excelmans, Du Petit Thouars et tout l'état-major.

Et ces hommes, ces soldats qui avaient tout fait pour conserver à la France cette chère parcelle du territoire, qui avaient combattu, qui avaient souffert, qui, pour sauver le dépôt à eux confié, eussent donné leur vie, maintenant, convaincus de leur impuissance, mornes, désespérés, en proie à la plus affreuse torture, s'en allaient silencieux et résignés vers les routes poudreuses, chercher ailleurs, bien loin, là-bas, d'autres souffrances que le souvenir de leur patrie absente ne ferait qu'aggraver.

Strasbourg, hélas! n'était plus à la France, mais dans son immense tristesse, la noble ville avait conscience d'avoir fait son devoir et elle savait que la France la pleurerait.

Dans son livre : *l'Alsace,* que j'ai déjà cité au cours de ce douloureux récit, Edmond About consacre au siège de Strasbourg des pages toutes vibrantes d'indignation patriotique. Je ne puis résister au désir d'en reproduire ici quelques extraits ; le maître décrit avec un admirable talent la physionomie de la malheureuse ville avant le siège et les horreurs d'un bombardement conduit par les ennemis avec une réelle sauvagerie.

Je ne connais personne qui ait habité ou simplement traversé Strasbourg sans s'y plaire ; pas un homme qui n'en ait emporté une impression d'estime et d'amitié. La ville neuve et la vieille, et la citadelle elle-même, avaient une physionomie cordiale. Cette pauvre citadelle, dont on montre aujourd'hui les ruines pour de l'argent, je me souviens d'y être allé un jour. Elle me fit l'effet d'une chartreuse avec sa grande place aux trois quarts déserte, ses bâtiments du dix-septième siècle, ses petits jardins et l'activité mécanique des soldats.

Il faut dire que Strasbourg était le paradis des militaires : ils y vivaient pour rien ; ils y tenaient le haut du pavé ; ils y étaient reçus dans toutes les familles. L'uniforme fleurissait sur les places, dans les rues, dans les salons, comme une plante qui a trouvé son vrai terrain. Et les bonnes filles du cru, qui auraient pu être blasées sur ces splendeurs, s'en montraient si naïvement éblouies ! Un homme qui avait savouré les délices de cette garnison en conservait le goût jusqu'à l'heure de la retraite, et toute une population d'anciens officiers venait finir la vie à Strasbourg. On les reconnaissait à la moustache grise, au ruban rouge, à la tournure, à la voix.

. . . .

Au moment où le train me ramenait à Strasbourg, j'étais moins préoccupé des ruines qui m'attendaient que de la physionomie nouvelle des rues. Je pensais en moi-même que Strasbourg, sans soldats français, devait être bien triste. Eh bien, l'impression fut encore plus poignante que je l'avais cru. J'avais oublié la garnison allemande ! Pour sentir toute la honte et toute l'horreur de notre sort, il faut avoir vu Strasbourg peuplé de soldats ennemis, avec un billet de logement placardé sur toutes les portes, Strasbourg avec une botte de prussien sur chaque pavé !

. . . .

Le siège de Strasbourg est un chef-d'œuvre de froide cruauté et un miracle d'héroïsme passif. Cruauté allemande aux prises avec l'héroïsme français. Pour les généraux assiégeants, la place aussitôt investie était prise d'avance, à moins d'un secours imprévu, peu vraisemblable après Reichshoffen et tout à fait impossible après Sedan. Werder avait le choix de la réduire par famine, comme Paris, ou d'y entrer par la brèche, au bout d'un mois ou deux. Le bombardement des maisons fut donc un luxe de barbarie aussi inutile que l'envoi des boulets qui ont touché Saint-Sulpice et le Panthéon.

Il fut bien autrement odieux, car il dura trente et un jours, et ce n'est pas par un accident plus ou moins justifiable qu'une ville reçoit deux cent mille obus dans ses rues. Pour faire tout le mal qu'ils ont fait, les Allemands n'avaient pas d'autre excuse que la hâte d'en finir, l'espérance de lasser la population civile et d'exercer par elle une pression sur ses chefs militaires. Ils réussirent à rendre les rues impraticables, à refouler quelques habitants dans leurs caves, à blesser ou à tuer beaucoup d'enfants, de femmes, de bourgeois inoffensifs, à détruire ou à mutiler les monuments les plus précieux, à raser tout un quartier, à en dévaster plusieurs autres, mais leur but principal fut manqué, car le moral du peuple s'exaltait à mesure qu'ils s'efforçaient de l'abattre.

. . . .

Si la cathédrale a servi de point de mire aux canons ennemis, la faute en est un peu aux chefs de la défense qui avaient mis leur observatoire en vue sur la plateforme. Mais le crime des assiégeants, leur crime barbare et stupide, est d'avoir criblé de mitraille une population qu'ils se proposaient d'annexer.

En faisant éclater des milliers de boîtes à balles au milieu des rues de Strasbourg, ils ont trahi leur profonde ignorance du caractère français : ils ont prouvé qu'ils nous jugeaient d'après eux-mêmes.

On peut se rendre compte des dangers qu'ont courus les Strasbourgeois si l'on suit le bord du canal depuis l'angle du quai Kellermann, en face de la gare, jusqu'aux ruines de la Préfecture. Les murailles qui restent debout sont criblées de balles et d'éclats. Sur toute cette longueur, il n'y a pas une place de deux mètres de haut sur cinquante centimètres de large où l'on eût pu se tenir debout sans risquer la mort. Une brigade d'infanterie, alignée en permanence sur ce front de bataille, eût péri jusqu'au dernier homme.

Parcourez en tous sens cette ville de 84,000 âmes, vous ne trouverez pas une rue où la mitraille du roi Guillaume n'ait frappé quelque chose ou quelqu'un, tandis que les remparts ont relativement peu souffert et que la brèche ouverte à la Porte de Pierres n'a jamais été praticable. Tout le faubourg de Pierres était rasé jusqu'à l'angle de la Finckmatt ; il n'en restait pas une maison à droite, pas une à gauche, quand le mur d'enceinte était encore debout et solide. C'est donc aux habitants, à la population civile, à ses futurs sujets que le héros de l'Allemagne a fait la guerre.

On lit sur la Porte Nationale une inscription du quinzième siècle ainsi conçue : *Par ma foi, nul ne saurait sonder la miséricorde de Dieu, la cupidité des clercs et la méchanceté des paysans !* Un jour viendra, j'en ai la ferme espérance, où la nation écrira sous cette vieillerie satirique : *Par ma foi, la France a sondé le courage et le dévouement de Strasbourg, et elle n'en a pas trouvé le fond !*

DEUXIÈME PARTIE

L'ARMÉE DE LA LOIRE

I

DE STRASBOURG A SAINT-DIÉ

Le 29 septembre, je quittais Strasbourg à la remorque de mon ami Jaéglé qui, en cette occasion, me fut encore d'un grand secours.

Nous nous dirigions vers la porte de Saverne ; tout à coup mon mentor s'arrêta :

— Mon cher, me dit-il, le poste va nous arrêter, nous interroger. C'est à nous de nous tirer d'affaires. Vous, vous allez vous tenir tranquille, je connais l'allemand et j'ai préparé à ces messieurs une petite histoire assez vraisemblable grâce à laquelle, je l'espère, nous pourrons nous donner de l'air.

Je n'étais qu'à moitié rassuré. La sentinelle, dès

qu'elle nous aperçut, cessa de faire les cent pas et nous attendit, immobile. Et comme nous arrivions à portée de sa voix :

— Wo gehen sie ? nous grommela t-elle.

Jaéglé allait s'expliquer, mais le soldat nous montra le poste et nous fit signe d'entrer.

Un officier était là qui nous demanda qui nous étions et où nous allions. Mon collègue s'avança et dans un allemand très pur expliqua qu'il était employé de commerce et qu'il allait retrouver sa famille à Saint-Dié.

— Comment se fait-il que vous n'êtes pas soldat ? ajouta l'officier.

Mais Jaéglé avait tout prévu, il dit qu'étant atteint d'une maladie chronique, il ne pouvait servir sous les drapeaux. Il était maigre, avait la figure très pâle. L'officier sembla convaincu.

— Mais, ajouta-t-il encore, et votre compagnon ?

— C'est un de mes cousins, dit Jaéglé, je l'avais fait venir l'an dernier à Strasbourg pour y apprendre le métier de brasseur, il est fort jeune et sans ressources, je l'emmène avec moi.

— C'est bien.

Cinq minutes après cet interrogatoire, l'officier nous remettait un papier dûment signé et timbré et, sans plus tarder, allégés d'un poids énorme, nous franchissions le pont-levis.

Nous marchâmes d'un pas soutenu jusqu'à ce que

nous eûmes dépassé les dernières lignes prussiennes. Alors seulement un soupir de soulagement s'exhala de nos poitrines oppressées ; nous portâmes sur la campagne, autour de nous, un regard interrogateur, et soudain pris du désir de revoir encore ces lieux chers, nous fîmes une courte halte. Quel bien être nous envahit au sein de cette solitude ! Au bruit assourdissant de tout à l'heure, au mouvement incessant des troupes, au tumulte de ces hommes que la victoire avait grisés, à cette joie bruyante qui nous était si douloureuse à entendre, succédait tout à coup un calme absolu.

Je portai mon regard vers Strasbourg que je ne pus apercevoir, mais la flèche de la cathédrale m'apparut encore. Mon cœur se serra, je touchai le bras de Jaéglé, et, lui montrant la fière silhouette, je lui dis :

— Nous ne la verrons plus de sitôt.

— Qui sait ? me répondit-il.

Nous reprîmes notre route. Mais au bien-être qu'une liberté inespérée avait mis en nous, succéda pour un moment l'angoisse des troublantes séparations. Je me retournai encore, car il me semblait laisser là-bas une partie de moi-même. Je souffrais de quitter cette ville dont le malheur avait fait sa proie, et j'éprouvais la sensation de ceux qui, du pont d'un paquebot, emportés vers des contrées lointaines et ignorées, voient s'effacer par degrés les rives de leur chère patrie.

Mais il nous fallait aller de l'avant et, quoiqu'il nous

en coûtât, nous séparer de ce coin de terre. Jaéglé m'avait indiqué Mutzig comme le terme de notre première étape. C'était, à parcourir, une distance d'environ 25 kilomètres, mais nous étions jeunes, bons marcheurs et cette perspective n'était pas de nature à nous décourager.

Nous ne devions pas la faire longtemps seuls, cette étape : un groupe de fugitifs nous avait rejoints et ce fut dès lors en nombreuse compagnie que nous reprîmes notre route. Nous tînmes conversation et le temps n'en passa que plus vite.

Dans les villages que nous traversions, les paysans inquiets nous interrogeaient. Il nous fallut plusieurs fois faire le récit des événements dont nous avions été les témoins à Strasbourg, dire les transes par lesquelles nous avions dû passer, car ces pauvres gens qu'effrayait notre lamentable histoire ne se lassaient cependant pas d'en apprendre les sombres détails. Ils voulaient connaître les événements afin d'en déduire, autant que possible, les conséquences qui pouvaient les atteindre. L'odyssée de Strasbourg les intéressait tout particulièrement, eux qui vivaient de la grande cité à laquelle, au jour le jour, ils portaient les produits de leurs terres.

Ils n'avaient pas été épargnés, eux non plus ; ils avaient dû faire face aux réquisitions de l'ennemi, supporter ses menaces et ses brutalités et ils craignaient que d'autres souffrances ne vinssent encore s'ajouter à celles déjà éprouvées. Maintenant que Strasbourg laissait disponible une portion de l'armée allemande, les bataillons, l'artillerie qui, pendant un mois s'étaient tenus, sous les murs de la ville, n'allaient-ils pas submerger à nouveau la contrée, rendre insupportable, une fois encore, l'existence de ces laborieux paysans ? Leurs visages, à cette perspective, prenaient un aspect farouche. Je vis l'un d'eux, presque un vieillard, nous indiquer du geste, en un coin de sa maison, un fusil qu'il y tenait caché.

— Vous êtes des nôtres, vous, je n'en doute pas. Eh ! bien, je vous donne ma parole qu'avec ce flingot j'en démolirai un pour le moins.

Mais la femme du paysan, effrayée, lui cria de se taire.

— C'est bon, la vieille, n'aies pas peur, nous verrons bien si ces c..... auront le dernier avec moi.

Ils n'oubliaient pas, ces braves gens, les vexations de la première heure et l'instinct de représailles qui dort au fond de toute âme humaine, se réveillait chez eux avec une intensité redoutable. Qu'avaient-ils à craindre ? leur pays était ruiné, leurs cultures saccagées, leur blé donné en pâture aux chevaux, leur vin abandonné à tous ces soldats qui de longtemps ne s'étaient vus à pareille fête. Et des sentiments divers hantaient ces simples cerveaux que seule l'idée de justice était capable d'impressionner.

Tout à l'heure, livrés à eux mêmes et à leurs propres

réflexions, ils avaient peur encore, peur des nouvelles calamités dont ils se sentaient menacés ; maintenant, instruits par nous des atrocités qu'ils avaient à peu près ignorées jusque là, ils s'enflamment, ils n'ont plus peur, et le seul désir de la vengeance les envahit.

Nous traversions d'admirables paysages et notre voyage à pied eût été une source de continuels émerveillements si nous l'avions accompli en touristes et non pas en fugitifs. Nous avions à craindre, en effet, d'être rejoints par les coureurs ennemis qui ne devaient pas s'endormir dans leur victoire et qui allaient, évidemment, diriger sur l'intérieur de la France toutes les troupes qui ne leur seraient pas nécessaires pour l'occupation de Strasbourg. Il nous semblait à chaque instant entendre derrière nous les sabots des chevaux des uhlans heurter les cailloux de la route et notre course était ainsi accélérée par la peur d'être surpris et peut-être faits prisonniers.

Néanmoins, j'ouvrais tous grands les yeux devant le magnifique spectacle qui à chaque pas se déroulait devant moi. Fort heureusement, Jaéglé connaissait à fond le pays pour l'avoir parcouru plusieurs fois et il ne se faisait pas faute de m'en faire rapidement admirer les beautés, de même qu'il me donnait sur tous les sites rencontrés, sur toutes les agglomérations traversées, les détails les plus intéressants.

Au débouché de la vallée de la Bruche nous aperçûmes assise sur les flancs d'un coteau planté de vignobles, la petite ville de Molsheim. Cette localité, qui comptait en 1870 environ 3,000 habitants, présentait à cette époque un aspect moyen-âge qui n'était pas sans charme, grâce à de vieilles fortifications en partie démolies et à sa ceinture de fossés aux talus verdoyants, aux eaux sombres sur lesquelles émergeaient de larges feuilles de nénuphars piquées çà et là par leurs fleurs d'un jaune d'or pâle ou d'un blanc azuré.

L'intérieur de la petite cité alsacienne ne démentait en aucune façon sa physionomie extérieure : les rues en étaient étroites et tortueuses, les maisons avaient conservé presque toutes leurs formes moyen-âge. Sur la grande place était un beffroi à clochetons qui doit encore sonner le couvre-feu.

Jaéglé me fit remarquer également un hôtel-de-ville du seizième siècle dont le rez-de-chaussée en piliers espacés servait de halle et une église du plus pur gothique. Enfin, à l'entrée de la ville, du côté de la gare, s'élevait un vaste et lourd donjon carré percé à son centre d'une petite porte ogivale donnant accès sur une belle avenue plantée de tilleuls. Cet ensemble qu'aucune note trop moderne ne déparait alors donnait à la petite ville un caractère d'originalité et de pittoresque, surtout dans le cadre de verdure et de sombres futaies qui l'entourait de toutes parts.

De Molsheim nous partîmes pour Mutzig par Dorlisheim, ayant encore dix kilomètres à parcourir pour terminer notre étape : la route que nous suivions se déroule dans un paysage de montagnes et de prairies où tout est vert, sauf le ciel et le chemin. La forêt commence à quelques centaines de mètres des dernières maisons de Molsheim, avec ses épais ombrages de sapins et de hêtres ; les routes, les chemins, les sentiers même sont plantés d'arbres, ainsi qu'une partie des prés et des champs cultivés que nous cotoyons.

Ça et là, dressant le clocher de leur église à travers les masses sombres de verdure, les villages de Dinsheim, de Greswiller et d'Altorff. C'était d'un effet pittoresque et charmant tout à la fois que cette marche à travers les plaines de la Basse Alsace. Vers 3 heures, nous arrivions à Mutzig, petite localité de près de 3,000 âmes, célèbre alors par sa manufacture d'armes et située sur la rive gauche de la Bruche, au pied d'une haute colline de grès vosgien dont le versant escarpé et coupé de belles masses de rochers abrite la ville au nord. Au sud de Mutzig, sur la rive droite de la rivière, s'élève également une forte colline à laquelle ses trois sommets distincts ont fait donner le nom des « Trois Pointes ». Ces hauteurs sont plantées de vignes qui donnent un petit vin rosé dont nous sûmes bien, Jaéglé et moi, apprécier le goût délicat et fin.

La petite ville est, ou plutôt était, assez régulièrement bâtie, mais nous n'y retrouvâmes pas le caractère moyenageux de Molsheim : l'industrie a passé par là et a transformé par ses usages une cité que quelques curieux vestiges font cependant croire fort ancienne. Au nombre de ces vestiges, nous avons aperçu une vieille tour, dernier débri de fortifications disparues, le château qui servait autrefois de demeure de plaisance aux évêques de Strasbourg et qui est devenu l'importante manufacture d'armes que l'on sait, et enfin l'église paroissiale qui présente des restes d'un gothique très authentique et très primitif.

Après une bonne nuit tranquillement passée à Mutzig, l'esprit un peu dégagé des craintes de poursuite, nous nous dirigeâmes sur Schirmeck par Mulbach et Russ, en quittant alors la plaine pour la montagne. En face de nous et sur le prolongement d'une cîme élevée s'ouvrait vers l'Est la coupure de la vallée de Munster, légèrement brumeuse et avec des contours vagues au milieu des vapeurs d'une matinée d'été. Sur la gauche, s'encaissait une longue vallée zébrée de trois belles routes blanches de poussière qui serpentent à travers le tapis vert des prairies. Au loin, un torrent bordé d'un rideau d'arbres aux nuances plus sombres au travers desquels nous distinguions des éboulis de pierres grises sur lesquels l'eau venait en bondissant s'épandre en une poussière scintillante et diamantée aux rayons du soleil. Sur les pentes que nous gravissions, la futaie épaisse se dressait laissant de loin en loin place à de hauts pâturages. Par ci, par là, brillaient encore quelques éblouissantes taches de neige.

Pendant que nous montions les pentes raides des

contreforts vosgiens. des sons de cloche arrivaient jusqu'à nous. Cette sonnerie venait de la petite église de Mulbach dont nous apercevions à travers les éclaircies de la futaie les toits de chaume.

Nous descendîmes ensuite vers Russ et arrivâmes à Schirmeck, gros bourg situé à plus de trois cents mètres d'altitude sur la rive droite de la Bruche et au confluent du ruisseau de Grandfontaine qui descend des pentes du Donon.

Jaéglé regrettait vivement pour moi que les événements ne nous permissent pas de séjourner quelque temps dans cette localité qui, me disait-il, est admirablement située et le point de départ d'une foule d'excursions plus pittoresques, plus intéressantes les unes que les autres et qui est, à la belle saison, le rendez-vous d'une foule de touristes qui la prennent pour centre de leurs opérations pour rayonner au-delà sur les sites remarquables des environs.

Hélas ! nous étions en plein dans la belle saison, et la pauvre petite ville, déserte et morne, privée de ses hôtes habituels, de ses ressources accoutumées, semblait dormir en attendant des temps meilleurs.

Schirmeck est dominé vers le sud est par un rocher à pic qui porte à son sommet les ruines d'un château détruit depuis trois siècles environ.

Le lendemain, nous repartions pour Saàles, après avoir cotoyé le Voyemont, montagne boisée et très élevée. Cette route de Schirmeck à Saàles est des plus accidentées et des plus pittoresques. Rien de sauvage et de gracieux, tout à la fois, comme les sites que nous parcourûmes successivement. Aux vallées vertes et fleuries, mais toujours étroites et ceintes sur toute leur longueur de montagnes boisées, succédaient des gorges où il n'y a place que pour un chemin pierreux, raboteux et difficile et pour la rivière qui, tantôt coule limpide sur un lit de graviers, tantôt se précipite et bouillonne à travers les rochers qui la surplombent et l'étreignent. L'homme a pourtant trouvé là le moyen d'exercer son activité et sa puissance, De toutes parts, sur cette route accidentée, au fond des vallées comme le long des côtes abruptes, s'élèvent des filatures, des tissages, des fabriques, des scieries qui nourrissent des centaines d'ouvriers dont les coquettes maisons à toits rouges ou ardoisés sont pittoresquement disséminées le long des rampes, des collines et des montagnes.

Le bourg de Saâles doit son nom à un mot celtique (sales), eau courante. C'est près de là que prend sa source la Bruche, cette rivière que nous suivions depuis Molsheim. Il possède un hôtel-de-ville avec beffroi et sa physionomie est d'un aspect moderne : il a enfin une belle église.

Saâles est aujourd'hui le point le plus extrême de la frontière allemande : il a été détaché du département des Vosges et de la France !

Nous fûmes obligés de coucher à Saâles bien que

nous n'eussions fourni ce jour-là qu'une courte étape, mais je souffrais de douleurs dans les genoux et un peu de repos m'était absolument nécessaire.

A l'hôtel où nous étions descendus, nous fîmes la connaissance d'un vieil alsacien qui, apprenant que nous sortions de Strasbourg, nous interrogea longuement sur les incidents du siège. En termes émus, il nous peignit les sentiments de confiance et d'espoir que la longue résistance de Strasbourg avait fait naître dans l'âme de ces patriotiques populations de l'Alsace.

« Après avoir vu l'incendie de Schlestadt et de Bri-
« sach, nous disait-il, par ce beau ciel de septembre,
« d'un bleu si pur, nous étions heureux d'entendre gron-
« der au loin le canon de Strasbourg. La France tenait
« encore là, là flottait son drapeau, la patrie nous parlait
« par cette voix intermittente. Nous nous orientions
« vers cette flèche aérienne que mutilaient les boulets
« ennemis mais qui portait encore les couleurs natio-
« nales.

« La nuit, nos yeux ne se détachaient point de ces
« lueurs d'incendie, impuissants que nous étions à ven-
« ger, même à secourir nos frères. Le trépas pleuvait
« au loin, nous pleurions. Mais toujours, à chaque aube
« radieuse, car jamais, par une ironie amère des choses,
« il n'y avait eu tant de sourires dans le firmament, une
« si profonde joie de vivre dans la nature, le bruit du
« canon nous arrivait, solennel, poignant. Dans le dé-
« luge qui nous inondait, ce coin de terre n'était pas

« encore submergé, flot perdu dans un océan dont les
« flots montaient toujours plus pressés et plus nom-
« breux. Et nous nous redisions les noms de ceux là
« qui le défendaient : Excelmans, Blot, Humann, Mal-
« larmé, Frévet, Du Petit Thouars.

« Un matin, il y a deux jours, le silence — un grand
« silence comme celui qui suit la mort d'un être qui
« vous est cher. C'est que c'était bien la mort qui s'a-
« battait sur Strasbourg, arrachée sanglante et toute
« palpitante encore de patriotisme des bras mutilés
« de la France.

« C'était fini, nous étions Allemands ! »

Pendant tout le long trajet de Strasbourg à Saâles, nous avions été étonnés, Jaëglé et moi, de ne rencontrer aucune troupe française pour garder et défendre ces défilés où cent hommes auraient pu résister à des bataillons entiers.

Nous nous informâmes et apprîmes que, depuis la capitulation de Sedan jusqu'à ce moment, les Vosges avaient été occupées seulement par des mobiles et des francs-tireurs qui n'avaient agi que sous leur responsabilité personnelle et sans direction supérieure. Ces troupes étaient disséminées un peu partout.

Quelques jours auparavant, le 23, un engagement avait eu lieu contre quelques centaines de Prussiens à Pierrepercée et à Celles. L'ennemi avait été repoussé avec pertes et s'était retiré sur Badonvillers.

Le 27, il avait attaqué Raon-l'Étape avec du canon

et, pendant trois heures, avait tiré sur le village, puis il avait été forcé de se retirer à l'approche de renforts qui nous arrivaient de Saint-Dié et de Rambervillers.

A ce moment, le col du Donon rendu impraticable était occupé par la garde nationale et la voie du chemin de fer était libre. Ce qui n'avait pas empêché nos troupes de se replier comme si elles avaient été battues.

Le Préfet d'Epinal avait signalé cette situation à Besançon et demandé qu'on donnât à nos soldats un chef plus énergique que celui qui les avait commandés jusqu'alors.

On en était là. Et cependant, depuis la prise de Strasbourg, on était en droit de s'attendre tous les jours à voir l'ennemi déboucher par la vallée de la Meurthe au Nord ou par les petites vallées de Senones et de Celles à l'Est. Il devenait donc de plus en plus urgent de concentrer sous un commandement capable les forces disséminées dans les Vosges pour empêcher que les défilés ne fussent franchis.

Nous étions aussi surpris de n'avoir pas encore entrevu un seul uniforme français que de n'avoir pas été rejoints par les coureurs ennemis dont, disait-on, une division se dirigeait sur Saint-Dié et devait passer par Saâles.

Nous repartîmes dès le lendemain matin. Il n'eût pas été prudent de nous attarder davantage. De Saâles, on descend par la route de Provenchères, village d'un millier d'âmes à cheval sur les deux rives de la Fave.

C'était autrefois le chef-lieu d'une importante seigneurie : ce n'est plus aujourd'hui qu'une fort jolie localité située sur un des derniers contreforts des Vosges.

Après Provenchères nous traversâmes le petit village de Frapelle, puis celui de Neuwiller-sur-Fave, au confluent de la Fave et du ruisseau de la Goutte qui descend du Spitzemberg. De Neuwiller nous arrivâmes à Remomeix par une route que domine le massif d'Ormont. Ce massif est l'un des plus élevés des Vosges, si l'on met de côté les pics du Donon et du Ballon d'Alsace.

Enfin, nous parvînmes vers le soir à Saint-Dié par la rue du Nord. La vue de cette ville me donna une heureuse impression. Paisiblement assise sur les deux rives de la Meurthe, la cité vosgienne étale au milieu d'une verdoyante vallée ses blanches et coquettes maisons, ses larges rues ouvertes à la lumière et où circule sans contrainte l'air pur et vivifiant des montagnes.

J'étais, pour ma part, brisé de fatigue. Mes genoux étaient enflés et douloureux. Aussi, laissant Jaéglé à ses épanchements bien naturels auprès de toute sa famille, demandai-je la permission d'aller prendre un peu de repos.

Lorsque je m'éveillai, le lendemain, après quelques heures d'un lourd sommeil, la maison était en fête.

Les enfants de Jaéglé la parcouraient du haut au

bas, criant que leur papa était revenu et que « les Prussiens ne lui avaient pas fait de mal ».

Dans la grande salle à manger, je trouvai mon excellent compagnon de voyage auprès de sa femme et de son père. J'étais heureux de la joie de Jaéglé qui se voyait enfin, sain et sauf, au milieu des siens, après une séparation qui aurait pu être éternelle et que des angoisses de toute nature avait traversée. La joie de mon ami redoublait mon impatience de rejoindre, moi aussi, ma famille : mais le trajet à pied que je venais d'effectuer m'avait beaucoup fatigué ; j'avais un commencement d'hydarthrose des genoux, et le besoin de repos, aussi bien que les pressantes et cordiales instances de mes hôtes, firent que je consentis à demeurer vingt-quatre heures à Saint-Dié.

La nouvelle de notre arrivée s'était bien vite répandue par la ville et il nous fallut refaire, combien de fois! le récit du siège. Mais, nous mêmes, nous avions hâte de connaître les événements qui avaient précédé et suivi la catastrophe de Sedan et de nous renseigner sur la situation de notre cher pays.

Un lieutenant-colonel du 11e chasseurs, blessé à Wissembourg et en convalescence à Saint-Dié, voulut bien satisfaire notre curiosité. Il nous conta toute l'odyssée de l'armée de Mac-Mahon, depuis Saarbruck jusqu'à Sedan :

Tout d'abord Wissembourg où la division Douai s'était couverte d'une gloire ineffaçable, où 7,000 hommes et 3 batteries avaient tenu tête à 70,000 Allemands et 150 pièces de canon ;

Frœswiller, défaite glorieuse, dont les conséquences avaient été l'abandon de l'Alsace par le 1ᵉʳ corps vaincu, la démoralisation des troupes et l'ouverture aux ennemis de la route de Paris.

Et, détaillant son récit que nous écoutions le cœur serré d'une inexprimable tristesse, le colonel nous dit les actes de merveilleuse bravoure de nos soldats, la charge des 8ᵉ et 9ᵉ régiments de cuirassiers à Morsbroon, l'héroïque combat du 3ᵉ zouaves dans le Riederwald, la charge de la division Bonnemain, l'indomptable ténacité des chefs, le courage presque surhumain de l'infanterie, l'énergie sauvage de ces six régiments de cuirassiers se sacrifiant pour le salut commun.

Puis, la retraite sur Châlons, l'incohérence incroyable de la direction supérieure des opérations, les ordres immédiatement suivis de contre-ordres, les fatigues inutilement imposées à nos pauvres troupiers harassés, manquant de tout.

Puis, sur les instances du gouvernement, l'abandon par Mac-Mahon de son idée de rester à Châlons pour couvrir Paris ; l'obligation de marcher au secours de Bazaine, bloqué sous Metz, l'extrême lenteur des mouvements de son armée, les marches et contre-marches, la bataille de Beaumont, la concentration sur Sedan, enfin l'horrible bataille du 1ᵉʳ septembre, l'héroïque défense de Bazeilles par l'infanterie de marine, Mac-

Mahon blessé, remplacé par Ducrot d'abord, par de Wimpfen ensuite, enfin la capitulation de toute cette armée, la captivité de l'Empereur qui rendait son épée au roi Guillaume.

Hélas ! ce n'était pas tout. Il nous fallait apprendre le sort réservé à l'armée de Bazaine en Lorraine ; la bataille de Spikeren, le 6 août, l'ordre de l'Empereur de se diriger sur Metz, l'abandon à l'ennemi de la barrière des Vosges, notre infériorité si cruellement constatée, la menace terrible d'une troisième invasion.

Puis, les événements politiques, la chûte du ministère Ollivier, la formation du Cabinet Montauban, comte de Palikao, la nomination du maréchal Bazaine au commandement en chef de l'armée du Rhin, une des plus belles qu'ait eues la France, comptant 180,000 hommes 48,000 chevaux, 450 pièces d'artillerie et 80 mitrailleuses, composée d'officiers pleins d'énergie et de dévouement, de soldats aguerris, vétérans de rudes et glorieuses guerres, animée d'un superbe esprit de discipline et d'une bravoure exemplaire.

Enfin, l'inaction inexplicable de Bazaine, la bataille du 14 août à Borny, celles de Rézonville le 16, de St-Privat le 18, et l'ordre de se replier sous Metz pour se ravitailler.

Des deux armées que nous pouvions opposer à l'envahisseur, l'une était prisonnière en Allemagne, l'autre immobilisée sous Metz par des forces supérieures et placée sous les ordres d'un chef dont les intentions et le patriotisme pouvaient à bon droit sembler suspects.

Paris maintenant était investi par les troupes allemandes victorieuses à Sedan; on savait qu'à Montmesly, à Chatillon, à Villejuif, à Chevilly, des combats avaient été livrés. L'ennemi, maître de l'Alsace, de la Lorraine, de la Champagne, bloquait Paris. Ne devait-il pas considérer la campagne comme terminée? Paris était-il organisé pour la résistance, approvisionné suffisamment pour ses deux millions d'habitants? Supporterait-il les souffrances d'un siège et les horreurs d'un bombardement?

Dieu fasse que oui, nous disait le colonel! En résistant aux deux cent mille allemands immobilisé sous ses murs, il permettrait à la France de constituer de nouvelles armées en province, de prouver au monde sa vitalité et son courage, de sauver son honneur, de ne pas faillir à sa glorieuse histoire en mettant bas les armes avant d'avoir tenté l'impossible pour chasser l'envahisseur.

II

A TOULON

J'avais, le 4 octobre, télégraphié à mon père ma présence à Saint-Dié et mon arrivée prochaine à Rochefort, en le prévenant, toutefois, que l'état des communications presque toutes au pouvoir de l'ennemi m'obligerait à passer par le Midi de la France ; que je m'arrêterais vingt-quatre heures à Montpellier chez des amis de notre famille.

Mais j'ignorais à ce moment que mon beau-frère eût quitté Rochefort pour Toulon, et je fus bien étonné d'apprendre en arrivant à Montpellier que ma sœur et son mari en étaient partis la veille après un repos de quelques heures.

Je ne pus résister au désir d'aller les surprendre, les embrasser, et, en dépit de toutes les instances, j'écourtai mon séjour chez nos amis pour prendre à mon tour le train à destination de Marseille et de Toulon, non sans avoir informé mon père de mes nouvelles résolutions, bien convaincu qu'il les approuverait.

J'ai retrouvé dans ses papiers la lettre que je lui écrivis de Toulon pour lui rendre compte de mon arrivée dans cette ville. On me pardonnera de la reproduire ici, tout en supprimant quelques détails intimes qui, pour mes lecteurs, n'auraient aucun intérêt.

Arrivé à Toulon, mon premier soin fut de me rendre à l'arsenal, seul endroit où je pouvais avoir l'adresse en ville de Guyard.

Mais l'arsenal est « TABOU » paraît-il. Il m'a fallu la croix et la bannière pour y pénétrer : encore m'a-t-on fait accompagner d'un matelot qui avait pour consigne de ne pas me lâcher d'un cran.

Au « magasin général » il m'a été répondu que Guyard n'avait pas encore pris son service et qu'il avait élu domicile chez M. Folco, boulevard Ste-Hélène, au Mourillon.

Je mobilise un fiacre et, en route pour le Mourillon. A l'adresse indiquée, je ne trouve ni M. Folco, ni Guyard ; l'un et l'autre sont en face, de l'autre côté de la rade, à la villa du Canier, cap Sepet.

Comment s'y rendre ?

Mon cocher me renseigna :

— Par voiture, me dit-il, en passant par la Seyne, le Creux Saint-Georges, vous en avez pour trois heures au minimum ; par bateau, ce serait plus court, mais la mer est trop mauvaise, la rade est probablement consignée, vous ne trouverez personne pour vous y conduire.

Je regrimpe dans mon fiacre, et, par acquit de conscience, je fais arrêter quai du Commerce où quantité de bateaux de promenade sont amarrés et attendent les voyageurs.

Je hèle le patron du *Flambard*.

— Voulez-vous me conduire au Canier et à quel prix ?

— Craignez-vous la mer ?

— Non.

— C'est qu'il fait un mistral du diable, la mer est démontée. De plus, il n'y a pas de port au Canier, et, pour accoster ce sera difficile. Je ne peux pas vous conduire à moins de 20 francs.

Cela valait 3 francs : néanmoins j'acceptai et « embarque ».

Dans la « vieille Darse », mer d'huile, comme disent les mocos, mais une fois en rade, la danse a commencé. Un furieux vent d'Ouest nous a obligés à tirer des « bords » constamment.

L'eau de mer embarquait par « paquets » et nous mouillait comme des barbets, mais nous avancions quand même et bientôt le cap Sepet était doublé. Devant nous, la grande rade, la mer immense, à perte de vue, à gauche, les collines de Lamalgue, le Mont Faron, à droite, à l'extrémité du cap, une délicieuse villa, enfouie dans les bois de pins ; c'est le Canier. Sur la terrasse, je reconnais Aline et Guyard qui se promènent et semblent nous contempler avec stupéfaction.

Il faut avouer que le temps était mal choisi pour une promenade et qu'il fallait avoir le cœur solide pour affronter les lames courtes et dures de la Méditerranée.

Un dernier bord, et nous nous dirigeons en droite ligne sur la terre : notre intention évidente d'accoster porte à son comble l'étonnement, je pourrais dire l'inquiétude de Guyard qui, néanmoins, saute de rocher en rocher pour nous indiquer une passe étroite dans laquelle, avec mille précautions, notre bateau s'engage.

— Mais c'est Jules ! Ah ! quel bonheur, s'écrie Aline, en me reconnaissant dans ce voyageur aventureux.

Te dire sa joie, cher père, serait impossible. La chérie était sans nouvelles de moi depuis longtemps : elle ne savait pas si j'avais pu sortir de Strasbourg, et me revoir là, près d'elle, souriant, heureux, lui semblait chose extraordinaire.

— Comment, c'est toi ! Et les baisers, coupés de questions, de pleuvoir. Je pleurais comme une grosse bête que je suis, l'embrassant, tout embarrassé de lui répondre et de payer le patron du *Flambard*, pressé de repartir.

Et, tout de suite, il a fallu me présenter aux amis : à M. Folco, propriétaire de la villa du Canier, riche entrepreneur de travaux publics, vieil ami de Guyard ; à sa femme et à sa fille, charmante personne dont le mari, ancien lieutenant d'infanterie de marine, est enfermé à Paris où il a repris du service.

On a procédé à mon installation dans une belle chambre du deuxième étage ayant vue sur la mer, et, immédiatement après, à la demande générale, il m'a fallu conter toutes mes aventures depuis le départ de Rochefort : le siège de Strasbourg, ma fuite à pied, mon voyage à Montpellier, chez Huguette.

Que n'étais-tu là, cher père ? ma joie eût été complète.

J'ai bien annoncé que je comptais repartir le lendemain, mais j'ai soulevé des protestations unanimes. Mes hôtes se sont joints à Aline et à Guyard pour me prouver que je suis très fatigué, que j'ai mauvaise mine, besoin de repos, etc., etc. Bref, je me suis laissé convaincre, me promettant bien, in petto, de ne pas m'endormir dans les délices de Capoue, et il a été convenu qu'on t'enverrait une dépêche pour te dire que je suis à Toulon, en bonne santé.

Et je t'écris, cher père, après une délicieuse soirée passée au bord de la mer, sur la terrasse : de mes fenêtres je vois la Méditerranée unie comme une glace, phosphorescente ; au loin, des barques de pêcheurs vont et viennent, traînant leurs filets.

Ici, c'est le calme absolu, l'image du bonheur complet, de la tranquillité parfaite, et, par la pensée, je me reporte aux sombres journées de Strasbourg, au fracas du bombardement, aux craintes personnelles que, si bien trempé que l'on soit, on ne peut réussir à chasser complètement, aux angoisses patriotiques, aux sentiments de haine féroce qu'inspirent les procédés sauvages des Allemands.

Ici, c'est la paix, dans un cadre merveilleux de poésie et de douceur : le seul bruit que j'entends est celui du rossignol qui chante dans quelque figuier voisin, de la mer qui vient mourir mollement sur les rochers de la côte, de la chanson lointaine d'un matelot sur sa barque de pêche.

Et je pense que les hommes sont bien fous de s'entretuer pour des questions de dynastie, pour des raisons purement politiques, alors qu'il serait si bon de vivre dans la paix universelle, de jouir tranquille des bonnes choses, des splendeurs que Dieu a placées avec une si merveilleuse munificence tout autour de nous. . . . . . .
. . . .

A Toulon, il me fut possible, grâce à une collection complète de journaux, de me mettre au courant des événements accomplis depuis mon départ de Rochefort. Je savais déjà ce qu'il était advenu de nos deux armées : on m'avait dit la chute du gouvernement impérial, la proclamation de la République, la constitution d'un nouveau ministère sous la présidence du général Trochu ; mais j'ignorais l'envoi à Tours d'une délégation [1] du gouvernement qui, je l'appris avec joie, avait pour objet l'organisation de la défense en province, dans tous les départements non occupés par l'ennemi et la création de nouvelles armées.

---

[1] On sait que cette délégation était composée de MM. Crémieux, garde des sceaux ; Glais Bizoin, sans portefeuille ; de l'amiral Fourichon, ministre de la guerre et de la marine ; Clément Laurier, directeur général, remplissant les fonctions de ministre de l'intérieur, et de différents personnages, parmi lesquels M. Stéenackers, directeur général des télégraphes, joints à la délégation pour représenter chacun des départements ministériels et des grands services administratifs.

Or, le 19 septembre, jour où, par le combat de Châtillon, les armées allemandes terminaient l'investissement de Paris, seize départements français étaient occupés par l'ennemi, en totalité ou en partie. De nos places fortes, les unes étaient prises, les autres assiégées. Plus de 800,000 Allemands foulaient le sol du territoire.

Pour repousser au-delà de la frontière des masses aussi redoutables, quelles étaient les ressources dont la France pouvait encore disposer ? L'armée de Metz ne comptait plus, celle de Sedan avait disparu tout entière. Ce qu'il en restait était venu s'enfermer dans Paris ; les garnisons des places fortes étaient bloquées.

C'est en face de cette situation que se trouvait, en arrivant à Tours, le vice-amiral Fourichon, délégué au ministère de la guerre et de la marine. Bien que ne disposant que d'un personnel restreint, il s'était mis en devoir de remplir les instructions qu'il avait reçues, à son départ de Paris, du général Le Flô, et était parvenu à mettre sur pied, en quelques jours, un corps d'armée complet, le 15ᵉ, dont le général de la Motte Rouge avait reçu le commandement.

Ce corps d'armée avait pour mission, aussitôt qu'il serait formé, de se porter sur la Haute-Saône, de menacer les flancs de l'ennemi et de chercher à couper ses communications. Mais il était chargé en même temps de couvrir la délégation de Tours en occupant Orléans avec une division, d'inquiéter au moyen de troupes prises dans cette division les derrières des forces ennemies qui investissaient Paris, et d'entraver le plus possible les réquisitions faites par les détachements allemands dans la zone avoisinant ce côté de la capitale. Il s'en fallait de beaucoup, d'après les journaux que j'avais sous les yeux, qu'à la fin de septembre, le 15ᵉ corps qui ne s'organisait qu'avec peine, fût en état de s'acquitter d'une tâche aussi compliquée. Incapable de l'accomplir, soit en entier, soit même en partie, il demeurait dans l'inaction.

C'est que la délégation se trouvait en face de difficultés inouïes qui entravaient la mise en œuvre des services, le mouvement et la création du matériel, la fabrication des armes et des engins de guerre ; elle n'était pas sans offrir des garanties de compétence et de capacité, mais, de leur aveu même, les gens qui en faisaient partie, bien qu'animés du même patriotisme, du même besoin d'agir dans l'affreuse situation où l'Empire venait de jeter la France, bien que partisans de la guerre à outrance, manquaient d'autorité. Il en résultait l'anarchie, un peu partout, au sein du gouvernement lui-même, et, autour de lui, l'agitation stérile, l'inertie, la paralysie,

Pour comble de malheur, les communications avec Paris assurées jusque là au moyen d'un câble placé au fond de la Seine, avaient été interrompues dès le 24 septembre. Dès lors la délégation, faible navire sur une mer houleuse et pleine d'écueils, privée de gouvernail, dut naviguer avec sa seule boussole et menaçait de sombrer.

Chacun des membres pourtant faisait de son mieux au sein du gouvernement et autour de lui. Malheureusement, ce n'était pas assez. Pour soulever les populations, il fallait l'autorité. Elle ne devait venir qu'avec Gambetta.

Ce n'est pas cependant que, en ce qui le concernait, M. Stéénackers n'eût rien fait depuis le 13 septembre, jour de son arrivée à Tours : il avait installé les divers services de la télégraphie, les pigeons, les ballons, et ébauché l'organisation de la télégraphie militaire. Il avait réussi à tenir la délégation au courant des faits et gestes de l'ennemi et, particulièrement, de sa marche, de ceux de ses mouvements que l'on pouvait saisir. Il avait établi à cet effet, entre Tours et Paris, des postes d'observation militaire qui lui adressaient, plusieurs fois par jour et la nuit même, des dépêches spéciales sur ce qui se passait dans le rayon qu'ils pouvaient embrasser.

Cette organisation rendait d'immenses services : c'était comme un livre ouvert des faits dans un rayon de 25 à 50 lieues, un complément ou plutôt un supplément de ces corps d'éclaireurs militaires dont l'ennemi avait si bien su tirer parti et qui nous avaient fait jusque là si cruellement défaut.

C'était comme une avant-garde de la télégraphie militaire que M. Stéénackers rêvait d'organiser. Il entrevoyait déjà à ce moment la nécessité d'un service spécial se développant sur une grande échelle, englobant, en quelque sorte, l'administration tout entière, et la mettant, du jour au lendemain, à la disposition de la défense pour un concours actif, militant. (1)

Mais bien que cette idée, développée devant le conseil de la délégation, eût été approuvée à l'unanimité, on ne donnait pas à M. Stéénackers le moyen de la mettre à exécution. Le directeur général n'en était pas découragé : il avait appelé auprès de lui ceux des fonctionnaires du service télégraphique qui avaient fait campagne et s'était éclairé de leur expérience et de leurs lumières : il s'était entouré des employés qui lui avaient semblé les plus capables, les plus propres à comprendre, à développer le projet, et il attendait l'occasion pour l'exécuter.

Le bruit s'en était répandu dans toute l'administration des télégraphes : dès qu'on sut, disait le journal dont je lisais la collection, que les missions aux armées étaient décidées, les demandes arrivèrent de tous côtés ; la perspective des fatigues, des dangers inévitables ne se présentaient à l'esprit de personne, n'arrêtaient aucun dévouement.

---

(1) Stéénackers : *Les Télégraphes et les Postes pendant la guerre 1870-71*

III

A TOURS

J'interrompis là ma lecture ; l'empressement de mes collègues de toute la France à se mettre à la disposition du gouvernement de la Défense nationale me dictait mon devoir. J'avais bien, dès mon arrivée à Toulon, prié le chef du service télégraphique d'en aviser l'administration, mais cela n'était plus suffisant ; il me fallait non plus attendre des ordres, non plus même en provoquer : il fallait aller les chercher et cela immédiatement.

Le soir même, je partais pour Tours après des adieux bien tristes à mes hôtes qui ne cherchèrent pas à me retenir, comprenant trop bien le sentiment auquel j'obéissais. Quant à moi, j'étais heureux, plein d'espoir. Tout n'était donc pas fini puisque de nouvelles armées s'organisaient, que Paris luttait courageusement contre les Allemands, approvisionné pour longtemps de vivres et de munitions, commandé par des chefs énergiques, capable de résister à un siège de plusieurs mois.

Et puis, qui savait? Bazaine pourrait peut-être se dégager et venir au secours de Paris comme les armées de province y viendraient elles-mêmes.

Pendant le trajet fort long de Toulon à Tours, j'appris que Gambetta, sorti de Paris en ballon, le 7, était arrivé sain et sauf, le 9, au siège de la délégation de la Défense nationale.

Le 12 octobre, j'étais à Tours. Tout de suite, je sus que l'amiral Fourichon avait donné sa démission de ministre de la guerre, malgré les instances de Gambetta, que le général Lefort avait refusé de prendre la succession et que Gambetta lui même avait dû joindre au portefeuille de l'intérieur celui de la guerre.

A côté du jeune député se trouvait un homme, M. de Freycinet, que sa grande activité, de remarquables facultés d'assimilation avaient désigné à son choix. Gambetta trouva en lui un auxiliaire précieux, et, se débarrassant d'une partie du fardeau trop lourd qu'il s'était imposé, il le nomma, sous sa direction, délégué au ministère de la guerre.

Le lendemain même de son arrivée à Tours, Gambetta avait demandé à M. Stéénackers un rapport verbal sur son administration et sur tout ce qui s'y rattachait, et l'avait nommé directeur général des télégraphes et des postes.

C'était donc à M. Stéénackers que je devais me

présenter, mais je trouvai dans l'antichambre de son cabinet M. Aubry que j'avais laissé à Strasbourg quelques jours auparavant. L'idée des missions télégraphiques militaires avait été acceptée d'enthousiasme par Gambetta, et M. Aubry, fonctionnaire énergique, compétent, qui avait brillamment commandé la mission télégraphique de l'armée d'Orient, avait été l'un des premiers fonctionnaires consultés par le directeur général au sujet de l'organisation et du fonctionnement de la télégraphie militaire.

Il voulut bien m'annoncer qu'il m'avait proposé à M. Stéénackers, en même temps que mes anciens collègues de Strasbourg, Musart et Michel, pour faire partie de l'une des missions qui seraient attachées aux armées en voie de formation. Il me fit aussi connaître qu'il était désigné lui même pour commander une mission et qu'il me placerait directement sous ses ordres.

Je n'avais plus qu'à attendre et j'en profitai pour demander à M. Aubry l'autorisation de quitter Tours pendant quarante-huit heures pour aller à Rochefort, ce qui me fut accordé.

Le 14 au matin, j'embrassais enfin mon père et mon oncle qui, prévenus par dépêche, m'attendaient à la gare. Il me fallait, hélas! troubler leur joie de me revoir par l'annonce de mon départ prochain, presque immédiat, puisque je n'avais qu'une journée à passer auprès d'eux.

Mon père me raconta qu'il avait bien cru ne jamais me revoir : les bruits les plus fâcheux avaient couru au sujet de Strasbourg qu'on disait entièrement détruit, brûlé ; le nombre des victimes du bombardement avait été centuplé ; à en croire les gens bien informés, il ne restait pas une pierre de la malheureuse ville et les cadavres des habitants jonchaient les rues par milliers, privés de sépulture. Enfin, un beau jour, on était venu, sous prétexte de condoléances amicales, lui annoncer que la citadelle avait sauté à la suite de l'explosion d'une poudrière, ensevelissant sous ses débris la plus grande partie de Strasbourg.

Fort heureusement, il avait reçu successivement les lettres confiées par moi à la femme de Jaeglé lors de la visite de la délégation suisse, mes dépêches datées de Saint-Dié et d'Épinal, celle de Toulon et, tranquillisé sur mon sort, il avait attendu impatiemment mon retour.

Certes, il avait à redouter pour moi de nouveaux dangers puisque la lutte allait recommencer plus active, plus acharnée que jamais, que j'allais y participer dans des conditions différentes et, sans doute, plus périlleuses.

Ainsi que moi, d'ailleurs, mon père s'était fait une conception du rôle réservé à la télégraphie militaire : à côté du personnel manipulant chargé de la transmission et de la réception des télégrammes entre le siège du gouvernement et le quartier général des corps d'armée, d'une part, entre les diverses fractions de ces corps d'armée d'autre part, il plaçait des agents spéciaux chargés de chercher à couper les communications de l'ennemi et à surprendre l'échange de ses dépêches télégraphiques. Et il ne se dissimulait pas les dangers qu'entraîneraient ces tentatives dans les régions occupées par nos adversaires, loin de nos propres lignes et de toute protection.

Il craignait, le cher homme, sans m'en rien dire toutefois, que ce rôle d'enfant perdu ne fût le mien dans la campagne qui allait commencer : il redoutait d'avoir encore à souffrir du manque de nouvelles ou plutôt des nouvelles absurdes ou malveillantes. Et je sentais son regard se fixer sur moi plus affectueux, troublé par les pensées qui agitaient son esprit, par les angoisses qui lui serraient le cœur.

Je ne pus le rassurer quelque peu qu'en lui rappelant la promesse de M. Aubry de m'attacher sous ses ordres directs au grand quartier général ; probablement, le personnel de la mission désigné pour suivre le général en chef serait uniquement chargé de la manipulation des télégrammes et n'encourrait de ce fait aucun danger immédiat.

Quoi qu'il en fût, je sentais le besoin d'abréger notre entrevue : voir pleurer mon père amollissait mes résolutions, me suggérait des idées auxquelles j'avais échappé jusque là. Aussi annonçai-je qu'après quelques visites indispensables, quelques achats pour renouveler ma garde-robe demeurée à Strasbourg sous les cendres de ma maison incendiée, je partirais dès le lendemain matin pour Tours, promettant toutefois de revenir dès que cela me serait possible.

Au reste, toutes les familles de Rochefort étaient livrées à la même désolation : un régiment de mobiles s'y formait et aussi un corps de francs-tireurs dont devaient faire partie la plupart de mes amis que je rencontrai, effectivement, quelques semaines après, à Orléans. Beaucoup de jeunes gens de la ville, incorporés dans le 3e régiment d'infanterie de marine qui avait donné à Bazeilles, avaient été tués glorieusement pendant cette mémorable journée ; d'autres étaient prisonniers de guerre en Allemagne avec l'armée de Mac-Mahon ; d'autres enfin, dont le sort pouvait facilement être prévu, se trouvaient sous Metz avec Bourbaki.

Après une journée entière passée auprès de mon père et de mon oncle, après une nuit de sommeil dans ma chambre de jeune homme que je ne devais revoir qu'au bout de longs mois, je repris le train pour Tours, tout ému des dernières caresses de ces deux êtres si chers dont je me séparais une fois encore.

Le 16 au matin, je me rendis chez M. Aubry qui venait d'être officiellement nommé chef de la mission télégraphique de l'armée de la Loire et qui en avait déjà désigné le personnel. Je me fais un devoir de reproduire la liste de ce personnel telle que je la retrouve dans les mémoires de M. Stéénackers :

Chef de mission : Aubry.

Sous-chefs : Wuenschendorff, Darcq, Martin de la Bastide, Lafosse.

Employés : Musart, Bernard, Trévédy, Moner, Michel, Fridblatt, Biteau, Philipon, Gaillard, Merlin, Lemarié, Le Coniac, Fricotel, Proux, Fratini, Dané, Houard, Roig, Bouloud, D'huteau, Poirier, Naves.

Chefs surveillants : Vilac, Contures.

Surveillants : Galy, Gravier, Tresse, Daloz, Calisti, Lapitcagne, Véron, Rey, Huet, Barthe, Weber.

J'étais attaché au grand quartier général du général d'Aurelle de Paladines avec M. Lafosse comme chef de poste et mes camarades Trévedy, Fridblatt et Houard.

La veille, un décret du gouvernement de la Défense nationale avait mis une partie du personnel des postes et des télégraphes à la disposition de l'autorité militaire dans chaque corps d'armée, et avait assimilé les grades des fonctionnaires et agents des lignes télégraphiques et des postes avec ceux de l'armée.

M. Aubry me remit une commission du ministre de la guerre et une lettre de M. Stéénackers que je crois intéressant de reproduire ici.

MINISTÈRE DE LA GUERRE

1re Direction

*Bureau de la correspondance
générale et des opérations
militaires*

Le Ministre de l'Intérieur et de la Guerre,

informe M. Biteau (Jules-Emile), employé de 5e classe de l'administration des lignes télégraphiques, que, par décision de ce jour, il est nommé en la même qualité dans le service de la télégraphie militaire de l'armée de la Loire.

Dans cette position, M. Biteau recevra, indépendamment du traitement dont il jouit dans l'administration des lignes télégraphiques (1,400 francs), un supplément de guerre égal à ce traitement (1,400 francs) et une indemnité d'entrée en campagne de 600 francs. Il aura droit, en outre, à une ration et demie de vivres et à quatre rations de chauffage.

Cette lettre lui servira de titre dans l'exercice de ses fonctions.

Tours, le 17 octobre 1870.

Pour le Ministre et par son ordre :

LE GÉNÉRAL,

Directeur par intérim,

(Illisible).

DIRECTION GÉNÉRALE
des Télégraphes et des Postes

Tours, le 17 octobre 1870.

Monsieur, je viens d'organiser une mission qui sera chargée d'assurer le service télégraphique de l'armée de la Loire.

Je vous informe que je vous ai appelé à faire partie du personnel de ce service dont la direction est confiée à M. l'inspecteur Aubry.

Aux termes d'un décret de la délégation du gouvernement de la Défense nationale en date du 15 octobre courant, vous serez assimilé à un lieutenant.

Ce décret vous alloue, en sus de votre traitement de 1,400 francs :

1° Les frais de route réglementaires de votre résidence au quartier général et retour ;

2° Une indemnité d'entrée en campagne de 600 francs ;

3° Une indemnité de guerre égale à vos appointements pendant la durée de la campagne ;

4° Une ration et demie de vivres et quatre rations de chauffage.

Vous aurez droit, en outre, au logement, ainsi qu'aux prestations et immunités de toute nature attribuées au grade auquel vous êtes assimilé.

L'indemnité d'entrée en campagne vous sera payée avant votre départ. Elle est destinée à vous fournir les moyens de vous procurer les objets d'équipement et de campement nécessaires. Vous devrez notamment vous munir, dans le plus bref délai, d'un uniforme dont M. l'inspecteur Aubry vous communiquera le modèle.

Une feuille de route vous sera délivrée par M. l'intendant militaire à Tours. Je vous invite à vous tenir prêt à partir dès que M. le chef de la mission vous en aura transmis l'ordre.

J'aime à compter, Monsieur, que vous apporterez dans l'accomplissement de la mission toute de confiance dont vous êtes chargé l'énergie et le dévouement que commandent les circonstances. Soyez assuré que le gouvernement de la Défense nationale n'oubliera pas les services rendus pendant la crise que traverse le pays.

Le Directeur général des Télégraphes et des Postes,
Signé : **STÉÉNACKERS.**

Notre situation était donc réglée : le personnel de la mission entièrement désigné serait réuni à Tours dans les quarante-huit heures et immédiatement disponible. Mais, par ailleurs, le directeur général se trouvait aux prises avec bien des obstacles ; malheureusement les choses n'étaient pas d'aussi bonne composition que les hommes et il rencontrait de ce côté-là des difficultés presque insurmontables.

D'abord, l'essentiel, en fait de matériel, manquait absolument. Il fallait du fil de campagne en grande quantité ; on télégraphia dans les dépôts du génie qui étaient encore libres : la réponse fut qu'il n'y en avait pas un seul mètre dans les magasins, que tout le matériel de télégraphie militaire avait été expédié sur Metz, dès le début des hostilités, par ordre du maréchal Lebœuf. Il fallut envoyer à Londres M. Abel Guyot, sous-inspecteur des télégraphes au Havre, avec la mission d'acheter et de rapporter au plus vite, quoi qu'il en pût coûter, le fil de campagne. Puis, M. Berthot, inspecteur, fut chargé d'aller en Suisse acheter des appareils portatifs Morse en quantité suffisante pour les besoins du service qu'on organisait.

En Angleterre, M. Guyot trouva toutes facilités. Il acheta du câble de campagne renfermant trois fils très fins, enroulés les uns sur les autres, autrement dit fil à trois torsades, recouvert de gutta-percha. Ce câble était susceptible de supporter le passage de chariots très lourds et de résister à leur poids sans se rompre.

Mais il n'en fut pas de même en Suisse ; le gouvernement helvétique refusa de laisser sortir les appareils, qu'il considérait comme des engins de guerre. Il fallut que M. Berthot se mît en relations avec des contrebandiers qui se chargèrent de faire passer sa marchandise, ce qui fut très long et très difficile. (1)

Puis, M. Stéénackers mit en réquisition, tant à Tours que dans les environs, des voitures publiques ou diligences et fit acheter toutes celles qui pouvaient servir. On en disposa l'intérieur pour le transport du personnel, des appareils et des piles. On établit sur l'impériale, tant bien que mal, des bobines à dévider et à enrouler le fil. Ces voitures devaient être attelées et harnachées par le train des équipages militaires.

Enfin, des prolonges d'artillerie, traînées par quatre chevaux, furent chargées de poteaux en bois, et quatre caissons à pain, du matériel nécessaire à la construction des lignes et de bobines supplémentaires sur lesquelles une trentaine de kilomètres de câble étaient enroulés.

Les négociations tant avec l'Angleterre qu'avec la Suisse, la réunion de tout ce matériel roulant, sa mise en état approximatif avaient demandé beaucoup de temps et ces délais inévitables nous avaient permis de faire confectionner l'uniforme dont nous devions être revêtus et tel qu'il avait été réglé par un arrêté du gouvernement de la Défense nationale.

---

(1) STÉÉNACKERS : *Les Télégraphes et les Postes en 1870-71.*

Nous étions, en effet, ainsi que je l'ai déjà dit, assimilés aux militaires. C'est ainsi que le chef de la mission, M. Aubry, avait le grade de colonel, les deux sous-chefs celui de commandant, les employés étaient assimilés aux lieutenants et les surveillants aux sous-officiers. Quant au port d'un uniforme, M. Stéénackers le justifie dans ses mémoires par les considérations suivantes :

> Ce qui est sérieux, ou du moins logique, c'est qu'un décret attachant les agents des télégraphes aux armées, leur assimilation aux militaires en campagne était forcée : qu'ils devaient être soumis à la même règle et à l'uniforme tout le temps que durerait la guerre. Nous avions à tout instant à envoyer des communications, des suppléments de matériel, soit à nos postes d'observation, soit aux armées elles-mêmes. Eût-il été prudent, eût-il été humain d'envoyer auprès de l'ennemi, dans un rayon où ils pouvaient être surpris, des hommes n'ayant sur eux aucun signe, rien qui marquât leur qualité de belligérants ? C'eût été les exposer, de gaîté de cœur, à être fusillés comme espions, sans pitié ni merci.
>
> L'ennemi aurait-il pris au sérieux des télégraphistes qui n'auraient eu pour armes que leurs appareils ?
>
> Une autre raison, enfin, qui est, ce semble, décisive, c'est que, dans un camp et suivant les usages militaires, quiconque n'est ni matriculé, ni gradé, n'a aucun droit à la ration.

Enfin, ce que ne dit pas M. Stéénackers, c'est que nos voitures, nos prolonges chargées de poteaux devaient être conduites par des soldats du train commandés par un sous-officier ; c'est qu'on devait nous adjoindre, pour aider à la construction des lignes, pour protéger au besoin nos convois, pour faire sentinelle auprès de nos postes télégraphiques roulants, lorsque nous opèrerions en rase campagne, un certain nombre de mobiles dont il nous eût été impossible de nous faire obéir si nous n'avions pas été revêtus d'un uniforme indiquant un grade supérieur.

Cet uniforme se composait d'une casquette avec deux galons d'or pour les employés et une large bande bleus sur laquelle des foudres étaient brodées ; d'une vareuse avec deux galons aux manches et d'un pantalon noir avec bande bleue. En outre, on nous donna à chacun un revolver d'ordonnance et une boîte de cartouches.

Certes, nous étions fort beaux dans ce costume tout flambant neuf, notre revolver au côté ; mais l'arrêté qui l'avait réglé ne contenait aucune prescription relative au port de la barbe et des cheveux, et plusieurs d'entre nous, moi le premier, ne parvenaient pas facilement à se donner une tournure militaire. Quoi qu'il en fût, le personnel de la mission était, dans son ensemble, très présentable et avait fort bonne mine lorsqu'il se réunissait matin et soir pour prendre les ordres de son chef, le colonel Aubry.

IV

LA TÉLÉGRAPHIE AUX ARMÉES

Je n'avais, je l'ai déjà dit, aucune idée du rôle réservé aux télégraphistes détachés aux armées, ou plutôt je m'en étais fait une conception que, dès mes premiers entretiens avec M. Aubry, j'avais reconnue fausse. Je savais que ce dernier avait de brillants états de service. Il avait commandé la mission télégraphique de l'armée d'Orient et avait été nommé chevalier de la Légion d'honneur à la suite de cette campagne. La guerre l'avait surpris à Strasbourg où il s'était distingué en établissant sur la tour de la cathédrale le poste d'observation qui avait si bien gêné les Allemands et qui nous avait valu, à Michel et à moi, un bombardement spécial destiné à nous déloger au plus vite.

Enhardi par la bienveillance que M. Aubry ne cessait de me témoigner, je le priai un jour de me donner quelques renseignements sus les services rendus par la mission télégraphique militaire qu'il avait commandée en Crimée. Il voulut bien le faire avec son obligeance habituelle et voici, en substance, ce qu'il me dit :

« De tous temps, les armées en campagne ont trouvé dans la télégraphie un précieux auxiliaire. Déjà, chez les peuples de l'antiquité, l'art des signaux avait pour but principal de répondre à des préoccupations d'intérêt militaire, soit pour observer et signaler les mouvements de l'ennemi, soit pour transmettre et recevoir des ordres. De même, le télégraphe de Claude Chappe n'avait été, dès son début, qu'un instrument de guerre et c'est pour servir à cet usage qu'il avait été adopté avec enthousiasme par la Convention nationale.

« On sait quels services rendit aux armées la télégraphie aérienne. Elle disparut après la guerre de Crimée, après avoir puissamment facilité les opérations de la conquête de l'Algérie et s'être illustrée une dernière fois devant Sébastopol.

« Dès que la guerre de Crimée fut décidée, M. de Vougy, alors directeur général des Télégraphes, fut invité par le ministre de la guerre à mettre à sa disposition un service télégraphique constitué de manière à faire face à toutes les éventualités. Un double matériel de télégraphie électrique et de télégraphie aérienne fut expédié en Turquie, et, dès le 10 juillet 1854, le personnel de la mission débarquait à Varna sous la conduite de M. Carette, inspecteur.

« M. Carette fit construire aussitôt, de Varna à

Baltchik, une ligne aérienne de sept postes qui fonctionna du 15 août au 15 novembre. Baltchik était le port d'embarquement des troupes destinées à la Crimée ; c'est de ce point que partirent les escadres dans les premiers jours de septembre, et, plus tard, les renforts.

« Lorsque l'armée française eut reconnu les difficultés inattendues que présentait le siège de Sébastopol, le service télégraphique fut scindé en deux parties : l'une resta en Turquie pour construire la ligne de Varna à Bucharest et établir ainsi une communication permanente de l'armée d'Orient avec le réseau autrichien, la seconde s'embarqua pour la Crimée avec le matériel de télégraphie aérienne.

« Le 29 décembre 1854, le personnel et le matériel mis à ma disposition débarquaient à Kamiesch : les travaux d'établissement furent aussitôt commencés. Le plan d'ensemble consistait à relier télégraphiquement au grand quartier général les points stratégiques, les armées, les divisions détachées et les ports d'approvisionnement. Pour atteindre ce but, les télégraphes durent suivre les divisions dans leurs mouvements, de telle sorte qu'à côté de lignes permanentes, il fallut en construire d'autres qui fonctionnèrent pendant un temps très court et qui furent supprimées et rétablies dans une même semaine, selon les besoins du service. Cette organisation de télégraphes ambulants fit de la télégraphie en Crimée un service spécial sans précédent, même en Afrique, où les lignes, pour être provisoires, n'étaient cependant pas volantes.

« De son côté, le gouvernement anglais fit immerger dans la mer Noire un câble qui permit aux armées alliées de se tenir en relation permanente avec la France et l'Angleterre, au moyen de la ligne électrique de Varna à Bucharest et du réseau autrichien.

« Les télégraphes d'Afrique avaient donné un si excellent résultat au double point de vue de la rapidité de la transmission et surtout de l'installation, que l'administration n'hésita pas à les employer en Orient. M. Carette y apporta une heureuse modification en remplaçant par de la tôle le bois des indicateurs, ce qui les rendit beaucoup plus légers. En moins de vingt minutes, un poste était installé ; il était replié presque instantanément ; deux mulets suffisaient pour le transport du matériel d'une station avec les objets de rechange et les accessoires.

« La vitesse de la transmission était en télégraphie aérienne, en raison du nombre des postes intermédiaires. En Crimée, la plupart des stations correspondaient directement entre elles, les plus éloignées n'étaient séparées que par trois ou quatre télégraphes ; aussi le passage des dépêches se faisait il avec rapidité. Une dépêche de 25 mots, par exemple, parvenait en 15 minutes au plus du quartier général aux corps d'armée, en vingt minutes à Kamiesch et à la Tchernaïa, en vingt-cinq minutes à la vallée de Baïdar, en trente minutes à l'Egry-Adgadj. Pour les distances identiques, les courriers ou ordonnances à cheval mettaient d'une demi-heure à quatre heures et pouvaient être exposés au feu de l'ennemi. La télégraphie laissait ainsi disponible la cavalerie peu nombreuse en Crimée et faisait gagner aux dépêches un temps considérable. Pour activer encore la remise des dépêches M. Aubry fit à plusieurs reprises la demande d'un service électrique qu'il aurait combiné avec les stations aériennes.

« D'ailleurs, la conduite du personnel que j'ai dirigé pendant toute la campagne, ajouta M. Aubry, fut digne des plus grands éloges. Dès leur arrivée en Crimée, les fonctionnaires et agents de tous grades campèrent sous la tente, sur un terrain tellement détrempé par les pluies qu'il fut impossible pendant plus de quinze jours d'allumer du feu pour la préparation des aliments. L'hiver fut excessivement pénible. Au mois de novembre 1855 seulement, les stations permanentes furent baraquées.

« Le travail était extrême ; il n'y avait par poste qu'un seul agent qui était obligé de rester en observation, l'œil à la lunette, de seize à dix-huit heures par jour.

« Pendant les dix-huit mois de séjour en Crimée, le personnel de la télégraphie fut exposé aux mêmes dangers, aux mêmes privations que l'armée elle-même. Durant la bataille de Trackhir (16 août 1855) et le jour de l'assaut de Sébastopol (8 septembre 1855), nos stationnaires étaient à leurs postes et les télégraphes fonctionnèrent sous le feu de l'ennemi. Pendant les quatre mois qui suivirent la prise de la ville russe, les stations de Malakoff et de Sébastopol restèrent sous les feux des canons des forts du Nord où s'était retirée l'armée russe ; le poste même de Malakoff dut être déplacé, il n'était plus tenable.

« Pendant la bataille de Traktir, trois stationnaires, MM. Borie, Paulowski et Cochet étaient chargés, les deux premiers, de la manœuvre du télégraphe aérien, et le troisième de la traduction des dépêches. Le poste était placé à quatre ou cinq cents mètres de la rivière de la Tchernaïa et non loin de deux ponts sur la route de Simphéropol.

« Quoique la bataille eût été engagée sur une ligne très étendue, des masses russes se concentrèrent à un moment donné entre ces deux ponts et le combat devint des plus acharnés. Les Russes prirent et perdirent trois fois cette importante position.

« Pendant toute la durée de l'action, les trois stationnaires du poste de la Tchernaïa se trouvèrent exposés aux plus sérieux dangers. Ils n'en continuèrent pas moins à remplir bravement leur devoir, à traduire, à transmettre les nombreuses dépêches du général Herbillon au milieu d'une grêle de balles qui faisaient rage sur le poste télégraphique. Aussi furent-ils chaudement félicités par le chef d'Etat-Major pour le sang-froid, la rapidité et la précision dont ils avaient fait preuve dans l'exécution de leur service.

« Ce fait n'est du reste pas isolé. Le zèle et le dévouement du personnel tout entier ne se démentirent pas un seul instant. Je citerai plus particulièrement M. Baron [1], qui était attaché comme inspecteur à la mission d'Orient et qui déploya une habileté remarquable pour assurer les communications télégraphiques entre le théâtre des opérations et le réseau autrichien. »

— Et pendant la campagne d'Italie, mon colonel ?

« Ah ! cela, c'est autre chose : cette campagne, je ne l'ai pas faite et je ne puis vous en parler que par ce que j'en ai entendu dire moi-même, me répondit le colonel, et c'est peu de chose. Voici ce que je sais :

« La mission télégraphique attachée à l'armée d'Italie était placée sous les ordres de M. Lair, Clément, inspecteur général, et comprenait cinq inspecteurs, quatre directeurs, treize stationnaires et un certain nombre de surveillants. En outre, un directeur et quatre stationnaires composaient le bureau télégraphique spécial de l'Empereur.

« Tout ce personnel a bravement rempli son devoir ; les travaux de lignes ont été exécutés avec une grande habileté et une rapidité prodigieuse pour relier entre eux les différents corps des armées alliées et assurer constamment les communications télégraphiques du

---

[1] Plus tard directeur de l'Exploitation.

grand quartier général avec la France et les bases d'opération, c'est-à-dire Tunis, Alexandrie et Gênes.

« Tous les employés de ce service difficile rivalisaient de zèle, de courage, d'activité, d'intelligence.

« Aucun obstacle ne les arrêtait, et, comme de vrais soldats, ils bravaient les dangers, avançant leurs lignes au-delà même des avant-postes ; ils allaient en reconnaissance dans les différentes directions, et établissaient leurs fils sur les pas même de l'armée autrichienne.

« C'est ainsi que M. Gauthier, inspecteur de 1re classe entrait le premier à Novare et que les inspecteurs Saigey, Grosjean, Retz, Amiot rendaient chaque jour des services signalés et pouvaient souvent, avec l'activité énergique qu'ils déployaient, envoyer par dépêches télégraphiques les renseignements les plus précis sur les mouvements des Autrichiens, dont les éclaireurs parcouraient leur voisinage.

« Le directeur suivait sans cesse le quartier impérial et, malgré l'insuffisance de son matériel et de ses moyens d'exécution, établissait en un jour des communications souvent de la plus grande urgence. (1)

« Partout où l'armée marche, le télégraphe plante ses poteaux et se met courageusement à l'œuvre.

« Avec une infatigable persistance, elle surmonte les immenses difficultés que fait naître à chaque pas la construction de lignes au milieu d'une armée de

---

(1) BARON DE BAZANCOURT (*La Campagne d'Italie*).

100,000 hommes et sur des routes encombrées de bagages et d'approvisionnements.

« Cette mission était sans précédent, le temps et l'expérience manquaient pour créer un matériel spécial qui put en faciliter les opérations. Organisée à la hâte avec des moyens incomplets et d'un transport très difficile, elle montrait cependant chaque jour les résultats importants que pourrait obtenir un service télégraphique de guerre étudié à l'avance et régulièrement établi.

« Malgré cela, pendant la campagne d'Italie, la mission télégraphique a réparé ou construit plus de quatre cents kilomètres de lignes télégraphiques et ouvert 35 bureaux qui ont toujours, sauf quelques courtes interruptions, assuré à l'Empereur et à son quartier général leurs communications avec la France, et, *souvent,* avec les maréchaux et les corps d'armée. »

— Je vous remercie, mon colonel, de ces renseignements, mais les services spéciaux comment étaient-ils organisés ? ont-ils donné de bons résultats ?

— Qu'entendez-vous par services spéciaux ?

— Mais, mon colonel, à côté de ces agents manipulants dont vous venez de me parler et qui n'ont fait, en somme, que recevoir ou transmettre des dépêches aériennes ou télégraphiques, dans des conditions parfois périlleuses, je le reconnais, n'aviez-vous pas à l'armée d'Orient, n'existait-t-il pas à l'armée d'Italie d'autres agents chargés de missions bien plus délicates bien plus dangereuses : celles, par exemple, de chercher à surprendre les télégrammes ennemis en dérivant le courant dans un parleur, ou de détruire ces mêmes communications ?

— Rien de tout cela n'a existé en Crimée ou en Italie ; le personnel dont j'ai disposé en Orient n'était en rien préparé à ce genre d'opérations, et je crois que vous vous trouverez, vos camarades et vous, dans le même cas. Je vois bien, ajouta en riant le colonel, que vous ne rêviez rien moins que des actes d'héroïsme, et que vous vous prépariez à user de ruses d'Apaches ou de Comanches pour surprendre les secrets des Allemands et faire passer votre nom à la postérité. Il faut en rabattre, mon ami ; je ne sais pas ce que le sort nous réserve, mais vous aurez certainement, au cours de la campagne, l'occasion de constater que le rôle de simple manipulant dont vous semblez faire fi est parfois plus dangereux que vous le pensez. Et, qu'en disiez-vous de ce modeste rôle lorsque, sur la plateforme de la cathédrale, à Strasbourg, vous baissiez la tête sous le vent des projectiles ennemis ? Vous semblait-il si pot-au-feu, si terre à terre ? Et, à la citadelle, lorsque le plafond de l'appartement, crevé par un obus, s'est effondré sur vous, étiez-vous à la noce ? Et vos collègues à Tracktir, pensez-vous qu'ils n'eussent pas préféré être partout ailleurs qu'à la place qu'ils occupaient au milieu des combattants français, anglais et russes ?

Rassurez-vous, vous aurez encore le loisir d'étudier, de visu, la trajectoire des obus et de goûter, de auditu, la mélodie des balles sifflant à vos oreilles. Pour vous distinguer, vous n'aurez pas besoin d'accomplir les exploits des héros de Fenimore Cooper : il vous suffira de faire simplement, tout simplement votre devoir. Peut-être, après tout, l'occasion que vous souhaitez se présentera-t-elle : ce sera à vous d'en profiter.

J'étais fixé. En somme, le personnel de la mission télégraphique pouvait se diviser, dès à présent, en deux parties :

L'une, la partie savante, technique, chargée de l'établissement des lignes et composée des ingénieurs, MM. Darcq, Wuenschendorff et Martin de la Bastide, ayant sous leurs ordres les surveillants ;

L'autre, plus modeste, comprenant les agents manipulants dont le rôle se bornerait, la plupart du temps, à l'installation des postes, à la réception et à la transmission des télégrammes.

J'ai pu constater par la suite combien étaient justes les paroles du colonel. Plusieurs de mes collègues, Michel à Clerval, Gaillard à Beaume-les-Dames, ont failli être surpris par l'ennemi et être faits prisonniers pour être demeurés à leur poste jusqu'à la dernière minute ; Fricotel et Bouloud, moins heureux, sont tombés entre les mains des Prussiens et ont été internés à Rastadt; nous-mêmes, au grand quartier général, après la bataille d'Artenay, nous ne dûmes notre salut qu'au plus grand des hasards et fûmes obligés de fuir sous une grêle de balles et d'obus qui balayaient la route et faisaient autour de nous de nombreuses victimes.

Donc, si nos modestes attributions ne devaient pas nous exposer directement au feu de l'ennemi, nous placer en un danger immédiat et constant, elles nous réservaient tout au moins une somme de travail énorme et continu, des privations et des fatigues dont je ne me faisais alors aucune idée. Et puis, ne serait-ce pas un beau résultat à atteindre que d'assurer régulièrement, rapidement, l'échange des dépêches entre le gouvernement et le général en chef, entre le quartier général et tous les corps d'armée ? Ce qui se passait au bureau télégraphique de Tours suffisait pour nous donner un avant-goût de ce qui nous attendait plus tard. Les dépêches s'y amoncelaient sur les appareils, lancées dans toutes les directions par les membres de la délégation, en vue d'activer les levées d'hommes, les envois de vivres, de matériel, de chevaux. Que serait-ce, lorsque dans quelque pauvre petit poste installé à la diable, dépourvu d'appareils rapides, privés de toutes les commodités des grands bureaux, nous aurions toute cette besogne sur les bras ?

Allons, je pouvais me rassurer ; nous ne serions pas des héros, mais des auxiliaires incontestablement utiles, cela suffisait.

V

QUELQUES PORTRAITS

Cependant, le temps et aussi les événements avaient marché. Le général Lefort avait réussi à constituer dans les derniers jours de septembre et les premiers jours d'octobre le 15e corps tout entier. Ce corps d'armée dont j'ai dit plus haut la destination comprenait, sous les ordres du général La Motte-Rouge, trois divisions d'infanterie, une division de cavalerie et 128 bouches à feu dont 14 mitrailleuses. On l'envoya sur la rive droite de la Loire et jusqu'à Toury, pour protéger Orléans.

Il s'était déployé trop tôt, dit M. Arthur Chuquet dans son livre (*La guerre 1870-71*), et ses 60,000 hommes, mal armés, mal équipés, portant pour la plupart leurs cartouches dans leurs poches, ne pouvaient tenir contre les troupes qui leur étaient opposées. Le 10 octobre, au nord d'Artenay, ces troupes se heurtèrent à celles du général Von der Tann et étaient battues ; le lendemain, les Allemands entraient à Orléans, La Motte-Rouge repassait la Loire et le gouvernement le destituait pour le remplacer par le général d'Aurelle de Paladines, vigilant, sévère, rude, doué de grandes capacités et d'une énergique volonté.

D'Aurelle s'occupait de reconstituer le 15e corps derrière la Sauldre, dans le camp retranché de Salbris. Il devait commander, en outre, le 16e corps qui se formait à Blois sous les ordres du général Chanzy.

On arrivait à la fin d'octobre ; le général Von der Tann était toujours à Orléans, le 15e corps toujours à Salbris. L'inaction commençait à peser au général d'Aurelle qui estimait que laisser l'armée stationner plus longtemps, c'était perdre le résultat des efforts faits pour la discipliner. Il croyait le moment venu d'attaquer les Allemands puisqu'ils ne nous attaquaient pas.

Le plan arrêté entre les membres de la délégation et le général en chef était de marcher directement sur Paris par la Beauce après avoir reconquis Orléans. C'était une revanche qu'on voulait prendre afin d'agir sur l'opinion ; en outre, on considérait Orléans comme un point stratégique très important, devant jouer le rôle d'une tête de pont qui permettrait de se retrancher en attendant le moment opportun pour déboucher.

L'idée fondamentale était de placer l'armée bavaroise entre deux feux au moyen d'un mouvement tournant exécuté par une partie de nos forces ; 70,000 hommes devaient marcher de Blois sur Orléans en suivant le fleuve, pendant que le général Martin des Pallières, franchissant la Loire à Gien, tournerait à l'improviste, par le nord est, sur les derrières de l'ennemi.

Le général d'Aurelle prit ses dispositions en conséquence : il nous donna l'ordre de le suivre à Salbris. C'est là que nous devions prendre possession de nos voitures, de notre matériel, recevoir notre train d'équipage, les conducteurs et les hommes de la mobile mis à notre disposition.

Enfin, nous allions marcher ! Cette inaction nous pesait horriblement. J'avais, pour ma part, cherché à lier connaissance avec ceux de mes collègues que M. Aubry avait désignés en même temps que moi pour le grand quartier général ; pendant ces longues journées, au cours de nos promenades dans les environs de la ville, j'avais étudié leur caractère et je suis heureux de dire que j'avais été bien servi par le hasard.

Nous devions être partagés en deux brigades fournissant chacune un service de vingt-quatre heures, de midi à midi ; le sort avait désigné pour mon copain de brigade Trévédy, breton bretonnant, petit, vif, alerte, gai comme pinson, poète à ses heures et toujours disposé à croire qu'il produisait sur le beau sexe une impression favorable. Avec cela, le crâne presque veuf de chevelure, la barbe en pointe, les yeux sans cesse en mouvement : au demeurant, le meilleur garçon du monde, camarade parfait, prêt à tous les dévouements et désireux, par dessus tout, de manger du Prussien.

La seconde brigade était composée de Fridblatt et de Houart. Le premier était un alsacien, frère du Fridblatt que j'avais connu à Strasbourg, sobre de gestes et de paroles, le nez toujours plongé dans les livres. Patriote ardent, esprit calme et froid, c'était le mentor de notre petite bande, l'ami sûr à qui nous demandions conseil, l'employé exercé et savant que nous consultions dans les moments difficiles.

Quant à Houart, c'était bien le plus drôle de corps que j'eusse jamais connu. Ancien sous-officier, sec comme une allumette, droit comme un pieu, brave comme une épée, esclave de la discipline et des règlements, il avait héroïquement quitté sa femme et ses enfants pour concourir à la défense du pays. Il possédait toutes les qualités du soldat sans en avoir un seul défaut, détestait l'odeur du tabac dont il adorait le goût, ne buvait que de l'eau claire ; son langage, choisi, ne s'émaillait jamais du plus petit juron. Géographe distingué, marcheur infatigable, il possédait une extraordinaire faculté d'orientation.

Pendant toute la campagne, au cours des interminables étapes qui nous conduisirent de Tours en Suisse par Orléans, Bourges, Nevers, Besançon, ses connaissances géographiques et une sorte de divination des chemins les plus courts, des sentiers les plus directs au travers de pays qui lui étaient inconnus nous rendirent les plus grands services. Par contre, son esprit aventureux, son insouciance du danger nous placèrent parfois dans des situations difficiles dont son sang-froid réussissait à nous tirer.

C'est côte à côte avec ces trois excellents amis que j'ai vécu pendant de longs mois, supporté des fatigues inouïes, souffert du froid et de la faim, sans qu'une discussion nous ait jamais divisés. Je leur devais une mention spéciale dans ce livre consacré à des souvenirs si lointains déjà. Nous les retrouverons d'ailleurs bien souvent dans ce récit.

De nos chefs immédiats, MM. Musart et Lafosse, le premier était certainement le dévouement fait homme ; jamais je ne l'ai entendu avouer une fatigue, montrer du découragement. Jamais je n'ai constaté chez lui une défaillance. Très modeste, toujours prêt au sacrifice de lui-même, il acceptait les missions parfois dangereuses qu'on lui confiait comme des choses absolument naturelles et s'en acquittait simplement. Très doux, il a toujours été pour nous d'une indulgence extrême, prenant notre place, accomplissant notre besogne lorsque l'excès du travail ou des marches trop prolongées nous avaient fatigués à l'excès.

Le second, M. Lafosse, était petit, paraissait timide, étant toujours silencieux. On pouvait le croire peu fait pour les fonctions qu'il avait à exercer, mais sa timidité n'était qu'apparente et il était, au contraire, doué d'une grande énergie, car pendant les quelques mois qu'il a passés au milieu de nous, il n'a cessé de se montrer à la hauteur de la tâche qu'on lui avait confiée.

Le chef de la mission, M. Aubry, était, ainsi que je l'ai dit déjà, un fonctionnaire distingué : grand et fort, rude en paroles, très exigeant sur le service. Personne mieux que lui, du reste, ne mérita les éloges que nous décernèrent après la campagne les généraux d'Aurelle, Bourbaki, et le délégué à la guerre, M. de Freycinet.

Ses deux adjoints, MM. Wuenschendorff et Darcq, étaient deux jeunes gens, élèves distingués de l'Ecole polytechnique. Eux aussi ont fait preuve, pendant toute la campagne, de qualités professionnelles remarquables, de courage sous le feu de l'ennemi et d'une endurance à la fatigue toute particulière. Je leur dois le témoignage de ma profonde reconnaissance pour la bienveillance qu'ils n'ont cessé de me témoigner.

Du reste de la mission je ne parlerai pas ; à l'exception de Gaillard, je n'ai connu que très imparfaitement ceux de mes collègues qui n'appartenaient pas au grand quartier général. J'aurais désiré pouvoir dire ce que, eux aussi, ont réussi à faire à la plus grande satisfaction des généraux commandant les divisions et les brigades, mais les documents à ce sujet me font complètement défaut. Le chef de la mission télégraphique n'adressa jamais de rapports au gouvernement de la Défense nationale : il n'en eut pas le temps. Il se contentait de rendre compte par dépêches de nos opérations journalières, et, d'après ce qu'il a bien voulu me dire, ces dépêches, réunies tant à Tours qu'à Bordeaux, ont été envoyées en bloc à Paris en mars 1871 et ont disparu sous la Commune.

D'ailleurs, ce sont seulement mes souvenirs personnels que je tiens à rapporter ici. Ils se mêlent intimement aux opérations militaires auxquelles, de par ma situation au grand quartier général, j'ai dû participer. Pour en rendre un compte sommaire, je serai obligé de faire de nombreux emprunts aux ouvrages spéciaux de MM. le commandant Rousset, d'Aurelle de Paladines et de Freycinet.

VI

UN FAUX DÉPART !

Dans son livre : *La guerre en Province*, M. de Freycinet expose les raisons qui ont prévalu en faveur d'une marche de l'armée de la Loire sur Paris. Tout d'abord, on évitait l'inconvénient de découvrir les points qu'on voulait garder, car l'armée, en s'avançant, continuerait à les protéger. Ensuite, puisqu'on cherchait une occasion de relever promptement le moral de la France, cette occasion s'offrirait naturellement. En effet, dans la situation actuelle des troupes concentrées en avant de Vierzon et de Blois, pour aller à Paris, on passerait par Orléans. La campagne débuterait donc par l'attaque de cette ville, et si on était assez heureux pour s'en emparer, on agirait vivement sur l'opinion qui verrait dans cette victoire une éclatante revanche de l'échec même qu'on venait d'y subir.

Les dernières hésitations avaient été levées par une dépêche de M. Jules Favre du 17 octobre, reçue par ballon le 21. Cette dépêche disait que, dans les vingt jours de sa date, c'est-à-dire vers le 6 novembre, le général Trochu, comptant sur une expédition de la province pour lui donner la main, « serait en mesure de passer sur le corps de l'ennemi ».

Depuis son arrivée au camp, le général d'Aurelle avait profité de l'espèce de trêve produite par l'éloignement des Allemands pour donner tous ses soins à l'organisation, à l'administration, à l'instruction militaire qui laissaient beaucoup à désirer au début, et ces quelques jours de repos n'avaient pas été perdus pour le bien-être des soldats. L'intendance avait reçu des effets d'habillement, d'équipement, du linge et des chaussures, des couvertures, des gilets de flanelle qu'on s'était empressé de distribuer.

Certains régiments, notamment le 2e de zouaves, nouvellement arrivé d'Afrique, s'étaient présentés dans un état de dénûment incroyable.

Les soldats, presque nus, n'avaient que des vêtements de toile! Cependant, quelques jours plus tard, chaque homme recevait un vêtement de laine, vareuse ou pantalon, mais, dans la saison où on entrait, et au bivouac, ces distributions étaient insuffisantes. Le général reconnaissait cependant que, malgré les mauvaises conditions dans lesquelles les troupes se trouvaient, il n'était pas possible de laisser l'armée stationner plus longtemps sans perdre le résultat des efforts faits depuis quinze jours pour les discipliner. (¹)

Après une assez longue discussion, l'entente s'était établie sur tous les points.

C'est le 25 octobre, vers dix heures du matin, que l'ordre nous fut donné de rejoindre le quartier général à Salbris. Avant de quitter Tours, M. Aubry voulut présenter au directeur général le personnel de la mission télégraphique, et c'est sous notre uniforme tout flambant neuf, le revolver au côté, bottés jusqu'aux genoux, que M. Stéenackers nous vit entrer dans son cabinet, sous la conduite de notre état-major.

Il fut charmant, eut pour chacun de nous un mot aimable et nous adressa une petite allocution pour nous exhorter à nous montrer à la hauteur de la tâche qui nous était confiée; sa sollicitude d'ailleurs nous suivrait au milieu des fatigues et des périls que nous allions affronter, tous les dévouements seraient encouragés et récompensés.

La parole chaude, la voix sympathique de M. Stéenackers, l'évocation de dangers prochains, l'appel au sacrifice, tout cela fit que beaucoup d'entre nous, sinon tous, étaient fortement émotionnés lorsque nous mîmes pied sur le pavé de la rue. Nous étions jeunes, crédules, naïfs, animés du désir de bien faire et les promesses du directeur général nous avaient ouvert un magnifique horizon.

---

(1) Général D'AURELLE DE PALADINES : *La première armée de la Loire*.

A cinq heures du soir, personnel et matériel filaient à toute vapeur par train spécial sur Vierzon où nous arrivions à neuf heures sous une pluie battante ; le lendemain matin nous étions à Salbris.

Mais à peine étions-nous descendus du train que le général d'Aurelle faisait appeler M. Aubry, lui annonçant que l'armée allait abandonner ses positions pour se transporter sur la rive droite de la Loire et lui prescrivait de ramener le lendemain à Tours personnel et matériel.

Nous avions donc quelques heures devant nous ; il fallait en profiter pour voir la ville et, si possible, un coin de la campagne environnante. Salbris est un gros bourg de Sologne qui n'offre au voyageur rien de bien curieux ; l'intéressant, pour nous, la grande attraction, c'était l'armée. Notre séjour à Tours nous avait permis de voir et d'admirer une quantité phénoménale d'uniformes différents portés par les Garibaldiens, les vengeurs de la mort, les francs tireurs, les officiers détachés par les puissances étrangères pour suivre les opérations militaires, mais nous ne savions pas ce qu'était un camp, nous n'avions pas l'idée de l'installation d'une armée en rase campagne, hommes, chevaux, artillerie, matériel, de la manière de vivre de tout ce monde. Nous en eûmes à Salbris un aperçu suffisant.

Les troupes étaient campées tout autour du bourg, au bivouac, sous la petite tente. L'état-major seul occupait les maisons de Salbris. L'animation était extrême : ici, des soldats faisaient bouillir en plein vent leur pot-au-feu, d'autres nettoyaient leurs armes ou leurs vêtements, là, des cavaliers pansaient leurs chevaux, des groupes nombreux se formaient autour de grands feux. Un peu partout, des montagnes de paille ou de foin, des monceaux de pains de munition, des abattoirs sommaires où des bouchers improvisés assassinaient maladroitement quelque bœuf résigné ; tout cela, sous un beau soleil, eût présenté peut-être un aspect riant, mais la pluie persistante avait transformé en une mare de boue liquide le sol naturellement marécageux du pays. On enfonçait dans ce bourbier jusqu'à la cheville et, dans de telles conditions, la promenade n'avait rien de bien agréable.

Le soir même, nous rentrions à Vierzon, trop tard pour pouvoir continuer immédiatement notre route sur Tours. Les hôtels regorgeaient d'officiers de toutes armes et, après avoir vainement cherché par la ville un logement pour y passer la nuit, nous dûmes considérer comme une haute faveur l'autorisation que nous accorda le chef de gare de dormir dans les wagons vides qui obstruaient les voies.

A Tours, nous n'avions plus qu'à attendre de nouveaux ordres. Ce faux départ nous avait donné une légère idée de ce que nous promettait l'avenir et nous nous demandions si, en chauffant un train spécial qui avait dû coûter fort cher, le gouvernement n'avait eu pour but que de nous offrir une promenade peu hygiénique et la vue de Vierzon et de Salbris par un temps de pluie.

Le 30 octobre, nous repartions au grand complet pour gagner Mer, petite localité située sur le chemin de fer, entre Blois et Orléans, où s'était transporté et installé le grand quartier général ; il nous fallut 22 heures pour effectuer ce trajet en chemin de fer. Une petite maison à proximité de la gare reçut le premier bureau que la mission eût à installer.

Le mouvement des troupes était commencé depuis le 27 octobre. Les deux divisions du 15e corps, chargées de coopérer avec le 16e, avaient été transportées par chemin de fer, de Salbris à Blois et à Vendôme en passant par Tours.

Quant à nous, nous restâmes à Mer. Nous n'y avions trouvé ni nos voitures, ni leurs chevaux, ni notre matériel de campagne, bobines de fil, piles et appareils. Le tout, envoyé de Tours par chemin de fer, avait pris une fausse direction et roulait on ne savait où. Force nous fut, en attendant, de nous installer à la diable, couchant dans des greniers à foin, mangeant où et comme nous pouvions, forcément inactifs et pataugeant dans une boue épaisse qu'entretenaient une pluie incessante et le passage continu de la cavalerie, de l'artillerie et des voitures du train.

Nous apprîmes bientôt que l'expédition était suspendue. Une dépêche du général d'Aurelle faisait connaître que le temps était affreux, les chemins impraticables et qu'il n'était pas prudent, dans ces conditions, de tenter une action vigoureuse. (¹)

Certes, c'étaient là de bonnes raisons, mais la principale cause de l'arrêt de l'expédition avait été la nouvelle de la capitulation de Metz répandue dans l'armée où elle jeta la consternation.

Elle fut annoncée au général en chef, le 28 octobre, vers neuf heures du soir, et, d'après M. d'Aurelle, elle lui parvint de la façon suivante :

Un jeune officier allemand, appartenant à une grande famille, avait été tué quelques jours auparavant dans un engagement avec les troupes de la brigade de cavalerie Tripart, et inhumé près de Mer. Le général qui commandait à Orléans, M. de Tann, fit réclamer par un parlementaire la dépouille de cet officier au général Tripart qui, avec une courtoisie parfaite, donna des ordres pour faire procéder à l'exhumation : le cadavre fut remis à l'envoyé de M. de Tann.

Le général allemand fit porter par un de ses aides de camp une lettre de remercîment au général Tripart. Dans cette lettre, il disait que, voulant donner au général français une preuve de son estime, il l'informait qu'une dépêche télégraphique de Versailles venait de lui annoncer la capitulation de Metz et que cette nouvelle était encore un secret pour tous, français et allemands. (²)

---

(1) M. DE FREYCINET : *La guerre en Province*, page 83.
(2) Général D'AURELLE DE PALADINES : *La première armée de la Loire*.

D'après M. de Freycinet, c'est M. Thiers qui, en route pour Paris où il allait rendre compte de sa mission diplomatique auprès des Cours étrangères, apprit la fatale nouvelle au général en chef.

Le lendemain, la capitulation de Metz était rendue publique par la fameuse proclamation de Gambetta :

Français,

Elevez vos âmes et vos résolutions à la hauteur des effroyables périls qui fondent sur la patrie. Il dépend encore de nous de lasser la mauvaise fortune et de montrer à l'univers ce qu'est un grand peuple qui ne veut pas périr, dont le courage s'exalte au sein même des catastrophes.. .....

A la demande de remise formulée par le général d'Aurelle, M. de Freycinet avait répondu en ordonnant un ajournement indéfini, en prescrivant de prendre de bonnes positions et de faire exécuter immédiatement des ouvrages de défense.

Le général en chef et le gouvernement, chacun de leur côté, avaient dû pressentir les conséquences graves qu'allait produire l'arrivée prochaine, sur le théâtre des opérations, d'une nouvelle et formidable armée rendue libre par la capitulation de Metz.

La majeure partie de l'armée de la Loire se trouvait maintenant réunie à l'est de Blois, à l'abri de la forêt de Marchenoir. Quant à nous, nous avions fini par recevoir notre matériel et nos chevaux. Le tout avait été réparti entre les différentes brigades de la mission qui s'étaient immédiatement dispersées et rendues à leur destination auprès des généraux commandant les corps d'armée.

La première ligne construite fut celle de Mer à Marchenoir où était établi le quartier général du 16e corps (général Pourcet). Cette localité, modeste chef-lieu de canton, est située au nord-ouest d'Orléans, à 28 ou 30 kilomètres de Mer, derrière la forêt.

Deux ateliers furent organisés et partirent à deux heures du matin pour arriver au jour à Pontijou, petit village à mi-distance de Mer et de Marchenoir ; le premier atelier chargé de construire la section de Pontijou à Marchenoir, rencontra de sérieuses difficultés : un sol rocailleux, pas un arbre pour servir de point d'appui au fil. Malgré tout, le soir même, la ligne était à cinq cents mètres de Marchenoir, et, dès que le jour parut, elle était amenée jusque dans le village.

Le second atelier avait marché plus rapidement et, à deux heures de l'après-midi, le général Chanzy, qui remplaçait dans son commandement le général Pourcet, pouvait communiquer. En même temps un poste était installé à Pontijou qu'occupait le général Peytavin avec une division du 15e corps et le parc d'artillerie du 16e, et un autre à La Chapelle, localité située entre Mer et Pontijou.

Le général Peytavin professait pour le télégraphe une horreur invincible. Lorsque M. Wuenschendorff vint lui annoncer que la ligne destinée à relier Pontijou au grand quartier général était terminée et mise à sa disposition, il manifesta hautement sa mauvaise humeur. Le brave général craignait d'être dérangé à toute heure du jour et de la nuit pour recevoir des télégrammes et y répondre. Cependant, il ne put moins faire que de mettre un local à la disposition de la brigade télégraphique qui, sur l'heure, installa le poste. Dans la même journée, un bout de ligne à trois fils fut encore construit pour relier Tours, Blois et les divers postes de la ligne de Marchenoir au grand quartier général qui s'était transporté au château de Dizier, à 3 kilomètres environ de Mer.

Dès ce moment, le travail commença pour nous, acharné, incessant, très lentement accompli en raison des appareils à petite vitesse dont nous disposions. Nous avions, en effet, à assurer l'échange des correspondances télégraphiques entre le général en chef et tous les généraux sous ses ordres, d'une part, et d'autre part, avec le gouvernement à Tours. Le plus souvent, ces dépêches, fort longues, étaient chiffrées et exigeaient un collationnement intégral.

Nous avions aussi à transmettre la correspondance des intendants, des médecins, et nous n'y arrivions qu'avec beaucoup de peine.

Il nous avait fallu organiser notre petit campement, réunir et instruire notre personnel.

La voiture qui nous était particulièrement destinée et qui devait nous transporter pendant les marches de l'armée, était tout à fait insuffisante. C'était une ancienne diligence de petit modèle, composée d'un coupé à trois places et d'un compartiment intérieur pouvant contenir six personnes, mais il fallait avant tout, à chaque mouvement, y placer notre pile et notre appareil, nos cantines et celles de MM. Aubry, Darcq et Wuenschendorff, attendu que nous n'avions pas de fourgon pour nos bagages, plus nos ustensiles de cuisine. Lorsque tout y était installé, il ne restait que le coupé de libre et, le plus souvent, nos chefs y prenaient place, préférant la voiture à leurs chevaux de selle.

Sur l'impériale était fixée une énorme bobine destinée à dérouler et à enrouler le fil de ligne.

Avec la diligence, nous avions six prolonges d'artillerie chargées de lourds poteaux en bois, longs de six mètres, et des caissons à pain pour le reste du matériel.

A chacune de ces voitures quatre chevaux montés par deux conducteurs du train.

Enfin, cinquante mobiles, sous les ordres d'un sergent, étaient mis à notre disposition, tant pour servir de plantons entre notre poste télégraphique et le grand quartier général, que pour aider à la construction des lignes ; deux d'entre eux nous étaient spécialement attribués pour notre service particulier, sortes d'ordonnances qui, durant toute la campagne, ne nous quittèrent pas, faisant notre cuisine, brossant nos vêtements, chargés de nos achats et de nos petites commissions.

Trévédy qui était quelque peu sybarite les avait choisis avec soin en raison de leurs connaissances culinaires, et, tout de suite, avait organisé leur service. Nous avions droit, de par la commission délivrée par le ministère de la guerre, à deux rations de vivres chacun, mais la perspective de manger uniquement du bœuf, du riz et des pommes de terre ne souriait que médiocrement à Trévédy qui nous avait imposé, dès le début, une cotisation mensuelle destinée à l'achat de vivres frais, poulets, poissons, légumes, lorsque cela serait possible, et d'une provision de conserves pour les moments difficiles.

De fait, notre ami avait eu la main heureuse : nos deux hommes, enchantés d'échapper en partie aux corvées de garde, de construction de lignes, au service aux avant-postes, au froid et à la faim, se montrèrent constamment très dévoués pour nous et nous servirent de la façon la plus intelligente.

Cependant nos avant-postes étaient journellement inquiétés par les Allemands, désireux de se renseigner sur nos mouvements et des escarmouches se produisaient un peu partout, notamment à Binas où 37 francs-tireurs, embusqués, infligèrent aux ennemis une perte de 130 hommes tués, à Lailly, à Oncelles, à Ouzouer-le-Marché. Gambetta et M. de Freycinet, voyant que les préparatifs de Paris traînaient en longueur, étaient revenus à leurs idées d'offensive et d'action, et, le 5 novembre, ils envoyaient au général

'Aurelle l'ordre de reprendre l'exécution du projet interrompu.

En conséquence, l'armée dut se mettre en mouvement le 6, afin d'arriver concentriquement le 11 devant Orléans, et nous fûmes invités à lever le poste dès le lendemain 7 et à nous tenir prêts à marcher sur Poisly où le général en chef transportait son quartier général. Il fallut, en conséquence, prolonger la ligne de Marchenoir à Poisly. Le travail ne fut terminé qu'à la nuit close. Un surveillant tomba d'un poteau mais ne se fit aucun mal.

Le poste fut installé dans une grande ferme presque abandonnée, nommée La Boische.

VII

COULMIERS

Ce même jour, eut lieu à Vallières une brillante rencontre entre la brigade Bourdillon et une forte reconnaissance commandée par le général allemand de Stolberg. Les troupes ennemies furent culbutées, une compagnie bavaroise tout entière fut faite prisonnière. Cette affaire, qui coûtait à nos adversaires 3 officiers et 150 hommes tués, plus 80 prisonniers, inaugurait heureusement les opérations de l'armée de la Loire et donnait à nos jeunes troupes beaucoup d'assurance et de confiance.

Le 8 au matin, par un beau temps, l'armée débouchait au nord-est de la forêt de Marchenoir ; elle comptait 50,000 combattants et disposait d'environ 150 bouches à feu. Dans l'après-midi, le général d'Aurelle, au cours d'une conférence tenue avec le général Chanzy, arrêtait les dernières dispositions pour la bataille du lendemain. Le résultat à atteindre était de débusquer l'ennemi de Charsonville, Coulmiers, St-Sigismond, et de faire sur la gauche un mouvement tournant, de manière à venir occuper solidement, à la fin de la journée, la route de Châteaudun à Orléans, en s'avançant le plus possible dans la direction des Barres, tout en tenant les positions qui devaient nous rendre maîtres des bois en avant de Rozières.

Nous étions à ce moment tout à fait à l'arrière-garde de l'armée ; une ligne de quelques kilomètres avait été construite pour relier au réseau St-Laurent-des-Bois, petit village à l'extrémité nord de la forêt de Marchenoir. A 3 heures du soir, arrivait une estafette du quartier général ; l'armée était à Coulmiers et l'ordre nous était donné de prolonger immédiatement jusqu'à ce point la ligne construite précédemment jusqu'à Poisly. Il fallut qu'un atelier répartît immédiatement pour la Boische sous les ordres de M. Wuenschendorff : il y parvint à 2 heures du matin, sous une pluie torrentielle ; en même temps, M. Aubry se dirigeait avec un autre atelier sur le château de Coudron, à mi-distance de Poisly à Baccon, où il voulait commencer son travail.

Le temps était affreux quand le jour parut ; la pluie tombait plus fine, mêlée à des flocons de neige ; les chemins non empierrés étaient détrempés, les voitures lourdement chargées y enfonçaient jusqu'aux moyeux. Les mobiles, vêtus seulement d'une légère vareuse en molleton, ne tardèrent pas à ne plus pouvoir supporter la pluie et le froid et quittèrent le chantier, un à un, à la dérobée, pour se réfugier dans les fermes voisines. Il fallut se résigner à les remplacer par des ouvriers que fournit le maire de Villermain. Le travail fut naturellement retardé ; néanmoins, à 7 heures du soir, M. Wuenschendorff se raccordait au poteau que M. Aubry avait planté le matin près du Coudron. La journée avait été rude, mais il avait appris la veille au soir que les Prussiens avaient évacué Orléans à la suite de leur défaite à Coulmiers et que le quartier général était en route pour reprendre possession de la ville. Il avait, dès lors, jugé inutile d'installer un poste sur cette ligne qui avait été établie si péniblement et s'était rendu aux Ormes, sur la route d'Orléans à Châteaudun, où devait se trouver le général en chef.

La description des batailles, l'indication des dispositions prises respectivement par les deux armées en présence, le récit des différentes péripéties des combats ne sauraient entrer dans le cadre de cet ouvrage, et l'auteur ne se fait aucun scrupule d'avouer son incompétence en telle matière. Aussi, ne peut-il mieux faire que de laisser la parole au général en chef. On lira d'autant plus volontiers son rapport officiel sur la bataille de Coulmiers qu'il renferme des éloges mérités sur ces jeunes troupes que, naguère encore, on jugeait incapables d'affronter l'ennemi :

Le 9, dès 8 heures du matin, toutes les troupes se mirent en marche après avoir mangé la soupe.

La portion des troupes du général Martineau, désignée pour agir sur la droite, effectua son mouvement sans rencontrer l'ennemi.

Une moitié des forces commandées par le général Peitavin enleva d'abord les villages de Baccon, de la Rivière et le château de la Renaudière où l'ennemi était fortement établi dans toutes les maisons du village et dans la place. Cette position, vivement attaquée, fut enlevée malgré les efforts de l'ennemi pour s'y maintenir. Dans cette attaque, dirigée par le général Peitavin en personne, les troupes déployèrent une vigueur remarquable.

La seconde partie des troupes du général Peitavin occupait sans résistance le château du Grand-Lus et faisait appuyer sa gauche vers le village de Coulmiers.

Sur la gauche, les troupes du général Barry marchaient par Champdry et Villarceau, qui était le centre de la ligne ennemie et très fortement occupé. Arrêtées dans leur marche par l'artillerie prussienne, elles ne purent arriver que vers deux heures et demie à Coulmiers, devant lequel se trouvaient déjà les tirailleurs du général Peytavin.

Ces tirailleurs, joints à ceux du général Barry, se jetèrent au pas de course, aux cris de « Vive la France », dans les jardins et les bois qui sont au sud de Coulmiers, y pénétrèrent, malgré la résistance furieuse de l'ennemi, mais ne purent se rendre maîtres du village. L'ennemi, qui s'y était retranché, et qui avait accumulé sur ce point une grande partie de ses forces et de son artillerie, faisait les plus grands efforts pour s'y maintenir. Pour faire cesser cette résistance, le général en chef appela le général Dariès et la réserve d'artillerie. Cette dernière s'établit à la hauteur du Grand-Lus, et, après un feu des plus violents d'une demi-heure, finit par réduire au silence les batteries de l'ennemi. En ce moment, les tirailleurs, soutenus par quelques bataillons du général Barry, reprirent leur marche en avant et pénétrèrent dans le village d'où ils chassèrent l'ennemi vers quatre heures du soir.

. . . .

En résumé, dans la journée du 9, nous avons enlevé toutes les positions de l'ennemi qui, d'après l'aveu d'officiers bavarois faits prisonniers, doit avoir subi des pertes considérables.

Cette journée eut pour résultat d'obliger l'ennemi à évacuer non seulement toutes les positions retranchées qu'il occupait derrière la Mauve et dans les environs d'Orléans, mais encore d'abandonner en toute hâte cette ville, pour battre en retraite sur Artenay, par Saint-Peravy et Patay, en laissant entre nos mains plus de 2,000 prisonniers, sans compter tous les blessés.

La pluie et la neige qui étaient tombées toute la nuit et qui avaient détrempé les terres rendirent impossible une poursuite qui eût pu nous donner de plus grands résultats. Malgré ces difficultés, une reconnaissance poussée sur Saint-Peravy s'empara de deux pièces d'artillerie, d'un convoi de munitions et de cent prisonniers dont cinq officiers.

Nos troupes d'infanterie de ligne et nos mobiles qui voyaient le feu pour la première fois ont été admirables d'entrain, d'aplomb et de solidité.

L'artillerie mérite de grands éloges, car, malgré des pertes sensibles, elle a dirigé son feu et manœuvré, sous une grêle de projectiles, avec une précision et une habileté remarquables.

Nos pertes, dans cette journée, ont été d'environ 1,500 hommes tués ou blessés.

Je ne saurais trop vous dire, Monsieur le Ministre, combien j'ai eu à me louer de la vigueur que l'armée tout entière a montrée dans cette journée.

Pendant cette journée, toutes les sections de télégraphie militaire avaient suivi les divisions ou brigades auxquelles elles étaient attachées. La nôtre, partie dès l'aube, par un temps brumeux et froid, du château de Dizier, près Suèvres, avait marché tout le jour et passait à Coulmiers vers 3 heures du soir, au moment le plus chaud de l'attaque contre le village et le château. A ce moment précis, quatorze pièces ennemies couvraient d'obus les troupes du général Barry, pendant que les défenseurs du village et du château leur envoyaient une grêle de balles. Comme nous arrivions, le 38e de marche, aidé par le 7e chasseurs à pied et vigoureusement enlevé par son chef, le lieutenant-colonel Baille, abordait le parc par le sud et y pénétrait. De là, il poussait sur le village dont il fallut faire l'assaut, maison par maison. Heureusement, le général Barry, entraînant les mobiles de la Dordogne contre la lisière ouest, avait enfin raison de l'ennemi.

Sur la route, dans les fossés, des cadavres d'hommes et de chevaux, des caissons d'artillerie éventrés, des armes et des voitures brisées ; partout des blessés hurlant de douleur, de tous côtés des maisons en feu. Le bruit strident des mitrailleuses, les détonations sourdes des canons se mêlaient au crépitement des chassepots. Les balles passaient en sifflant au-dessus de nos têtes. Nous étions haletants, hypnotisés par ce spectacle et nos yeux ne pouvaient se détacher de nos admirables soldats qui bondissaient dans les vignes, escaladaient les talus, franchissaient les barrières et, bayonnette au canon, abordaient, sublimes de courage, ces maisons crénelées, ces rues barricadées, d'où partait incessamment un feu d'enfer. On les voyait tomber, se relever plus ardents, disparaître derrière les pans de mur renversés par l'artillerie, pousser des cris de victoire auxquels répondaient les cris d'agonie des Allemands.

C'était horriblement beau et je n'oublierai jamais ce spectacle d'une heure. Trévédy trépignait d'enthousiasme pendant que Houart ne cessait de crier de sa voix formidable : « En avant ». Le revolver au poing, l'ancien sous-officier se tenait sur la route, encourageant les soldats qui, sans interruption, passaient devant nous au pas de course, tout prêt à s'élancer, lui aussi, vers ce village embrasé où la résistance s'éternisait, enragé de ne pouvoir faire, comme les autres, le coup de feu.

Quant à moi, je regardais, le cœur serré, avec quelle haine Prussiens et Français s'abordaient, s'entretuaient ! Quelles exclamations de joie sauvage lorsque l'ennemi tombait, la poitrine trouée, le crâne fendu, et que le vainqueur l'achevait à terre, d'un dernier coup avec le « han » du bûcheron qui abat un arbre ! Quelle pitié aussi, lorsque quelque petit soldat, blessé à mort, se couchait dans un sillon et, doucement, plaintivement, appelait « maman » !

Que j'en ai vu des morts dans cette journée glorieuse

pour la France! Ceux-ci avec, sur le visage, une expression de haineuse fureur, ceux là la figure calme autant que s'ils avaient été endormis, les uns horriblement atteints, la tête en bouillie, les membres emportés, d'autres sans trace apparente de blessure.

Les Allemands étaient confortablement vêtus d'uniformes bien ajustés, épais et chauds, les pieds chaussés de grosses bottes, alors que nos hommes n'étaient garantis contre le froid déjà vif que par des vestes ou des pantalons d'étoffe légère, usée, souvent par de la toile sous laquelle leurs membres se profilaient amaigris. Aussi, les survivants s'empressaient-ils de déchausser les cadavres des Allemands et de remplacer leurs godillots par des bottes chaudes et solides.

Cependant le succès était assuré, la nuit était arrivée ; l'armée établit ses bivouacs sur les lieux mêmes où elle avait combattu en prenant, pour se bien garder, toutes les précautions commandées par la prudence. On pouvait s'attendre, en effet, pour le lendemain, à une vive attaque de l'armée bavaroise pour reprendre les positions qu'elle venait de perdre.

Le temps était devenu très mauvais ; la pluie et la neige qui ne cessaient de tomber augmentaient les difficultés que présentait la recherche des blessés, la distribution des vivres et le réapprovisionnement des munitions. L'obscurité était telle que les corps ne parvinrent qu'à grand peine à se reformer ; les hommes, couchés dans une boue épaisse, ne purent prendre aucun repos.

Le général en chef établit son quartier général au château du Grand-Lus où déjà beaucoup de blessés avaient été transportés. La chapelle du château était transformée en ambulance, ainsi que plusieurs autres dépendances mises généreusement par le propriétaire, M. de Gourcy, à la disposition des médecins. (1)

Quant à nous, il nous fallut commencer notre tâche qui était d'assurer les communications télégraphiques entre le château et le gouvernement de Tours.

La nuit se passa à ramasser les blessés, à distribuer les vivres et à compléter les munitions, malgré la pluie qui ne cessait de tomber. On eût été, dit le général Chanzy dans son livre : *La deuxième armée de la Loire*, le 10 au matin, prêt à un nouvel effort s'il eût été nécessaire. Mais l'ennemi avait pris parti de sa défaite et opérait sa retraite par toutes les routes qui pouvaient le conduire vers Janville et Toury, où il se retirait. Les reconnaissances de cavalerie lancées à leur poursuite ne trouvèrent plus les Bavarois et ne purent que constater la rapidité de leur fuite.

La nouvelle de cet échec était parvenue bien vite à Orléans, où d'ailleurs il ne restait plus que peu de troupes allemandes, toutes ayant été dirigées successivement sur le théâtre de la bataille. Le général de Tann prescrivit immédiatement d'évacuer la ville et

---

(1) Général d'Aurelle de Paladines : *La première armée de la Loire*.

d'acheminer tout le matériel sur Artenay. Un assez grand nombre d'officiers et de soldats ne purent cependant se retirer assez à temps, et lorsque nos avant-gardes pénétrèrent dans Orléans, on put faire des prisonniers et s'emparer du matériel.

Nos troupes étaient si fatiguées de la veille et le temps tellement mauvais que le général en chef ne reprit que vers midi, le 10, son mouvement dont le but était de venir s'établir en avant de la route de Châteaudun pour couvrir Orléans en occupant fortement la trouée des Barres.

La marche fut lente dans tous les corps et surtout pour les convois qui ne pouvaient suivre que les grandes routes, les chemins ordinaires étant complètement défoncés. Aussi, ce ne fut que le 11 au soir que l'armée se trouva tout entière établie sur les positions qui lui avaient été assignées. Il fallut enlever les lignes précédemment établies et en établir de nouvelles entre le grand quartier général et tous les points occupés par les troupes.

On voit que le rôle des sections télégraphiques attachées à l'armée de la Loire était assez compliqué : nous devions suivre, ou plutôt précéder les mouvements lorsque les troupes se portaient en avant, pendant que nos chefs établissaient les lignes destinées à relier entre eux tous les points désignés par le général en chef qui voulait correspondre avec tous les généraux placés sous ses ordres, puis, arrivés au campement, transmettre les télégrammes de M. d'Aurelle, des intendants, etc., recevoir, copier et traduire ceux qui leur étaient destinés. Ce n'était point une sinécure.

Le 10 au matin, les cloches d'Orléans et des villages environnants sonnaient à toute volée pour célébrer la journée de Coulmiers. Cette victoire, suivie, dès le lendemain, de l'occupation d'Orléans, produisit en France et à l'étranger une impression profonde. Il suffit de se reporter aux journaux du temps pour voir à quel point ce succès dût profiter à la défense, soit en inspirant du respect aux autres puissances, soit surtout en faisant renaître la confiance dans ce pays.

La surprise des Allemands fut extrême : je n'en veux pour preuve que cet extrait d'une lettre d'un officier bavarois à sa mère, écrite cinq jours après la bataille :

..... Il n'y a plus d'armée de la Loire, disait-on, les forces de l'ennemi sont épuisées, et maintenant je trouve tout un corps bien organisé, avec une artillerie formidable, une cavalerie admirablement montée, et une infanterie qui nous a montré, à la bataille de Coulmiers, ce dont elle était capable. D'après mon opinion, la position a changé pour nous de la façon la plus inquiétante, et je crains que la fin de tout cela ne soit aussi déplorable que le début en a été heureux et glorieux. Le pays tout entier s'est levé, la faim et le mauvais temps décimeront nos armées, et la question des approvisionnements deviendra très grave pour nous si les francs-tireurs réussissent à détruire les lignes de chemins de fer que nous avons occupées.

Pour nous, nous ne songions à nous plaindre ni de notre installation primitive dans une salle basse, ni du nombre toujours croissant des télégrammes à transmettre. C'est avec joie que nous faisions marcher notre manipulateur, que nous apprenions au monde entier la victoire remportée ; c'est avec impatience que nous attendions l'ordre de marcher en avant, de construire de nouvelles lignes vers Paris que nous allions débloquer, où bientôt nous entrerions vainqueurs.

Il nous paraissait qu'un mouvement sur Paris aurait réussi, que la résistance de l'armée bavaroise vaincue la veille ne pouvait être bien forte. Les troupes semblaient partager ce sentiment et lisaient avec orgueil l'ordre du jour que le général d'Aurelle venait de leur adresser :

Au quartier général du Grand-Lus, le 10 novembre 1870.

Officiers, sous-officiers et soldats de l'armée de la Loire,

La journée d'hier a été heureuse pour nos armes. Toutes les positions attaquées ont été enlevées avec vigueur : l'ennemi est en retraite.

Le gouvernement, informé par moi de votre conduite, me charge de vous adresser des remercîments, je le fais avec bonheur.

Au milieu de nos malheurs, la France a les yeux sur vous, elle compte sur votre courage. Faisons tous nos efforts pour que cet espoir ne soit pas trompé.

VIII

HÉSITATIONS

Mais le général en chef n'était pas du même avis. Il sentait la nécessité de rapprocher son quartier général d'Orléans, parce que les communications avec Tours par les voies ferrées allaient être rétablies. De nouveaux mouvements furent ordonnés dans ce sens pour le lendemain.

Il devait connaître mieux que qui que ce fût ce qu'il lui était possible de demander à l'armée ; malgré tout le courage dont elle venait de donner tant de preuves, marcher sur Paris après Coulmiers lui parut une tentative insensée, téméraire. C'était, selon lui, exposer cette armée à une destruction certaine, c'était encourir devant le pays une responsabilité que ne pouvait accepter un général expérimenté, soucieux de sa réputation et des grands intérêts qui lui étaient confiés.

Avant de se diriger sur Paris, dit-il dans son livre : *La première armée de la Loire,* il fallait détruire l'armée du Prince Charles qui arrivait de Metz à marches forcées ; l'opération contre les lignes d'investissement de la capitale n'était possible qu'après la défaite de l'ennemi qui opérait en dehors de ces lignes.

A quel danger ne s'exposait-on pas en lançant à travers les lignes allemandes une armée de 70 à 80,000 hommes, de formation récente, mal pourvue d'effets de toute espèce, peu habituée aux fatigues, incapable de marches rapides, et avec la perspective de trouver sur son flanc droit le Prince Frédéric Charles dont les premiers détachements se montraient à Montargis, à peu près au moment où nous réoccupions Orléans.

M. de Freycinet, dans *la Guerre en Province*, dit :

Après la prise d'Orléans, si l'on avait marché sur Paris, on aurait réussi.

Et il blâme le général en chef de l'armée de la Loire de n'avoir pas continué l'offensive. De son côté, M. d'Aurelle, dans l'ouvrage cité ci-dessus, prétend n'avoir fait que se conformer aux ordres reçus de M. de Freycinet dans la lettre suivante qu'il reproduit :

Tours, le 27 octobre 1870.

Général,

Aussitôt que votre armée sera à Orléans (si Dieu veut qu'elle y arrive), et sans perdre un instant, vous donnerez des ordres pour établir un camp fortifié autour de cette ville, pouvant contenir 150 à 200,000 hommes.

On devra immédiatement fortifier et armer tous les points donnant de bonnes défenses, de manière que votre armée, installée là, puisse défier tous les efforts des armées prussiennes, si elles tentaient de vous déloger. Constituez à Orléans un point d'arrêt défensif à la marche de l'ennemi.

C'était donc, d'après le général d'Aurelle, un point d'arrêt à faire dont il espérait profiter pour concentrer son armée, lui permettre de recevoir des renforts considérables en troupes de toutes armes et continuer son organisation encore si incomplète.

De son côté, le général Chanzy donne ainsi qu'il suit son avis sur la question dans son ouvrage : *La deuxième armée de la Loire* :

Si le gouvernement de Tours avait été moins préoccupé de la position d'Orléans, dont il voulait faire la base des opérations ultérieures, et si le général en chef avait cru l'armée de la Loire assez complète et assez forte pour continuer à se porter en avant, il eût peut-être été possible, en mettant à profit l'enthousiasme produit par la victoire du 9, d'atteindre et d'achever de battre l'armée du général de Thann avant qu'elle ne fût secourue par celle du grand duc, sur laquelle on se serait porté ensuite, et de prendre ainsi les Allemands en détail avant l'arrivée des renforts que le Prince Charles, parti de Metz, amenait avec la plus grande célérité dans la vallée de la Loire.

On voit avec quelles réticences le brillant commandant du 16ᵉ corps émet cet avis, et il suffit de lire le tableau navrant qu'il trace, quelques pages plus loin, de la détresse de l'armée, pour se rendre compte du peu de foi qu'il pouvait y avoir lui-même. (1)

D'autre part, le général Borel qui ne professait pour la position d'Orléans qu'une médiocre estime, pensait qu'il aurait mieux valu porter l'armée dans la direction de Chartres, afin de l'éloigner du Prince Frédéric Charles et de la mettre sur un terrain mieux fait, par sa nature topographique, pour faciliter par des couverts les attaques encore hésitantes de notre jeune infanterie.

Enfin, dans le remarquable ouvrage qu'il a écrit sur la guerre de 1870-1871, le commandant Rousset s'exprime ainsi :

> Les motifs de cette inaction étaient de deux sortes : d'abord l'état de la température devenue très froide et la situation matérielle des soldats, toujours très misérable ; en second lieu, l'idée préconçue de s'établir définitivement à Orléans. Le général d'Aurelle ne croyait pas possible, et en cela il n'avait pas tort, de demander à ses troupes un effort nouveau et immédiat. En outre, s'il ignorait encore la marche vers la Loire des forces ennemies, du moins il savait que le Prince Frédéric Charles arrivait de Metz à marches forcées. Dans ces conditions, un mouvement offensif lui paraissait téméraire, et d'ailleurs, suivant les instructions ministérielles, Orléans était alors pour lui le seul objectif ; il voulait s'y rendre au plus vite pour s'y retrancher d'abord, s'y renfermer et s'y préparer à de plus grands efforts.

Tout cela est bien difficile à préciser après coup et sans tenir

---

(1) Commandant Rousset.

compte des conditions tant matérielles que morales où se trouvaient les principaux acteurs du drame, n'ayant à leur disposition que des troupes extrêmement impressionnables, à peine pourvues du nécessaire, et des renseignements insuffisants quand ils n'étaient pas erronés.

Quoi qu'il en fut, le général en chef ne se laissa pas aller à des entraînements irréfléchis et ne jugea pas à propos de continuer l'offensive. L'armée n'était pas prête à se porter en avant. A cette considération puissante s'en joignait une autre qu'on s'efforçait de dissimuler pour ne pas affaiblir le moral des soldats.

La petite vérole avait fait invasion dans nos bivouacs. Le nombre des décès était déjà considérable. Après quelques jours passés devant Orléans, les hôpitaux et les nombreuses ambulances qui marchaient à la suite de l'armée étaient encombrés de varioleux et d'hommes atteints de diarrhée. Les malades étaient dirigés sur les hôpitaux de l'intérieur et les effectifs diminuaient sensiblement.

IX

ORLÉANS, VILLENEUVE-D'INGRÉ

L'occupation d'Orléans et l'établissement d'un camp retranché étant décidés, des ordres furent immédiatement donnés pour mettre ces projets à exécution.

De nouveaux emplacements furent assignés aux troupes, et le général en chef transporta son quartier général près d'Orléans, à Villeneuve-d'Ingré, où nous le suivîmes.

Le 10 au matin, après avoir levé le poste établi au Grand-Luz, nous nous mîmes en route avec notre petite caravane, voitures, prolonges chargées de poteaux, etc., par un froid très vif et sur une route couverte de neige.

Entre le Grand-Luz et Villeneuve-d'Ingré, nous trouvâmes sur les côtés de la route des cadavres de soldats prussiens qui n'avaient pas encore été enlevés du champ de bataille ; ordre fut donné par le général de les déposer dans les maisons les plus voisines et de les inhumer avec autant de respect que s'il se fût agi de nos propres soldats.

Malgré le mauvais temps, les habitants d'Orléans, heureux d'être délivrés des Allemands, accoururent en foule au-devant de l'armée, lui témoignant ainsi les sentiments de reconnaissance dont ils étaient pénétrés.

A Orléans même, il y eut de grandes fêtes et des réjouissances, autant que le permettaient la détresse et le dénuement des habitants. Depuis la veille, M. de Cathelineau, commandant des volontaires vendéens, qui avait suivi parallèlement les mouvements de l'armée sur la rive gauche de la Loire, avait fait son entrée dans la ville au milieu des acclamations de la population. Ces volontaires étaient reçus en libérateurs aux lieu et place de ceux qui venaient de combattre à Coulmiers.

Villeneuve-d'Ingré est un gros bourg distant d'Orléans de cinq ou six kilomètres. La maison où notre poste fut installé, à proximité de celle qu'occupait le général d'Aurelle, n'était composée que de deux pièces se faisant suite et donnant l'une sur la rue, l'autre sur un jardin, très vastes d'ailleurs toutes les deux, mais dans un état horrible de saleté. Les Allemands avaient occupé le bourg et y avaient cantonné leurs soldats chez les habitants dont beaucoup s'étaient enfuis. Le local que nous occupions, complètement dégarni de meubles, avait dû servir de corps de garde aux Prussiens, car de la paille y était amoncelée, puante, presque réduite en poussière ; la vermine y grouillait. Les murs étaient couverts de crachats et d'immondices.

A grand renfort de balais et de seaux d'eau, nos mobiles réussirent en peu de temps à rétablir un peu d'ordre et de propreté dans notre « poste ». Quelques bottes de paille fraîche jetées dans le fond de la première pièce constituèrent notre chambre à coucher. Nos hommes se réservèrent la seconde après y avoir fait succinctement le « ménage », comme ils disaient.

Certes, notre installation n'était ni brillante, ni luxueuse, mais nous étions tout au moins à l'abri du froid. Une haute cheminée de pierre allait nous permettre de faire du feu et de préparer notre modeste cuisine.

Houard, en sa qualité d'ancien militaire, se chargeait d'aller régulièrement à la distribution des vivres et du bois de chauffage, accompagné de nos deux cuisiniers. Fridblatt, avec une sorte de coquetterie, se réservait l'installation du poste télégraphique, et je puis dire que jamais communications électriques ne furent plus savamment établies.

Bref, arrivés à Villeneuve-d'Ingré dans la matinée du 10 novembre, notre campement était terminé vers trois heures, la soupe cuisait tout doucement dans notre marmite de campagne, remplissant la pièce de son odeur déjà appétissante, et, quelques instants après, nous échangions par le fil le mot d'ordre convenu avec ceux de nos camarades qui étaient détachés auprès des généraux commandant les différents corps d'armée.

Les choses avaient marché rondement et M. Lafosse s'empressa d'aller faire connaître au général en chef que toutes les sections de lignes étaient établies, en bon état, et prêtes à fonctionner. De mon côté, je courais prévenir M. Aubry.

Ce dernier était doué d'un excellent appétit et, lorsque je me présentai, je le trouvai attablé devant un déjeuner que son fidèle Galli lui avait préparé à la hâte. La pensée ne me vint pas de l'informer de la démarche faite au grand quartier général par M. Lafosse ; aussi, lorsque M. Aubry, après avoir mis les bouchées doubles, vint à son tour, tout fier du résultat obtenu, dire au général en chef que nos lignes étaient à sa disposition, il s'entendit répondre :

— Mais je le sais, colonel, depuis vingt minutes, j'ai déjà télégraphié.

Aussi, fûmes-nous secoués d'importance par le colonel dont la douceur n'était pas la qualité dominante, mais s'il était emporté et violent, il n'en oubliait pas moins vite et il ne nous garda pas rancune de la gaffe que nous avions commise.

Les jours qui suivirent furent employés à achever l'organisation des convois, à compléter le matériel d'artillerie et à procurer des vêtements aux soldats, l'infanterie manquant encore de capotes et les gardes mobiles n'ayant encore que les vareuses et les pantalons de médiocre qualité avec lesquels ils avaient été habillés pendant l'été. Le temps devenait de plus en plus mauvais, la pluie et la neige ne cessaient pas. Les bivouacs étaient de véritables bourbiers, la paille et le bois, enlevés en grande partie par les Allemands, étaient insuffisants, les villages et les quelques fermes qui se trouvaient dans les lignes étaient encombrés par les malades dont, chaque jour, la petite vérole augmentait le nombre ; les chevaux, sans abri, piétinant dans la boue, réduits à leur ration d'orge, s'affaiblissaient à vue d'œil, et les troupes, bivouaquées sous la petite tente, souffraient horriblement de l'humidité et du froid dont rien ne les abritait dans ces plaines nues de la Beauce. (1)

Pendant ces quelques jours, grâce à notre service alternatif de 24 heures, il nous fut possible, à Trévédy et à moi, qui nous trouvions libres en même temps, d'aller quelquefois à Orléans. Une surprise agréable m'y attendait : à mon premier voyage, je trouvai, en effet, campée sur l'un des boulevards de la ville, la compagnie des francs-tireurs de Rochefort, composée, en grande partie, de mes amis d'enfance, Aubineau, Triaud, Forest, David, etc. Quelle joie de se revoir ! Avec eux, comme aumônier, l'excellent abbé Coût, tout heureux de cette vie en plein air qui convenait

---

(1) Commandant Rousset

admirablement à sa vigoureuse constitution. Le cher abbé ne savait plus quelles amitiés me faire; il me pressait de puiser à pleines mains dans son approvisionnement de bas, gilets, caleçons de laine dont il avait rempli une voiture; les francs-tireurs de Rochefort ne s'étaient pas, en effet, embarqués sans biscuits; désireux de servir le pays, tous prêts à lui sacrifier leur existence, ils avaient tenu tout au moins à s'entourer du plus grand bien-être possible. Bien équipés, bien vêtus, ils s'étaient constitué une réserve dont l'abbé Coût avait la garde.

Le soir de notre rencontre, nous nous réunissions dans un des bons hôtels de la ville, autour d'une table bien garnie, pour y boire à la victoire que nos troupes venaient de remporter et à leurs succès futurs.

Puisque l'armée devait rester sur la défensive pendant un certain temps, il fallait tenir l'ennemi au loin, surveiller ses mouvements, éviter toute surprise, habituer nos jeunes troupes à se garder à grande distance, et employer à fatiguer nos adversaires ce système de reconnaissances continuelles et hardies dont il se servait avec tant de succès contre nous depuis le commencement de la campagne.

En avant des positions que l'armée de la Loire occupait pour couvrir Orléans, le pays est complètement plat et n'offre d'autres obstacles naturels que les marais de la Conie qui, depuis Patay, par Pérouville,

Varize, Conie et Marboué, où le ruisseau qui les forme se jette dans le Loir, présentent une bonne ligne de défense parallèle à la route d'Orléans à Châteaudun. Ces marais sont impraticables en hiver, même à l'infanterie ; on ne peut les traverser que sur les quelques ponts qui desservent les principaux villages et qu'il était facile d'interdire à l'ennemi, si on ne voulait pas les détruire. (1)

C'est là ce qui fut résolu dans un conseil de guerre tenu le 12 novembre, à Villeneuve-d'Ingré, entre Gambetta, M. de Freycinet, les généraux d'Aurelle, Borel et des Pallières. Le général Borel opinait pour une marche immédiate sur Paris ; le général en chef était, pour les raisons que j'ai dites plus haut, d'un avis diamétralement opposé. Enfin, il fut décidé qu'Orléans ne serait pas évacué, qu'on s'y fortifierait même, c'est-à-dire qu'on établirait tout autour une sorte de camp retranché devant servir de base d'opérations, Paris demeurant le suprême objectif de l'armée et le but assigné à une prochaine offensive.

Séance tenante, des ordres furent envoyés dans diverses directions en vue d'appeler à Orléans un nombreux personnel d'ingénieurs et d'ouvriers, des outils furent réquisitionnés dans les départements voisins. Dès le lendemain, les travailleurs devaient être à l'œuvre pour ouvrir des fossés, dresser des palissades, asseoir les plates-formes des batteries fixes. Les ports

---

(1) Commandant Rousset.

militaires reçurent l'ordre d'expédier des pièces de marine à longue portée, avec leurs agrès et leur personnel pour être établies à la limite du camp sur des points convenablement choisis. Le capitaine de vaisseau Ribour fut désigné pour commander les batteries. En un mot, l'ensemble des travaux exécutés sur les indications de l'Etat-Major et sous la direction du Génie militaire, devait faire de cette position une des plus fortes qu'une armée pût avoir à défendre.

M. Stéénackers était venu à Villeneuve d'Ingré avec MM. Gambetta et Freycinet. Pendant que se tenait le conseil de guerre au grand quartier général, il nous fit l'honneur de visiter notre poste. Nous étions à table, devant notre soupe fumante et un gros quartier de bœuf bouilli, lorsque le directeur général se présenta. Il voulut bien nous complimenter de l'activité déployée dans l'établissement des lignes, de la rapidité et de l'exactitude de nos transmissions, et poussa l'amabilité jusqu'à nous demander une assiette de soupe et un verre de café. Nous étions ravis de sa bonhomie si bienveillante et honteux de notre service de table, de nos couverts en fer battu.

A l'issue du conseil de guerre, Gambetta rédigea la proclamation suivante adressée à l'armée :

Soldats de l'armée de la Loire,

« Votre courage et vos efforts nous ont enfin ramené la victoire, depuis trois mois déshabituée de nos drapeaux. La France en deuil vous doit sa première consolation, sa première lueur d'espérance.

Je suis heureux de vous apporter, avec l'expression de la reconnaissance publique, les éloges et les récompenses que le gouvernement décerne à vos succès.

Sous la main de chefs vigilants, fidèles, dignes de vous, vous avez retrouvé la discipline et la force. Vous nous avez rendu Orléans, enlevé avec l'entrain de vieilles troupes accoutumées à vaincre.

A la dernière et cruelle injure de la mauvaise fortune, vous avez montré que la France, loin d'être abattue par tant de revers inouïs jusqu'à présent dans l'histoire, entendait répondre par une générale et vigoureuse offensive.

Avant-garde du pays tout entier, vous êtes aujourd'hui sur le chemin de Paris. N'oublions jamais que Paris nous attend et qu'il y va de notre honneur de l'arracher aux étreintes des barbares qui le menacent du pillage et de l'incendie.

Redoublez donc de constance et d'ardeur. Vous connaissez maintenant nos ennemis : jusqu'ici leur supériorité n'a tenu qu'au nombre de leurs canons. Comme soldats, ils ne vous égalent ni en courage, ni en dévouement.

Retrouvez cet élan, cette furie française qui ont fait notre gloire dans le monde et qui doivent aujourd'hui nous aider à sauver la patrie.

Avec des soldats tels que vous, la République sortira triomphante des épreuves qu'elle traverse, car, après avoir organisé la défense, elle est en mesure à présent d'assurer la revanche nationale.

Vive la France !

Gambetta, après avoir accordé des récompenses, partit très satisfait de sa visite au quartier général. Il félicita le général en chef sur le bon esprit des troupes. Il comptait que sa proclamation, flatteuse pour l'armée, détruirait l'impression produite par la nouvelle de la capitulation de Metz.

Après le départ du ministre de la guerre, les choses reprirent leur cours habituel et le calme rentra dans le grand quartier général. J'avais été désigné par M. Aubry pour remplir les fonctions de vaguemestre et chargé d'aller chaque matin chercher à Orléans le courrier destiné aux membres de la mission pour le répartir ensuite entre les différentes sections attachées aux brigades ou divisions de l'armée.

Sachant que j'avais quelque connaissance de l'équitation, le colonel me confiait son cheval à qui cet exercice journalier faisait du bien.

Je profitais de chacun de ces voyages pour aller serrer la main à mes amis de Rochefort, toujours campés sur leur boulevard ; c'est avec douleur que j'appris un jour que l'un d'eux, atteint de la petite vérole, avait été transporté dans une ambulance urbaine et que l'on désespérait de le sauver. Le pauvre diable, que j'allai voir immédiatement, était dans un état pitoyable : il délirait et appelait sa mère à grands cris.

Dans les lits voisins du sien étaient deux officiers bavarois que les dames ambulancières soignaient avec un admirable dévouement, aussi attentivement que s'ils avaient été des français. En pleine voie de guérison, ils se montraient reconnaissants et l'un d'eux adressait à sa famille, quelques jours après, une lettre dont je reproduis quelques passages :

Je suis traité avec toutes sortes d'égards dont je ne saurais assez me louer. Au lieu de me faire marcher, comme nous avons fait à l'égard des officiers français prisonniers, on m'a donné une voiture dans laquelle le grand prévôt de l'armée lui-même m'a accompagné à Orléans, et il a été permis à mon domestique de me conduire lui-même. Aux Ormes, les officiers français m'ont hébergé de la façon la plus prévenante et, au lieu de me laisser dormir sur la paille, un d'eux m'a donné son lit. Je suis ici dans une ambulance particulière, admirablement soigné. Voici les soins et les prévenances dont je suis l'objet dans un pays où nous avons brûlé les villes et les villages, égorgé les vieillards et les enfants, et où la soldatesque a commis les brutalités les plus révoltantes. Je suis prisonnier, tandis qu'on a fait fusiller en masse les francs-tireurs tombés entre nos mains ; on me donne à manger et une chambre bien chauffée, tandis que des milliers de français ont été laissés par nous sans abri après que nous leur avons eu enlevé leur dernier morceau de pain. Quelle terrible chose si on usait de représailles envers nous !

Faites connaître partout et le plus que vous pourrez combien les prisonniers de guerre sont traités humainement en France.

Mon pauvre ami mourut le lendemain de ma visite entre les bras de l'abbé Coût qui eut le triste devoir d'aviser la famille de la perte cruelle qu'elle venait de faire.

Le 17, le camp de Villeneuve d'Ingré reçut la visite de Mgr Dupanloup. Pendant sa visite au quartier général, il demanda pour un officier bavarois grièvement blessé la faveur de le faire rentrer dans ses foyers, à condition qu'il prendrait par écrit l'engagement de ne plus servir contre la France pendant la durée de la guerre. C'était le neveu de l'ambassadeur de Bavière à Rome. L'autorisation fut accordée par le général d'Aurelle.

Cependant les travaux de défense s'exécutaient, mais ils étaient loin de marcher avec la rapidité sur laquelle comptait le ministre de la guerre. Le capitaine de vaisseau Ribour était arrivé de Cherbourg à Orléans avec des compagnies d'artillerie de marine pour la mise en batterie et le service des pièces qu'on avait fait venir des ports militaires.

Au cours de nos excursions dans le camp pendant nos heures de liberté, nous fûmes témoins, près de Saran, du premier essai fait par M. Stéénackers pour utiliser les ballons qui avaient servi à expédier les dépêches de Paris à la délégation de Tours.

Le directeur général des Postes et des Télégraphes avait eu la pensée de les employer à des reconnaissances militaires aériennes. Il fallait, pour le succès de ces entreprises, choisir des positions dominant le pays. Ces ballons étaient retenus captifs par une nacelle qui reposait à terre remplie de grosses pierres ; ils oscillaient au bout de cordes actionnées par des poulies.

Ils devaient être montés par des officiers d'état major munis de bonnes lunettes d'approche, pour découvrir l'ennemi aussi loin que possible, et de tout ce qui était nécessaire pour faire des levées à vue. [1]

---

[1] Général D'AURELLE : *La première armée de la Loire*.

Un poste télégraphique avait été monté dans une maison de garde située à proximité. Le premier, M. Wuenschendorff s'éleva en ballon en communiquant télégraphiquement avec la terre. Les officiers d'état-major arrivèrent dans la journée avec M. Aubry pour examiner le parti qu'on pourrait tirer de ce nouvel engin. Le résultat fut peu satisfaisant ; le ballon, gonflé de mauvais gaz, manquait de force ascensionnelle, le temps était brumeux et l'ennemi hors de portée de la vue. Néanmoins, M. Aubry signala, dans la direction de Pithiviers, un incendie dû aux Prussiens.

Il aurait fallu, pour pouvoir faire des observations, un temps clair et calme. Le jour où j'assistai à l'expérience, il faisait un vent violent qui imprimait au ballon des oscillations énormes. Aucune observation n'eût été possible dans ces conditions.

J'ai su depuis que les expériences poursuivies n'avaient pas réussi et qu'on avait dû y renoncer.

En somme, pour nous, pendant ces jours d'attente, l'existence au camp, si monotone qu'elle fût, ne pouvait nous faire présager les souffrances et les privations que l'avenir nous réservait. Nous dormions bien sur notre lit de paille, notre nourriture était variée, grâce aux précautions de Trévédy qui s'était largement approvisionné de conserves à Orléans et grâce aussi à l'esprit d'initiative de nos cuisiniers qui, si appauvri que fût le pays environnant, trouvaient le moyen de nous servir de temps à autre quelque plat d'extra, poulet ou poisson, qui était toujours le bienvenu. Le travail continuait incessant, alimenté par les longs télégrammes chiffrés du gouvernement et l'échange de communications entre le général en chef et ses subordonnés.

Le général Chanzy, commandant le 16ᵉ corps, avait, en exécution des ordres du général en chef, donné des instructions à son corps d'armée pour prendre des positions devant Orléans. Ces ordres éloignant toute pensée d'une marche en avant, il engagea avec le général d'Aurelle une correspondance télégraphique très active pour faire valoir les avantages qu'il y avait à sortir de cette inaction.

Selon lui, il était important de ne pas laisser l'ennemi s'emparer des marais de la Conie et de leurs passages ; aussi demandait-il instamment à faire occuper le cours de la Conie, à porter sa ligne à hauteur de Patay et à pousser ses avant-postes de manière à se rendre complètement maître de la grande route de Châteaudun à Janville.

Mais le général en chef ne partageait pas cet avis. Plein de confiance dans les bonnes positions qu'il occupait, il voyait sans appréhension le prince Frédéric-Charles se diriger sur Orléans pour réunir en avant de cette ville son armée à celles du duc de Mecklembourg et du général de Tann. Il voulait attendre dans ses positions fortifiées et y recevoir la bataille.

Aussi, le général Chanzy dut-il se borner à établir solidement ses avant-postes sur la Conie, à Patay, Terminiers et Songy. Toute cette ligne fut garnie de francs-tireurs appuyés à distance par des détachements d'infanterie, avec mission de soutenir les reconnaissances de cavalerie et de combiner avec elles, de jour et de nuit, des coups de main sur les partis ennemis qui se présenteraient.

Jusqu'à ce moment, les éclaireurs prussiens s'étaient montrés très entreprenants en venant jusqu'en vue de nos lignes, mais les rôles ne tardèrent pas à changer et notre cavalerie (celle du 16e corps, général Chanzy), soutenue par les francs-tireurs, se mit à battre constamment le pays et à s'avancer à son tour jusqu'au milieu des cantonnements ennemis.

C'est ainsi que dans la nuit du 14 au 15 novembre, une de nos reconnaissances pénétrait jusque dans Viabon et en délogeait un régiment de uhlans prussiens qui s'y trouvait avec le prince Albrecht. Il ne se passa pas alors de jour sans un succès pour nos avant-postes.

De leur côté, les Allemands commençaient à se remettre de l'émotion que leur avait causée leur échec du 9 novembre et grossissaient leurs forces dans le but évident d'écraser l'armée de la Loire. Le prince Charles arrivait avec ses troupes de Metz, l'armée d'investissement de Paris envoyait du monde au général de Tann pour combler les vides faits à Coulmiers, enfin le grand-duc de Mecklembourg massait à

Chartres des forces imposantes. Il devenait évident qu'une attaque de nos lignes se préparait.

Un nouveau corps d'armée, le 17e, était en voie de formation aux environs de Blois ; il devait occuper les positions que le 16e corps avait tenues autour de Marchenoir avant la bataille de Coulmiers. Le général Durrieu, commandant en chef, avait l'intention d'établir à Lorges son quartier général. Le général d'Aurelle demanda que ce point fut relié au réseau dans le plus bref délai. Le 17 novembre, quand cet ordre fut donné, MM. Aubry et Wuenschendorff revenaient de Saran à cheval.

Lorges fut relié à Poisly par une ligne de quatre kilomètres ; le bureau fut ouvert le 19, sans qu'il y eût l'ombre d'un soldat dans le village ou aux environs. Le poste fut confié à M. Musart qui, peu de temps après, retourna à Marchenoir où le général de Sonis, qui succédait au général Durrieu, établit son quartier général.

De nouvelles expériences de ballon captif eurent lieu à Gidy qu'occupait le général Martineau. Le jour où on les tenta, un pigeon voyageur s'abattit près du ballon et se laissa prendre aisément. On reconnut au cachet de cire rouge qu'il portait sur les plumes de la queue qu'il était un des messagers que l'administration envoyait d'Orléans à Paris bloqué. Le pigeon fut relancé et reprit son vol sur la grande ville.

Le 22 novembre, vers midi, un étranger arrivait au

quartier général et fut reçu par un aide-de-camp du général en chef. C'était le prince de Joinville.

Il demanda s'il pouvait espérer être employé dans l'armée de la Loire comme volontaire et à un titre quelconque. Il parla de la douleur profonde qu'ils éprouvaient, lui et les princes de sa famille, de se voir condamnés à l'inaction, lorsque la Patrie était envahie, quand ils brûlaient de verser leur sang pour sa défense.

On lui fit observer que sa présence à l'armée ne pourrait être tenue secrète, et que, du jour où on la connaîtrait, il deviendrait aux yeux du public un prétendant à la couronne de France et serait peut-être une cause de trouble dans le pays. L'aide-de-camp l'engagea à ne pas insister pour voir le général d'Aurelle, à lui épargner le regret d'un refus et à ne pas le placer dans la dure situation de manquer à son devoir en laissant ignorer au gouvernement sa présence à Orléans ou d'être exposé à le faire arrêter s'il prévenait Gambetta.

Le prince partit sans avoir vu le général en chef [1].

Tous les dimanches, la messe était dite à l'église la plus rapprochée du quartier général. Le général en chef fut informé que le dimanche 27 novembre, la messe serait dite par Mgr Dupanloup pour appeler les bénédictions de Dieu sur l'armée de la Loire et sur la France.

---

[1] Général d'Aurelle (*La première armée de la Loire*).

Le général en chef, accompagné de son état major, y assista avec un grand nombre d'officiers et de soldats de la garnison et des cantonnements voisins.

Trévédy et moi y étions aussi. La quête donna des résultats inespérés. Un grand nombre de dames prises au dépourvu et qui voulaient cependant s'associer à une bonne œuvre en faveur de nos soldats mutilés, se dépouillèrent de bijoux précieux et les déposèrent dans les aumonières.

Ce fut, dit le général d'Aurelle, une cérémonie touchante. La population d'Orléans, prosternée dans cette immense basilique où s'était autrefois agenouillée Jeanne d'Arc, la vierge de Domremy, unissait ses prières à celles d'un illustre prélat pour demander à Dieu la fin des malheurs de notre chère Patrie !

Cependant les événements se précipitaient. Impatiente, désireuse de faire quelque chose, apprenant par M. Jules Favre que le 15 décembre était le terme extrême des approvisionnements de Paris, croyant que la place n'avait plus de vivres que pour trois semaines, la délégation de Tours finit par dicter elle-même les opérations sans plus tenir compte des avis du général en chef. C'est elle qui avait lancé la division des Pallières et les corps des généraux Crouzat et Billot sur Pithiviers qu'occupait le général Voigts-Retz.

Le 21 novembre, le général en chef nous prévint que son quartier général serait transporté le lendemain à St-Jean-de-la-Ruelle, petite localité à 3 kilomètres

Orléans, sur la route de Chartres. En conséquence, [le] poste de Villeneuve-d'Ingré fut levé dans la matinée [d]u 22, et, à onze heures, nous nous installions à St-Jean [da]ns une des salles de la mairie.

Le 23, MM. Aubry et Wuenschendorff retournèrent [à] Saran où était revenu le ballon, accompagnés d'officiers d'état-major chargés d'observer les mouvements [d]e l'ennemi, mais cette fois encore, un vent violent [s']opposa à toute manœuvre utile.

Le 25, arrivèrent huit employés et trois surveillants [d]estinés à renforcer le personnel de la mission. Une [b]rigade partit immédiatement pour Chevilly, station [d]u chemin de fer de Paris au-delà de Cercottes, pour [y] prendre possession du poste qui, jusqu'à ce jour, [n']avait fonctionné que comme poste d'observation.

La plus grande partie du 15ᵉ corps s'étendait sur la [d]roite du chemin de fer de Paris et occupait la forêt [d]'Orléans. Le général des Pallières, commandant en [c]hef, était à Loury, au centre de la forêt. Le général [d']Aurelle demanda qu'un poste télégraphique fut installé dans ce village.

Le personnel de construction partit à 3 heures du [m]atin de St-Jean-de-la-Ruelle et fut réparti en trois [a]teliers qui se partagèrent le travail. Grâce aux moyens [p]lus puissants dont on disposait alors, et malgré la [p]luie qui ne cessait pas de tomber, la ligne, d'une longueur de 18 à 20 kilomètres, fut terminée de très bonne [h]eure et le poste de Loury ouvert à 4 heures du soir.

Le 28 et le 29, arrivèrent au grand quartier général deux nouveaux sous chefs, MM. Darcq et Martin de la Bastide. Les 18ᵉ et 20ᵉ corps exécutaient en ce moment leurs mouvements sur Pithiviers et le général des Pallières transportait son quartier général à Chilleurs-aux-Bois. Il devint nécessaire de prolonger la ligne de Loury jusqu'à Chilleurs, sur une longueur de 10 kilomètres. MM. Darcq et Martin de la Bastide partirent le 29 au soir, avec deux sections, pour commencer leur travail le lendemain matin.

Le poste de Chilleurs fut ouvert le 30 à midi et celui de Loury supprimé.

Le 30, à 8 heures du soir, MM. de Freycinet, les généraux d'Aurelle de Paladines, Chanzy et Borel se réunirent au grand quartier général en un conseil de guerre.

On avait reçu des nouvelles de Paris : le général Ducrot avait annoncé sa prochaine sortie et il devenait nécessaire de se porter sans délai au-devant de lui.

X

ORLÉANS

Ainsi, on allait marcher à la rencontre de l'armée de Paris. Tout avait été convenu dans le conseil, et l'ordre de marche arrêté malgré les objections du général en chef et des généraux Borel et Chanzy qui ne voulaient pas faire cette opération avant la réunion des 15e et 16e corps. Le plan du ministre de la guerre fut adopté : il consistait à exécuter un changement de front vers la droite. Il était convenu que le général Chanzy se dirigerait le 1er décembre sur Toury avec le 16e corps et que le général de Sonis lui servirait de réserve avec le 17e ; Martin des Pallières, qui commandait le 15e corps, Billot, Crouzat, se jetteraient le lendemain sur Pithiviers.

Les mouvements ordonnés, dit le général d'Aurelle, commencèrent le 1er décembre vers 10 heures du matin

L'amiral Jauréguiberry, avec sa division, se porte rapidement sur le village de Gommiers où l'ennemi s'était solidement établi.

La division de cavalerie du général Michel, agissant sur la droite de l'ennemi, le chasse des positions qu'il occupait à Guillonville et l'oblige à battre en retraite sur Villepion et Faverolles.

Le général Bourdillon enlève le village de Muzelles après une vive résistance. Le village de Gommiers est pris d'assaut.

L'ennemi abandonne la position de Faverolles et le château de Villepion où il avait concentré tous ses moyens de résistance.

La journée avait donc été des plus heureuses ; nos pertes ne paraissaient pas sérieuses, tandis que celles de l'ennemi étaient considérables.

Le général en chef, par une dépêche datée du 1er décembre, 10 heures du soir, s'empressa de faire connaître au ministre de la guerre les brillants succès obtenus par le général Chanzy.

Dans l'après-midi de cette belle journée, la nouvelle si impatiemment attendue de la sortie du général Ducrot arriva à Tours, apportée par le ballon le *Jules Favre*. On annonçait qu'une grande victoire avait été remportée sous les murs de Paris. Je tenais l'appareil quand elle nous fut transmise. M. Aubry ne voulut laisser à personne le plaisir de remettre la dépêche au général en chef qui se jeta dans ses bras en pleurant de joie.

Ce fut un grand événement pour l'armée de la Loire que la réception de cette nouvelle. On regretta de n'avoir pas quelques moments de plus à donner aux préparatifs, mais tous comprenaient qu'il n'y avait plus à délibérer, qu'il fallait marcher au-devant de l'armée qui nous tendait la main.

Le général d'Aurelle adressa aussitôt à l'armée l'ordre du jour suivant :

> Officiers, sous-officiers et soldats de l'armée de la Loire,
>
> Paris, par un sublime effort de courage et de patriotisme, a rompu les lignes prussiennes. Le général Ducrot, à la tête de son armée, marche vers nous. Marchons vers lui avec l'élan dont l'armée de Paris nous donne l'exemple.
>
> Je fais appel aux sentiments de tous, des généraux comme des soldats. Nous pouvons sauver la France !
>
> Vous avez devant vous cette armée prussienne que vous venez de vaincre sous Orléans, vous la vaincrez encore.
>
> Marchons donc avec résolution et confiance.
>
> En avant, sans calculer le danger !
>
> Dieu sauvera la France.

2 décembre. — Loigny-Pourpry.

Jamais, au grand quartier général, l'échange des dépêches télégraphiques n'avait été aussi actif que pendant la journée et la nuit du 1er décembre. Les ordres de marche se succédaient sans interruption ; tout indiquait pour le lendemain une opération qui, nous l'espérions, serait décisive. En dépit du travail incessant qui nous était imposé et de la fatigue qui en résultait, nous étions, mes camarades et moi, heureux de quitter St-Jean-de-la-Ruelle, désireux de voir du nouveau, d'assister à d'autres combats, à d'autres victoires. Jusque là, nous avions été favorisés puisque la seule bataille dont il nous avait été donné d'être témoins avait été un grand succès pour nos braves soldats. Les tentatives malheureuses sur Châteaudun et Pithiviers s'étaient faites loin de nous ; nous n'avions pas eu l'impression immédiate et démoralisante d'une défaite. D'ailleurs, les officiers du grand quartier général ne se privaient pas de dire que la responsabilité en incombait tout entière au ministre de la guerre et à M. de Freycinet qui avaient envoyé au feu de jeunes troupes, très impressionnables et manquant à peu près de tout, mais qui, en dépit des conditions absolument défavorables dans lesquelles elles se trouvaient, n'en avaient pas moins fait preuve de beaucoup de solidité et avaient remporté des avantages signalés sur l'ennemi tant à Brou qu'à Ladon, Maizières et Beaune-la-Rollande.

En ce qui nous concernait personnellement, nous n'avions donc vu de la guerre que son beau côté : la victoire. Nous n'avions jusque-là souffert ni du froid ni de la faim ; jeunes, vigoureux, pleins de foi ardente, c'était avec bonheur que nous nous préparions à suivre l'armée dans sa marche en avant, à partager ses fatigues et ses dangers, à prendre part à ses luttes, persuadés que le résultat de tant d'efforts serait un triomphe définitif sur l'ennemi.

Le 2 décembre, à huit heures du matin, nous levions le poste et quittions le grand quartier général de St

Jean-de-la-Ruelle pour nous rendre à Chevilly, sur la route de Paris! La dernière dépêche que nous avions eu à transmettre avait été adressée par le général d'Aurelle à Mgr Dupanloup et était ainsi conçue :

> Le corps d'armée du général Chanzy a obtenu hier un brillant succès. Il a combattu depuis midi jusqu'à six heures du soir. L'armée de la Loire part aujourd'hui pour marcher au-devant de l'armée du général Ducrot qui a rompu les lignes prussiennes à Paris et qui se dirige vers nous.
>
> Priez, Monseigneur, pour le salut de la France. (1)

Les mouvements étaient commencés depuis la veille et il m'était arrivé une aventure qui, sans risquer de tourner au tragique comme à Strasbourg, aurait pu néanmoins m'être assez désagréable.

M. Aubry m'avait envoyé à Orléans avec je ne sais plus quelle mission et, monté sur son cheval, j'étais parti au grand trot, devançant les premiers régiments qui s'ébranlaient dans la direction de Chevilly. A mon retour, le mouvement s'était accentué, la grande rue du village était encombrée par l'artillerie qui défilait rapidement et, durant une bonne heure, il me fut impossible de me frayer un passage. Je m'étais réfugié dans une ruelle, et, enveloppé de mon manteau à cause du froid vif, je regardais très intéressé les canons passer devant moi, secoués de durs cahots par le pavage inégal de la route. La nuit tombait : je m'apercevais cependant que j'étais un sujet d'étonnement

---
(1) Général D'AURELLE : *La première armée de la Loire*.

pour bien des soldats à qui cette espèce d'ombre immobile dans un coin noir semblait suspecte, et j'attendais impatiemment qu'il me devint possible de me dégager, lorsqu'un officier s'élança vers moi et, saisissant mon cheval par la bride, me demanda vivement :

— Qui êtes-vous ? Que faites-vous là ?

Il me fut facile d'entr'ouvrir mon manteau, de lui montrer mon uniforme et de lui expliquer que j'étais bien forcé de rester à cette place puisque l'encombrement m'empêchait de regagner le poste télégraphique.

Décidément, j'étais destiné à être pris pour un espion. Malgré l'évidence de mes bonnes intentions, mon interlocuteur n'en persista pas moins à me conduire jusqu'auprès de M. Aubry que mon absence prolongée commençait à inquiéter.

Je rapportais d'Orléans toutes les correspondances privées adressées au personnel de la mission télégraphique ; en les dépouillant pour en faire la répartition, je trouvai une lettre pour moi. Mon père m'annonçait l'heureuse délivrance de ma sœur qui était accouchée le 30 novembre d'un beau garçon, La mère et l'enfant se portaient bien !

Le 2 décembre au matin, lorsque nous nous mîmes en route, le temps était beau mais très froid. Le sol, durci par la gelée, se prêtait admirablement aux mouvements de l'artillerie et des troupes, mais nos soldats, engourdis par une nuit glaciale passée sans feu devant l'ennemi, étaient très fatigués ; ils allaient être, en outre, obligés de combattre à découvert et c'était là, pour des troupes jeunes et impressionnables, une cause manifeste d'infériorité. En effet, le terrain sur lequel allait se dérouler l'action est absolument découvert et très faiblement ondulé ; des fermes, des villages, des châteaux jetés çà et là dans la plaine, rompent seuls la monotonie de ce paysage de la Beauce (1).

Toute la mission était partie pour Chevilly où devait se trouver le grand quartier général, mais d'Aurelle n'avait fait que traverser le village ; lorsque nous y arrivâmes, le canon grondait au loin, et, rapidement, nous poussâmes jusqu'à Artenay : la bataille était engagée à gauche du village, l'armée française avait pour principal objectif la prise de Pourpry sur les Prussiens qui l'occupaient.

Le poste télégraphique avait été installé à la gare ; de là nous aurions pu suivre les péripéties du combat, mais à peine étions-nous arrivés que l'ordre nous fut donné de partir pour le château de la Montjoye, à quelques cents mètres en arrière, du côté d'Orléans.

Deux heures après, nous montions notre poste dans le grand salon du château dont les Prussiens avaient fait une sorte d'écurie encombrée d'immondices, dont ils avaient brisé les glaces, déchiré les tentures, crevé les sièges à coups de sabres ; nous avions visité les étages supérieurs et constaté, non sans une certaine satisfaction égoïste, que le mobilier n'avait pas été enlevé et

---

(1) Commandant ROUSSET.

que, le soir venu, il nous serait possible de coucher, non plus sur de la paille, mais dans des lits. Ces lits étaient bien souillés du sang des blessés allemands qui, la veille, avaient dû évacuer le château, et, en toute autre occasion, nous nous serions montrés plus difficiles, mais, depuis notre départ de Tours pour Mer, nous avions dû dormir tout habillés, chaussures aux pieds, sur de la paille plus ou moins fraîche, et, ma foi, à la guerre comme à la guerre, nous nous glisserions le soir entre les draps et dormirions comme des loirs sur ces matelas et sommiers que nous devinions excellents.

Puis, notre installation terminée, nous étions allés, Houart, Trévédy et moi, à quelques centaines de mètres du château pour essayer de voir quelque chose de la bataille, mais nous ne pouvions nous avancer trop loin et abandonner le poste à la garde de Fridblatt demeuré seul ; nous n'aperçumes que la fumée produite par les obus éclatant à une grande hauteur ou par les incendies de fermes isolées ; mais nous percevions distinctement le bruit de la fusillade, le crépitement de nos mitrailleuses et les détonations sourdes des canons.

Sur la même ligne que nous, à droite et à gauche de la route, deux batteries de marine étaient établies. Comme nous, les officiers qui les commandaient attendaient, anxieux, des nouvelles du drame qui se jouait loin d'eux et dont ils ne pouvaient suivre les péripéties.

Elevé dans un port de mer, en contact pendant toute ma jeunesse avec ces officiers de marine dont je connaissais et la bravoure traditionnelle et la supériorité intellectuelle, c'était avec plaisir que je revoyais leur uniforme élégant et sobre, le visage mâle et résolu des hommes auxquels ils commandaient.

Je me sentais en quelque sorte rassuré par leur présence ; ces monstrueux canons qui allongeaient vers 'horizon leur gueule menaçante, ces obus énormes, formidables messagers de mort, empilés symétriquement à côté de chaque pièce, ces matelots que je savais habiles pointeurs, courageux jusqu'à l'héroïsme, tout cela produisait une impression de force et de confiance à laquelle j'étais heureux de me livrer.

Je m'approchai de l'une des batteries dans l'espoir de retrouver, soit parmi les chefs, soit parmi les servants, un visage de connaissance, mais cet espoir fut déçu ; tous avaient pour port d'attache Brest ou Cherbourg.

Au moment où, m'apprêtant à rejoindre Trévédy et Houart qui regagnaient lentement le château, j'allumais une pipe avec cette satisfaction que connaissent les vrais fumeurs, je fus rejoint par un matelot qui, portant la main à son béret, me demanda de lui donner un peu de tabac.

— Ma chique ne vaut plus rien, me dit-il, et sans elle, je ne vaux guère mieux. Donnez-moi, mon lieutenant, de quoi la renouveler, ça me rendra des forces.

Je ne pus m'empêcher de rire en regardant cet homme affaibli ; c'était un véritable colosse, sorte d'hercule aux pieds et mains énormes et qui devait être doué d'une vigueur prodigieuse.

Avec quel bonheur je vidai ma blague dans la sienne ! Il rougit de plaisir et se mit incontinent, pendant que je causais avec lui, à triturer entre ses gros doigts une pincée de tabac avec laquelle il eut bientôt fait de se « caler la joue ». Mais mon interlocuteur était un homme d'ordre et songeait sans doute aux moments difficiles, car je le vis envelopper soigneusement dans du papier sa vieille chique, celle qu'il dédaignait tout à l'heure comme hors d'usage, et la mettre dans sa poche :

— Ça peut servir à un ami moins favorisé, me dit-il en s'éloignant ! Merci, mon lieutenant, si jamais vous passez après la guerre à Perros-Guirec, vous demanderez Yves Lanack et je serai heureux de vous rendre, sous forme d'une bolée de pur jus, la monnaie de votre tabac.

Hélas ! je devais bientôt revoir ce colosse, cet hercule, ce phénomène de force, couché sans vie sur la pièce qu'il desservait !

Comme je rejoignais mes deux amis, nous aperçûmes au devant de nous, sur la route blanchie par la neige durcie, une forte troupe de cavaliers qui arrivaient au grand galop. C'étaient des éclaireurs arabes qui venaient de débarquer du chemin de fer à Orléans et qui couraient rejoindre les troupes au combat, le sabre au clair, presque couchés sur le cou de leurs petits chevaux qui bondissaient comme des chèvres ; leurs yeux enflammés, leurs dents blanches tranchaient violemment sur leur visage bruni; soulevés par la rapidité de la course, leurs grands manteaux rouges semblaient s'envoler et les enveloppaient d'une auréole sanglante.

Nous nous rangeâmes sur les bas-côtés de la route pour ne pas être renversés par cette trombe humaine, et, le képi à la main, nous criâmes « vive la France ! » pendant que ces fils du désert, activant davantage encore l'allure de leurs montures endiablées, passaient rapides comme le vent en poussant un « arrouah » formidable, courant à la mort qui, là-bas, les attendait.

En un charmant volume : *Myosotis et Chrysanthèmes*, publié après la guerre, mon ami Trévédy rappelle le souvenir de ces cavaliers arabes que nous ne fîmes cependant qu'entrevoir. Voici ses vers à ce sujet.

LA CHARGE DES ARABES A CHEVILLY

pendant la retraite sur Orléans

(2 DÉCEMBRE 1870.)

Arrouah ! les goumiers se couchent sur leurs selles.
Les chevaux, bondissant sur le terrain glacé,
Allument sous leurs pieds des gerbes d'étincelles.
 Les noirs cavaliers ont passé.

C'était le 2 décembre... Au grand livre des âges,
Ce jour est tout rempli par les sanglantes pages
Que ne peut effacer un règne de vingt ans ;
Mais, tournant les feuillets de sa main décharnée,
Sur le verso, le temps inscrivit la journée
De Patay, Chevilly, Cercottes, Orléans !

Arrouah ! C'est la nuit ; et, comme ces nuages
Où se forment parfois de trompeuses images
Qui s'envolent bientôt sur les ailes des vents,
On aperçoit encore à l'horizon plus sombre
Les manteaux des goumiers qui se perdent dans l'ombre !
Arrouah !... dit l'écho... C'est le cri des mourants.

Car les canons prussiens vomissent la mitraille,
Et le noir Azraël planant sur la bataille,
De son souffle funeste abat leurs rangs pressés ;
Mais ils ont un instant retardé la défaite,
Et des nobles vaincus abrité la retraite
Derrière un long rempart de morts et de blessés !...

Les goumiers sont couchés sur la neige sanglante
Qui les couvre déjà de son linceul glacé...
Arrouah ! dit encore une plainte mourante ...
Hourra !... les Prussiens ont passé !...

XI

ARTENAY
AU CHATEAU DE LA MONTJOYE

Au château de la Montjoye, Fridblatt nous attendait impatiemment, privé comme nous de toutes nouvelles de la bataille. Il venait d'apprendre seulement de la bouche d'un officier d'ordonnance du général Chanzy à la recherche du général d'Aurelle, que les choses ne marchaient pas, du côté de Loigny, comme on l'aurait désiré.

Il était alors environ deux heures de l'après-midi. Sur la route qui passait à deux cents mètres à peu près du château, tout mouvement de troupes s'était maintenant arrêté ; le bruit de la bataille qui se livrait à Pourpry n'arrivait plus jusqu'à nous et le silence qui nous environnait nous paraissait d'autant plus lourd et pénible que, là-bas, à quelques kilomètres, le sort de la patrie se jouait, nous le savions. L'inactivité à laquelle nous étions forcé nous pesait : Houart surtout ne tenait pas en place.

Pendant que nos hommes, répandus dans les salles basses et les cuisines du château, se réchauffaient à la chaleur des feux qu'ils y avaient allumés, pendant que nos deux cuisiniers, toujours attentifs et prévenants, s'occupaient de préparer le repas du soir, notre camarade arpentait fiévreusement l'avenue qui conduisait à la route et interrogeait vainement l'horizon. Puis, s'élançant dans l'escalier, il montait jusqu'à une sorte de belvédère d'où la vue s'étendait fort loin. Mais, bien que le pays fut plat, que les arbres dépouillés de tout feuillage n'opposassent à sa vue aucun obstacle, il n'apercevait rien qu'une longue ligne de fumée au delà de Chevilly et de Cercottes et redescendait bientôt plus impatient.

C'est seulement vers cinq heures, alors que la nuit noire enveloppait déjà toute la campagne environnante, percée seulement par la lueur des feux de bivouac allumés par les servants des batteries de marine, que nous apprîmes le résultat de la journée par la dépêche suivante du général en chef au ministre de la guerre :

Artenay, 2 décembre.

Nous nous sommes battus jusqu'à la nuit, nous avons de ce côté conservé nos positions, mais c'est tout ce qu'a pu faire la division Peytavin qui avait reçu l'ordre de se porter entre les routes de Paris et de Chartres, pour soutenir le mouvement que le général Chanzy devait faire sur Janville et Toury.

Je suis sans nouvelles de Chanzy. Je sais seulement que la division Maurandy, qui devait former sa droite, n'a pas tenu et qu'elle a rétrogradé jusqu'à Huêtre.

. . . .

Au dire des officiers prisonniers, les pertes de l'ennemi sont considérables. Il m'est impossible de savoir ce que je ferai demain avant d'avoir des nouvelles de Chanzy.

Dans tous les cas, je ne crois pas pouvoir partir avant onze heures du matin. Nous avons eu devant nous une division du 11ᵉ corps et le 13ᵉ corps tout entier.

Mon quartier général est à Artenay et j'ai à ma disposition les 2ᵉ et 3ᵉ divisions du 15ᵉ corps avec toute la réserve d'artillerie. (1)

La journée n'avait donc pas été favorable pour nos troupes, malgré la bravoure qu'elles avaient déployée, mais rien, en somme, n'était désespéré ; si l'armée n'avait pas dans cette journée forcé l'ennemi à reculer, elle s'était du moins maintenue sur place et pourrait, dès le lendemain, reprendre la bataille.

A partir de ce moment, notre tâche commença pour durer toute la nuit. Nous avions été rejoints par tout notre petit état-major, MM. Aubry, Darcq et Wuenschendorff qui, voyant que tout marchait régulièrement et que le service télégraphique était assuré, étaient allés, rompus de fatigue et après un repas hâtif, s'étendre sur leurs lits.

Le quartier général était établi près du château, à Artenay. On n'y connaissait toujours pas officielle-

---

(1) Général D'AURELLE : *La première armée de la Loire.*

ment les résultats de la bataille de Loigny, et le général d'Aurelle attendait avec anxiété des nouvelles du 16ᵉ corps.

Cependant, des renseignements inquiétants commençaient à arriver de tous côtés : des paysans annonçaient que de fortes colonnes ennemies occupaient, avec une nombreuse artillerie, le village de Ruan et celui d'Oison abandonnés vers trois heures par la division Martineau pour venir prendre part au combat de Pourpry.

Plusieurs dépêches envoyées au général Chanzy étaient demeurées sans réponse.

Le froid était devenu très vif ; la neige tombait abondamment, rendant les communications presque impossibles. C'est seulement vers minuit que le capitaine Bois, officier de l'état-major du général Chanzy, arriva au grand quartier général et donna les détails qu'on attendait si impatiemment.

Le 17ᵉ corps avait marché toute la nuit pour arriver à Patay et prendre part à la bataille qui allait se livrer. De son côté, le général de Sonis avait rejoint le 16ᵉ corps.

Pendant la nuit du 1ᵉʳ au 2 décembre, l'armée française et l'armée prussienne avaient bivouaqué à peu de distance l'une de l'autre, par un froid glacial de 3 ou 4 degrés au-dessous de zéro dont nos troupes avaient beaucoup souffert.

La bataille avait commencé vers neuf heures du matin par un succès pour la brigade Barry qui s'était brillamment emparé du village de Loigny et du château de Goury. Mais les Prussiens, revenant à la charge avec des renforts considérables et une artillerie trois fois supérieure à la nôtre, avaient obligé nos troupes à rétrograder sur Loigny. A ce moment, l'amiral Jauréguiberry, voyant la brigade Barry reculer en désordre, s'était précipité sur l'ennemi à la tête de la brigade Bourdillon et avait réussi à déloger de nouveau les Allemands du parc de Goury, pendant que la brigade Maurandy s'emparait du village d'Écuillon.

Mais si nous étions maîtres du parc de Goury, les Prussiens en occupaient toujours le château et, de là, foudroyant de leurs feux les divisions Barry et Maurandy, ils les obligeaient à reculer, la première jusqu'à Terminiers, la seconde jusqu'au château de Villepion, trop affaiblies désormais pour pouvoir recommencer la lutte.

La position devenait critique ; encouragé par son succès, l'ennemi attaquait à son tour la division Jauréguiberry qui ne pouvait se maintenir à Loigny qu'au prix des plus héroïques efforts.

A ce moment, le 16° corps était épuisé ; infanterie, cavalerie, artillerie, tout avait été successivement engagé. Il n'y avait plus aucune réserve et l'armée prussienne enveloppait peu à peu nos dernières lignes qui résistaient encore avec le courage du désespoir. Tout à coup une division du 17° corps, appelée au secours par le général Chanzy, arrivait à marche forcée, soutenue par deux divisions de cavalerie du général Michel, et se portait sur Loigny où se concentraient les derniers efforts de la résistance. Le général de Sonis apparait suivi de quelques batteries d'artillerie, de troupes d'infanterie, de zouaves pontificaux, se précipite sur Loigny dont les Prussiens étaient presque maîtres et l'enlève. Malheureusement il tombe, la cuisse brisée par un obus, et, à côté de lui, le général Bouillé et l'intrépide Charette.

Ecrasés par les projectiles ennemis, sans direction après la perte de leur général, ses soldats sont tués ou faits prisonniers.

C'était la fin ! La bataille de Loigny avait duré de neuf heures du matin à six heures du soir ; une obscurité profonde régnait maintenant sur ce champ de bataille où tant de braves avaient trouvé une mort glorieuse, où gisaient encore tant de blessés !

Le village de Loigny brûlait pendant que les deux armées bivouaquaient sur les lieux mêmes où s'était terminée la lutte.

Dans une lettre remise au général d'Aurelle par le capitaine Bois, le général Chanzy rendait compte des opérations de la journée et ajoutait :

Nous avons de grandes pertes, beaucoup de troupes ont quitté le champ de bataille en désordre, presque toutes les munitions sont brûlées.

Je redoute une attaque pour cette nuit ou pour demain matin.

Dans l'état moral où se trouvent les troupes, un secours m'est indispensable. Je vous prie de me faire parvenir vos ordres avant le jour à Terminiers ; je crois que nous avons devant nous toutes les forces ennemies accourues pour nous écraser. (¹)

Quelques heures plus tard, le général Chanzy écrivait de nouveau :

3 décembre, 4 heures du matin :

Les généraux du 17ᵉ corps sortent d'ici. Ils déclarent que leurs troupes sont dans des conditions telles qu'il leur est impossible de faire un mouvement demain. Beaucoup d'hommes sans souliers, pas de distributions faites, tous très fatigués.

Je prescris au général Guépratte, commandant le 17ᵉ corps en l'absence du général de Sonis blessé et disparu, de prendre ses dispositions pour distribuer des vivres et être prêt dans la matinée. (²)

Ces tristes nouvelles éclairèrent le général d'Aurelle sur la position périlleuse dans laquelle se trouvait l'armée de la Loire, éparpillée comme elle l'était sur une étendue considérable.

Des divisions du 16ᵉ corps, la première occupait Chilleurs, séparée des divisions Martineau et Peytavin par des forces allemandes considérables campées à Ruan ; le 16ᵉ corps était dans un état déplorable, ainsi que le 17ᵉ ; quant aux 18ᵉ et 20ᵉ corps d'armée, placés directement sous les ordres du ministre de la guerre, ils avaient été retenus loin du théâtre de ces derniers

---

(1) Général D'AURELLE : *La première armée de la Loire*.
(2)   Id.

événements militaires, et il était trop tard pour les appeler à prêter un appui efficace aux autres corps engagés.

Jugeant la situation de l'armée de la Loire très compromise, le général en chef résolut de battre en retraite pour ne pas être exposé le lendemain à un effroyable désastre en conduisant au combat des troupes démoralisées contre une armée bien supérieure en nombre, énivrée de ses succès de la veille, et, immédiatement, il donna des ordres pour la retraite de l'armée. (1)

Dans cette désastreuse journée du 2 décembre, dit le commandant Rousset, nous n'avions pas perdu beaucoup de terrain, mais l'affaiblissement des troupes et le coup porté à leur moral par ce grave échec étaient tels qu'il devenait impossible de songer encore à l'offensive. Nos pertes étaient très sensibles, près de 7,000 hommes hors de combat, dont 2,500 prisonniers, 3 généraux blessés, 9 pièces perdues. Quant aux Allemands, ils avaient 201 officiers et 3,938 hommes hors de combat.

L'ennemi nous avait opposé quatre divisions d'infanterie, 4 de cavalerie et 208 pièces, approximativement 35,000 combattants. L'armée de la Loire n'avait engagé que 40 ou 45,000 hommes au maximum, avec 200 pièces de canon. Le 17ᵉ corps n'avait mis en ligne qu'une très faible partie de ses forces, enfin du 15ᵉ corps, la 3ᵉ division seule avait combattu. Telle était la conséquence de l'éparpillement et du désordre qui présidaient à nos mouvements, de l'absolue divergence de vues entre le commandement et la délégation. Un point de départ aussi vicieux ne devait conduire qu'à des désastres, et ni

---

(1) Général D'AURELLE : *La première armée de la Loire.*

la bravoure admirable des soldats de Jauréguiberry, ni le dévouement sublime de ceux de Sonis ne suffisaient à réparer tant d'erreurs. Tout ce sang généreux devait, hélas! être perdu pour la France, par la faute de ceux qui essayaient de la sauver.

La délégation l'avait compris, mais trop tard. Le 2 décembre, à quatre heures du soir, Gambetta envoyait, en effet, au général d'Aurelle la dépêche suivante qui ne lui parvint que le 3 au matin :

Il demeure entendu qu'à partir de ce jour et par suite des opérations en cours, vous donnerez directement vos instructions stratégiques aux 15e, 16e, 17e, 18e et 20e corps. J'avais dirigé jusqu'à hier les 18e et 20e, et par moment le 17e. Je vous laisse ce soin désormais (1).

---

(1) Général D'AURELLE : *La première armée de la Loire.*

XII

LA RETRAITE

La retraite était décidée. On juge de l'activité que nous dûmes déployer pendant la nuit du 2 au 3 décembre pour arriver à écouler les dépêches échangées, les ordres transmis en vue des opérations du lendemain. A dire vrai, le travail acharné auquel nous eûmes à faire face pendant cette nuit lugubre, fut pour nous plutôt un bienfait. Il ne nous permit pas, en effet, de nous laisser envahir par les sombres pensées dont nous voyions autour de nous l'indice sur tous les visages.

Dans le foyer de la haute cheminée de marbre flambait un feu violent qui suffisait à peine à réchauffer l'atmosphère de cette grande salle ; les officiers d'ordonnance du général en chef se succédaient rapidement, porteurs de télégrammes à transmettre, secouaient leurs bottes couvertes de neige sur le parquet, présentaient quelques secondes leurs pieds à la flamme vive du foyer, échangeaient à voix basse quelques paroles dont le ton dénotait leur découragement et repartaient bientôt rejoindre leur chef.

Les dépendances du château, granges, écuries, chapelle, toutes les salles basses avaient été bien vite converties en ambulances ; à chaque instant nous entendions quelque voiture rouler sur la neige durcie, s'arrêter au bas du perron ; puis c'étaient les gémissements, les cris des blessés qu'on transportait à bras ; tous les lits avaient été réquisitionnés par les chirurgiens et c'était dans les couloirs, dans les escaliers, un va et vient incessant de médecins et d'infirmiers.

Au dehors, le froid était terrible et le thermomètre marquait entre 7 et 8 degrés ; fatigué de deux heures de manipulation ininterrompue et désireux de me rendre compte de ce qui se passait à l'extérieur, j'avais laissé pour un moment Trévédy prendre ma place à l'appareil, et, bien enveloppé dans mon manteau à capuchon, j'étais allé jusqu'à l'extrémité de l'avenue, sur la route. Ce que je vis était lugubre. Cette route couverte de neige que nous avions parcourue quelques heures auparavant et que nous avions trouvée déserte et silencieuse, était maintenant noire de soldats de toutes armes, sans fusils, sans sacs, courbés en deux par le froid, marchant la tête basse dans la direction d'Orléans, semblant n'avoir d'autre préoccupation que de mettre entre eux et l'ennemi la plus grande distance possible. Parmi eux, des officiers qui tentaient inutilement de rétablir un peu d'ordre.

Beaucoup de ces malheureux soldats, brisés de fatigue, engourdis par le froid, le ventre vide depuis la veille, les pieds nus dans de mauvaises chaussures, se laissaient tomber sur le bord des fossés, et, silencieusement, sans une plainte, se couchaient sur le sol anéantis par la souffrance. Ceux-là ne devaient plus se relever.

Puis, c'étaient des voitures d'ambulance, des caissons d'artillerie dont les attelages désemparés ne se traînaient qu'avec une fatigue visible. Quel spectacle lamentable que cette cohue d'hommes exténués, mourant de faim et de lassitude qui se pressaient sur la route dans un désordre et dans un abattement dont rien ne saurait donner l'idée ! Par la nuit noire, le froid terrible, ce troupeau d'êtres humains roulait péniblement avec les voitures, s'écrasait dans sa marche hâtive, indifférent aux horreurs de la déroute qui ne lui laissait plus que l'instinct animal. L'immense file de soldats suivait la route qui conduit à Orléans dans un morne silence que troublaient seuls des bruits de chute éclatant tout à coup dans un cliquetis d'armes.

Étaient-ce bien là ces vainqueurs de Coulmiers et de Villepion que j'avais vus naguère, alertes, les yeux pleins de flammes, bondir, le sabre au poing, sur l'ennemi terrifié ? [1]

---

[1] Commandant Rousset.

Et je regardais la lugubre débandade se continuer sans fin, le cœur serré d'angoisse, la gorge sèche, lorsque soudain, près de moi, un sanglot retentit tandis qu'une main s'appuyait sur mon épaule. Je me retournai vivement et reconnus Houart qui, comme moi, n'avait pu résister au désir de venir se rendre compte de ce qui se passait. L'ancien sous-officier, le soldat amoureux de discipline et d'ordre, pleurait éperdûment.

— Courage, ami, lui dis-je ; tout n'est pas perdu. Ces malheureux affolés sont peut-être plus à plaindre qu'à blâmer. Il faut compter avec les souffrances qu'ils ont éprouvées, les fatigues inouïes dont ils ont été accablés. Il y a là-bas, sur le champ de bataille, d'autres troupes plus solides, mieux aguerries, qui attendent l'ennemi de pied ferme. Et qui sait? Dieu finira peut-être par avoir pitié.

Et je l'entraînai, lui montrant du doigt les feux allumés auprès des deux batteries de marine et qui étoilaient de rouge la nuit de plus en plus sombre.

3 Décembre.

Elle s'écoula lentement, cette nuit du 2 au 3 décembre dont je conserverai toujours le souvenir, et fut particulièrement pénible et froide ; pendant cinq heures la neige ne cessa de tomber, et nos soldats, raidis dans leurs bivouacs glacés, étaient exténués de fatigue, de souffrance et de faim, alors que les Allemands prenaient dans leurs cantonnements un repos réparateur.

Vers trois heures du matin, le général d'Aurelle avait télégraphié à St-Peravy, où se trouvait le général Chanzy, et à Loury au général des Pallières qu'il était de toute nécessité de battre en retraite pour reprendre les anciennes positions en avant d'Orléans.

Mais au moment où le général des Pallières mettait ses troupes en marche vers St-Lyé et Chevilly, il fut attaqué à Chanteau par les têtes de colonne du IIIe corps prussien et obligé, après une résistance acharnée, de se replier sur Orléans. La retraite s'effectua avec beaucoup d'ordre, dit le commandant Rousset :

Nos troupes se repliaient avec bravoure et méthode, par échelons, s'accrochant aux haies, aux bouquets de bois et luttant sans défaillance.

A six heures du soir, la division des Pallières arrivait à St-Lyé, faisait la soupe et prenait ses dispositions pour repartir vers onze heures pour Chevilly. Elle allait se remettre en route lorsque le général apprit que ce point était au pouvoir de l'ennemi : il la dirigea sur Cercottes où elle parvint à trois heures du matin ; là, il trouva une dépêche du général d'Aurelle qui l'appelait à Orléans pour en défendre l'enceinte. Il fallut repartir et faire encore une marche de nuit ; nos pauvres soldats, lorsqu'ils atteignirent Orléans, dans la matinée du 4, étaient absolument exténués.

D'autre part, la brigade Minot, composée d'un régiment de marche d'infanterie de marine, du 18e mobiles (Charente) et du 29e de marche, repoussait victorieusement à la Tour et à Neuville-aux-Bois une attaque du ixe corps prussien, mais ayant reçu l'ordre de rejoindre St-Lyé, elle battit en retraite. Malheureusement, elle s'égara plusieurs fois dans la forêt.

Sous le froid vif et la bise glaciale, dit encore le commandant Rousset, personne n'avait pris la moindre nourriture et les chevaux étaient incapables de traîner les pièces. C'est dans le plus complet désarroi que cette brigade, réduite dans des proportions énormes put, le lendemain matin, atteindre Orléans.

Au centre de notre ligne, la retraite s'était effectuée au milieu d'incidents moins fâcheux mais tout aussi décisifs pour l'ennemi.

Attaqué à Artenay et à Chevilly par des masses profondes de Prussiens et par plus de 120 pièces d'artillerie, le général Martineau, avec la brigade Dariès et la brigade Rebillard, lutta pendant dix heures et dut se replier sur Cercottes que ses soldats épuisés avaient atteint à 8 heures du soir ; une pluie glacée avait succédé à la neige de la matinée et aucune distribution ne pouvait être faite. Les hommes se débandaient pour chercher à manger et à s'abriter et cette brave division, à qui sa valeureuse attitude eût mérité un meilleur sort, se désagrégea très rapidement comme avait fait la division des Pallières. Le lendemain, ces deux unités ne formaient plus qu'une colonne d'hommes sans vigueur, sans confiance ni cohésion.

Le général d'Aurelle, parti d'Artenay vers 8 heures

du matin, était arrivé à Chevilly à 2 heures de l'après-midi, suivant toutes les péripéties de cette lutte acharnée mais inégale par le nombre des combattants. Lui-même, à l'arrière-garde, avec tout son état-major, au moment décisif de la journée, ordonna l'occupation par l'infanterie des tranchées construites des deux côtés de la route, pendant que les batteries de marine exécutaient un feu terrible.

Il quitta Chevilly à 5 h. 1/2 et établit son quartier général à Saran. Chemin faisant, il fut douloureusement impressionné : les soldats encombraient la route, des compagnies entières avec leurs officiers qui, une heure auparavant, disputaient vaillamment et pied à pied le terrain à l'armée prussienne, avaient quitté leurs régiments, s'étaient débandés et fuyaient vers Orléans.

Arrivé à Cercottes, aidé de tous les officiers de son état-major, de ses aides de camp, des gendarmes de la prévôté, des cavaliers de son escorte, il fit d'impuissants efforts pour ramener les fuyards et dut se retirer, le cœur brisé, en voyant ces soldats, après tant de preuves de bravoure, en proie à une de ces terreurs paniques que ne comprendront jamais, dit-il dans son livre : *La première armée de la Loire*, ceux qui n'ont pas assisté à ce navrant spectacle de la faiblesse humaine. (1)

Pendant la nuit du 3 au 4 décembre, les dépêches

---

(1) Général d'Aurelle : *La première armée de la Loire*.

les plus alarmantes affluèrent de tous côtés, entre autres une du général Chanzy qui avertissait le général en chef que les soldats exténués par la lutte, les privations et les fatigues, ne tiendraient pas le lendemain.

Et toujours, sur la route voisine, s'écoulait le flot incessant des fuyards sourds à la voix de leurs officiers.

Le général d'Aurelle passa cette nuit douloureuse à discuter avec le général Borel les moyens de couvrir et de défendre Orléans ; il était bien résolu à ne pas s'y enfermer avec son armée dont il avait par-dessus tout l'honneur à sauvegarder. Il cherchait encore à se faire illusion sur la possibilité d'une résistance en avant de cette ville, en utilisant les tranchées-abris et les épaulements construits avec tant de peine, mais il dut se rendre aux conseils de son chef d'état-major qui lui représentait et la faiblesse des soldats et leur démoralisation, et qui demandait l'évacuation d'Orléans, seul moyen d'éviter à l'armée un désastre plus grand encore que la perte de cette place.

Aussi, à 4 heures du matin, eûmes-nous le douloureux devoir de transmettre au ministre de la guerre, à Tours, un long télégramme dans lequel le général en chef, après avoir fait l'historique de la journée, ajoutait :

> Dans cette situation, et après une lutte de trois jours où tous les corps ont été plus ou moins éprouvés et désorganisés, il n'y a plus

lieu de faire de plan de campagne. Je dois même vous déclarer que je considère la défense d'Orléans comme impossible.

Il ne nous reste qu'un parti à prendre, c'est de battre en retraite. (1)

Mais à Tours, le gouvernement n'envisageait pas les choses au même point de vue et croyait la lutte encore possible. Aussi répondait-il immédiatement au général d'Aurelle par une dépêche datée du 4 décembre, 5 heures du matin, dans laquelle M. de Freycinet déclarait qu'il ne voyait rien, dans les derniers évènements, qui pût motiver l'évacuation d'Orléans. Le délégué à la guerre opinait pour un mouvement général de concentration devant cette ville et pour la lutte à outrance, au moyen des 200,000 hommes qu'on pouvait encore mettre en ligne.

Il ne m'appartient pas de prendre partie dans les différends qui, au cours de cette malheureuse campagne de la Loire, se sont constamment produits entre la délégation de Tours et le général en chef; je manque absolument de la compétence nécessaire. Toutefois, M. d'Aurelle rappelle avec raison, il me semble, dans son historique de la première armée de la Loire, que le ministre connaissait fort bien les revers éprouvés par cette armée pendant les trois derniers jours, la démoralisation des troupes, leur fuite en débandade vers Orléans, qu'il savait pertinemment que les 18e et

---

(1) Général D'AURELLE : *La première armée de la Loire*.

20ᵉ corps avaient été dans l'impossibilité de prêter leur appui en temps utile puisqu'il les avait lui-même retenus éloignés du théâtre des opérations. Enfin, l'effectif de l'armée de la Loire, au lieu de s'élever à 200,000 hommes, n'avait jamais atteint le chiffre de 140,000 combattants.

Un écrivain véritablement compétent, M. le commandant Rousset, dit d'autre part :

> Hélas ! il n'était plus temps de prendre toutes les mesures préconisées par le ministre de la guerre : l'ennemi, formant déjà au nord du camp retranché un cercle puissamment soudé, atteignait notre ligne avancée de batteries et allait les faire tomber au premier choc ; tout, dans l'armée, n'était que désordre, débandade, épuisement, et la concentration qui eût probablement donné, huit jours auparavant, de si bons résultats, était devenue absolument impossible. A cet égard, le général d'Aurelle, complètement éclairé par le douloureux spectacle qu'il avait sous les yeux, ne se faisait aucune illusion.
>
> « Je suis sur les lieux et mieux en état que vous de juger la situation, répondait-il le 4, à 2 heures du matin. C'est avec une douleur non moins grande que la vôtre que je me suis déterminé à prendre cette mesure extrême. Je crois devoir maintenir les ordres qui ont été donnés. »
>
> Cette réponse était trop comminatoire et, hélas ! fondée sur des motifs trop graves pour que le gouvernement pût encore insister. Il se rangea donc, bien à regret cependant, à l'opinion du général en chef et l'autorisa à exécuter une retraite considérée désormais comme la seule chance de salut.

XIII

EVACUATION D'ORLÉANS

Les événements se précipitaient avec une rapidité telle, les moments étaient si comptés, l'urgence si absolue que toutes ces dépêches nous parvenaient en langage clair, au lieu d'être chiffrées comme d'habitude, et cette lecture ne pouvait laisser subsister en nous aucune illusion. Hélas! à quatre mois d'intervalle, et presque jour pour jour, j'avais le douloureux privilège de lire sur la bande Morse qui déroulait sous mes yeux, le récit détaillé des désastres qui accablaient la malheureuse armée de la Loire, de même qu'à Strasbourg j'avais traduit mot par mot, minute par minute, le compte rendu de la bataille de Wœrth que Michel nous envoyait de son poste à Frœschwiller.

Tous mes beaux rêves s'envolaient l'un après l'autre, chassés par le cruel destin. Nos armées, constituées au prix de tant d'efforts, étaient battues à tour de rôle: Mac-Mahon, Bazaine, d'Aurelle de Paladines,

Chanzy, Ducrot, réduits à l'impuissance. Tous nos espoirs aboutissaient à des désastres. Paris assiégé, la moitié de la France occupée par l'ennemi dont la masse grossissait tous les jours, dont l'arrogance, les cruautés croissaient avec les succès journaliers, tel était le bilan de la situation terrible dans laquelle nous nous trouvions. Qu'allions-nous devenir ? L'ennemi était là, à quelques kilomètres à peine, maintenu par un faible rideau de troupes que le moindre effort allait percer. Et cet effort, c'était demain qu'il se produirait, tout l'annonçait.

Déjà, on commençait à évacuer les blessés du château, le parc d'artillerie, installé à proximité, les approvisionnements de toute nature, et le général en chef avait annoncé qu'il partirait pour Orléans le lendemain à 8 h. 1/2.

Combien elle fut longue pour nous, cette dernière nuit passée au château de la Montjoye, en dépit du travail écrasant qui nous était imposé. Et cependant, nous aurions voulu qu'elle durât longtemps encore, tant nous appréhendions les événements du lendemain, tant nous aurions désiré retarder la catastrophe finale, l'écrasement des dernières troupes encore en état de résister, le triomphe définitif des Prussiens !

Mais Dieu qui tient en sa main les destinées humaines voulait sans doute qu'aucune amertume ne nous fût épargnée. Il devait rester insensible à nos souffrances, sourd aux prières de toutes ces mères qui l'imploraient pour leurs enfants, et permettre à nos ennemis de mettre le pied sur la gorge de la France.

4 Décembre

La journée s'annonçait froide, il faisait un vent glacial ; les troupes, bivouaquées à deux pas de l'ennemi, n'avaient pu prendre aucun repos, et la démoralisation générale, déjà si profonde, s'augmentait encore, maintenant que la décision du général en chef était connue, par la hâte de gagner les ponts de la Loire et de mettre le fleuve entre l'ennemi et soi.

Vers huit heures, le général en chef partit, comme il l'avait annoncé, pour Orléans. Le canon et la fusillade commençaient à se faire entendre, mais à de rares intervalles, à deux ou trois kilomètres du château que nous restions maintenant seuls à occuper. Notre petit convoi avait été évacué sur Orléans, dès la pointe du jour, encadré de nos mobiles dont la bonne tenue était fort remarquée.

M. Aubry, immédiatement après que le général d'Aurelle nous eut quittés, nous avait donné pour instructions de ne pas lever le poste mais de faire tenir notre voiture attelée au bas du perron du château et de préparer tout pour notre départ. Puis il était monté à cheval, disant qu'il allait voir ce qui se passait du côté d'Artenay et qu'il serait bientôt de retour.

Ah ! nos préparatifs n'étaient pas longs à faire : une

couverture à rouler, une valise à boucler, et, lorsque le colonel reviendrait tout à l'heure, deux fils à détacher, l'appareil et la pile à transporter dans la voiture. Déjà, nos papiers, les originaux de télégrammes, les rouleaux Morse, les copies des dépêches reçues, tout cela était en ordre dans une cantine spéciale que nos deux cuisiniers, restés seuls avec nous, avaient juchée sur l'impériale de notre diligence, à côté de la bobine de fil.

Inoccupés, nous étions montés sur le belvéder du château pour essayer d'apercevoir, nous aussi, quelque chose de ce qui se passait au dehors, mais rien n'apparaissait encore ; seule, la route continuait à donner passage à une file, maintenant moins compacte, de soldats qui se hâtaient dans la direction d'Orléans.

Tout à coup, des détonations formidables retentirent, ébranlant le château dont quelques vitres éclatèrent : c'étaient les batteries de marine qui commençaient à tirer. De notre observatoire, nous apercevions distinctement une flamme rouge sortir de l'embouchure de chaque pièce, puis un nuage de fumée s'élevait bientôt dissipé ; tout autour des pièces, les servants circulaient sans hâte, comme à la manœuvre, et la voix claire de l'officier s'entendait calme et froide : « chargez, première pièce, feu ; deuxième pièce, feu », puis nouvelle flamme, nouvelle détonation, nouvelle fumée.

Si les batteries tiraient ainsi, c'était donc que

l'ennemi approchait, était en vue. En effet, là-bas, à l'horizon, une ligne noire apparaissait à peine distincte. C'étaient les Prussiens qui, refoulant les dernières troupes de l'arrière-garde, gagnaient peu à peu du terrain. En même temps, de tous les côtés en avant du château, de toutes les positions perdues, un flot d'hommes, de chevaux et de canons refluait, roulait vers la ville qui devenait le but de tous. Là-bas, c'étaient l'abri, le salut offerts aux fuyards. Là-bas, on échapperait à cette terrible artillerie, à cette fusillade enragée, grondant depuis bientôt trois jours, et il n'y avait plus de conscience, plus de raisonnement, la bête emportait l'homme.

Les batteries tiraient toujours. Au loin, derrière chaque haie, au coin de chaque bouquet de bois, des braves s'abritaient, lâchaient leur coup de chassepot, rechargeaient pour envoyer encore une balle à l'ennemi dont les masses, tout à l'heure confuses, s'apercevaient maintenant profondes de tous les côtés. Ils se trouvaient à bonne distance pour riposter, les Allemands, et leur artillerie tonnait sans discontinuer ; les obus parvenaient jusqu'aux batteries, éclatant avec un épouvantable fracas, faisant chaque fois quelque victime parmi les servants.

Nous regardions haletants, hypnotisés, les mains convulsivement accrochées aux barreaux de fer du belvéder, ce spectacle terrifiant, livides, secoués par un frisson, envahis par un froid de glace.

Tout à coup, nous perçûmes distinctement un grondement plus fort, plus lourd pour ainsi dire que celui des projectiles qui tuaient là-bas, à cinq cents mètres de nous, les derniers défenseurs des batteries, et, instantanément, nous fûmes renversés les uns sur les autres, couverts de poussière, meurtris par des débris de pierres et de tuiles. C'était un obus prussien qui venait d'éclater auprès de nous, crevant d'un trou énorme la toiture du château ; immédiatement, la peur, l'horrible peur, contagieuse, irrésistible, nous envahit, et nous nous jetâmes d'un bond dans l'escalier.

En bas, nos cuisiniers attendaient blêmes, la gorge contractée, mais fidèles au poste. M. Aubry n'était pas revenu et, cependant, la situation devenait intenable. Il ne pouvait plus être question pour nous de discipline, de l'ordre reçu de ne pas lever le poste tant qu'il ne serait pas de retour ; notre présence au château n'avait aucune raison d'être. Peut-être M. Aubry avait-il été tué ; en restant davantage nous risquions d'être tués aussi, sans profit pour personne, ou d'être tout au moins faits prisonniers.

Les batteries de marine s'étaient tues, les obus prussiens passaient maintenant au-dessus du château et les balles commençaient à siffler autour. Des deux cavaliers du train qui montaient les chevaux de notre voiture, un seul, le père Keller, droit et ferme sur sa selle, le fouet en main, attendait tranquille le signal du départ. L'autre jurait, criait que c'était vexant de se faire casser la figure pour les autres quand ces autres étaient quelque part, bien loin déjà, à fumer tranquillement leur pipe.

Et, comme nous lui ordonnions d'attendre et que Houart, peu patient, mettait déjà la main à son revolver pour appuyer cet ordre, le soldat descendit vivement de cheval et s'élança dans l'avenue en criant : « zut, je me trotte ». Mais il n'avait pas fait vingt pas que le pauvre diable, atteint en pleine poitrine, tombait frappé à mort.

Du coup nos dernières hésitations étaient levées, il fallait partir pour ne pas être atteints, bêtement, nous aussi, par quelque balle. Vivement, Fridblatt et Houart détachaient l'appareil et le portaient avec la pile dans la voiture, pendant que Trévédy et moi nous traînions dans un fossé le cadavre de notre pauvre trínglot, et que, mûs par un sentiment de curiosité invincible, nous précédions jusqu'à la route notre diligence que Keller avait peine à conduire dans cette longue avenue déjà couverte de débris et de branches d'arbres.

Dès les premiers pas, à peine le château dépassé. nous sentîmes que nous entrions dans un enfer, mais nous ne pouvions pas reculer, il fallait quand même traverser l'avenue, notre seule ligne de retraite ; les Prussiens la couvraient de balles et d'obus. Les obus coupaient les arbres, les balles cassaient les menues branches, sifflaient, se croisaient, sans qu'il fut possible d'en comprendre la direction de manière à s'en garantir. Derrière nous, un chêne séculaire, le tronc broyé, s'abattit.

Enfin, nous parvînmes sains et saufs, hormis notre pauvre voiture qui avait reçu de nombreux coups, sur la route qui dévalait au bas de l'avenue, et nous aperçûmes M. Aubry qui arrivait tranquillement, mâchonnant un cigare, et qui ne se fit pas faute de nous adresser quelques compliments ironiques sur la hâte, incompréhensible, disait-il, que nous avions mise à lever le poste et à filer sur Orléans.

Mais sa colère ne nous impressionnait pas : nous étions tout entiers au spectacle qui se passait sous nos yeux.

Les batteries de marine ne tiraient plus ; sous l'éternel mouvement tournant des ennemis, leur défense était devenue impossible, il avait fallu les abandonner, après avoir encloué les pièces. Lorsque nous débouchâmes sur la route, les Prussiens étaient arrivés, eux, aux épaulements des batteries, en poussant des cris de victoire. Seul, tête nue, la veste arrachée, un matelot, Yves Lanak, résistait encore. Il faisait une besogne effroyable ! trouant les poitrines de sa hache d'abordage, essuyant son arme rouge du sang de l'un dans le flanc de l'autre, et, comme elle se cassa, il continua en broyant les crânes à coup d'écouvillon, et, comme un faux pas le désarma définitivement, il sauta à la gorge d'un gros Prussien, d'un tel bond que tous deux roulèrent dans une étreinte mortelle jusqu'à la pièce que desservait Yves Lanak. Un coup de bayonnette le cloua à terre.

Pauvre Yves Lanak ! Je l'avais vu la veille encore et lui avait versé un petit verre d'eau-de-vie. La veille encore, il me parlait de ses projets, de son futur mariage, de son bateau ancré dans le port de Perros et avec lequel il ferait de si fructueuses pêches aux homards tout autour des sept îles.

Il gisait maintenant, sans vie, sa face de héros regardait encore, menaçante, l'ennemi victorieux, si farouche que les Prussiens en détournaient leur regard. Là-bas, au pays breton, des femmes, la mère et la fiancée, ont attendu longtemps des nouvelles du marin ; la guerre s'est terminée, elles l'ont cru prisonnier en Allemagne. Puis des gars sont revenus leur enlever toute espérance. Aujourd'hui, dans le cimetière du pauvre village, une tombe bien entretenue mais qui ne recouvre aucun cadavre, porte cette seule inscription :

Yves Lanak, mort au champ d'honneur.

Maintenant, nous avancions dans notre voiture vers Orléans, poursuivis par les balles, mêlés au torrent des fuyards qui coulait à pleine route. Déjà nous étions loin du château, C'était la déroute dans toute son horreur ; de tous les plateaux environnants, par tous les plis de terrain, la même cohue ruisselait, sans cesse accrue. Ni rangs, ni chefs, les troupes se bousculaient, éperdues, faites de tous les débris, de zouaves, de turcos, de chasseurs, de fantassins, sans armes pour la plupart, les uniformes souillés et déchirés. Par moments, un cheval sans cavalier ruait, galopait, renversant des soldats, trouait la foule. Puis des canons passaient, des batteries débandées dont les artilleurs, sans crier gare, éperonnaient jusqu'au sang les attelages. Et ce piétinement ne cessait pas, fuite en masse où tout de suite les vides se comblaient, dans la hâte instinctive d'être là bas, à l'abri, derrière un mur.

A la nuit tombante, dit M. le commandant Rousset, nous étions partout refoulés sur la lisière de la ville, et les Allemands, massés autant que leur permettait la nature du terrain et leur état d'extrême fatigue, s'étendaient en arc de cercle de La Chapelle St-Mesmin à St-Jean-de-Braye, à la porte même d'Orléans.

C'était là une situation presque désespérée pour l'armée de la Loire placée sous le coup d'une destruction imminente que tous les efforts humains étaient désormais impuissants à conjurer. Le général d'Aurelle assistait, le cœur serré, à la désagrégation rapide de ses troupes ; en vain s'efforçait-il de rallier les fuyards qui encombraient les rues de la ville, les officiers découragés ne lui prêtaient qu'un concours sans conviction ; quant aux soldats, anéantis et semblables à un troupeau égaré, ils opposaient aux prières et aux menaces une invincible inertie.

Dès quatre heures, convaincu définitivement de l'inutilité de toute tentative nouvelle pour garder Orléans, il ordonna aux troupes de se replier sur la rive gauche de la Loire. A peine le mouvement était-il commencé que le général de Tresckow faisait sommation d'évacuer la ville pour 11 h. 1/2 du soir, sous peine de bombardement. Tout ce qu'il fut possible d'obtenir de lui fut la prolongation du délai jusqu'à minuit et demi.

Les difficultés de l'évacuation étaient énormes, tant à cause du peu de temps dont on disposait que du désordre inimaginable qui régnait partout. Le maire, prévenu de la situation, expédia dans les casernes, les hôtels, cafés et auberges des agents de police pour en expulser les soldats qui s'y trouvaient, mais beaucoup de ces malheureux furent oubliés, beaucoup refusèrent de partir et ne cédèrent qu'à la force ; une énorme quantité de soldats, brisés de fatigue, s'obstinèrent à rester et furent faits prisonniers.

Vers dix heures, on détruisit les ponts de bateaux, les pièces de position qui restaient en batterie furent encloués et les poudres noyées. Entre temps, les troupes françaises passaient sur la rive gauche.

C'était un spectacle lamentable que cette cohue d'hommes exténués, mourant de faim et de fatigue qui se pressaient sur les ponts dans un désordre et dans un abattement inimaginables. Le froid était terrible, la nuit très noire, les glaçons charriés par le fleuve venaient s'entrechoquer contre les piles avec un bruit sinistre. Et le troupeau d'êtres humains, roulant pêle-mêle avec les voitures, s'écrasait dans sa marche hâtive, indifférent aux horreurs de la déroute qui ne lui laissait plus que l'instinct de la conservation.

L'immense file de soldats s'engageait sur les routes qui, de la Loire, se dirigent vers le Sud, et, dans un morne silence, ce qui restait des vainqueurs de Coulmiers et de Villepion s'en fut confusément vers La Ferté Saint-Aubin. (1)

---

(1) **Commandant Rousset.**

A minuit et demi, le grand duc de Mecklembourg et le général de Tresckow faisaient leur entrée à Orléans par le faubourg St-Jean au son des tambours et des musiques militaires.

Telle fut, dit M. le commandant Rousset, cette malheureuse bataille qui consommait la ruine de la première armée de la Loire et la chute d'une position qu'on avait crue inexpugnable. C'en était fait définitivement des espoirs d'offensive, des projets de débloquer Paris, des tentatives même de résistance passive en qui le général d'Aurelle avait cru voir le salut. 160,000 hommes levés et réunis à grand peine s'enfuyaient en désordre, éparpillés sur un espace énorme et séparés en deux masses qui ne devaient plus se réunir. Le désastre était complet et coûtait des pertes énormes : environ 20,000 hommes dont 2,000 tués ou blessés, 74 pièces et un matériel dont l'importance ne peut être évaluée.

Il faut croire que la lettre dont nous avons donné copie de cet officier allemand en traitement dans les hôpitaux d'Orléans lors de l'occupation de cette ville par l'armée de la Loire ne produisit pas auprès de ses frères d'armes tout l'effet qu'il en attendait, car les Prussiens signalèrent leur victoire par la série habituelle des représailles et des brutalités dont ils s'étaient fait une règle, presque un devoir. Le préfet, M. Péreira, fut chassé de son hôtel dont s'empara le prince Frédéric Charles, et l'évêque d'Orléans fut séquestré pour s'être permis d'avoir, pendant l'occupation d'Orléans par les Bavarois, protesté contre leurs violences.

Ils usèrent envers les prisonniers français d'une inhumanité incroyable et imposèrent à la ville une indemnité de guerre de 600.000 francs ; les habitants durent nourrir grassement les officiers et les soldats, et, dit le commandant Rousset, s'il faut en croire un témoin oculaire, M. l'abbé T. Cochard, la table seule du prince Frédéric Charles ne coûta pas à la municipalité moins de 3,000 francs par jour.

Cependant, nous étions arrivés vers neuf heures du soir à Orléans, mes trois camarades et moi, et suivant les instructions reçues avant son départ de M. Aubry, nous nous étions rendus au bureau télégraphique où se trouvaient réunis tout notre petit état major et bon nombre de nos collègues des autres sections de la mission. Le colonel trépignait d'impatience ; il craignait que nous n'eussions été faits prisonniers ou que nous n'eussions pris quelque fausse direction. Pourtant, le pauvre père Keller avait poussé ses chevaux autant que le permettaient le mauvais état et l'encombrement de la route. Nous étions littéralement gelés, à jeun depuis la veille et horriblement fatigués de deux nuits consacrées à un travail acharné, encore sous l'impression des émotions ressenties. Nous aurions eu besoin de prendre un peu de repos et quelque nourriture, mais le moyen ? Les Allemands devaient entrer dans la ville à minuit et demi et il fallait s'occuper de faire passer de l'autre côté de la Loire notre personnel et notre matériel ; il n'y avait pas un instant à perdre et l'ordre fut donné de partir immédiatement. Il ne nous fut même pas possible de nous procurer auprès de nos collègues d'Orléans un morceau de pain et une bouteille de vin, tant ils étaient préoccupés de la nécessité de sauver les archives et les appareils de leur bureau.

Nous repartîmes en pleine nuit noire, dans la neige, au milieu de ce désordre que j'ai essayé de décrire, et, à onze heures, nous passions sur la rive gauche et suivions la route de Salbris à la suite du 15e corps complètement désorganisé.

Nos voitures marchaient trop lentement : l'intérieur, du reste, en était encombré par les piles, les appareils et les cantines ; seuls les coupés restaient libres, mais par ce froid terrible, mieux valait de beaucoup suivre à pied. A Olivet, nous pûmes boire un verre de café brûlant chez la titulaire du bureau télégraphique. Enfin, à cinq heures du matin, nous arrivions à la Ferté-Saint-Aubin, point de ralliement indiqué par le général d'Aurelle. De nombreux régiments y étaient déjà parvenus et s'étaient empressés d'allumer de grands feux à cause de l'intensité du froid.

Dans la matinée eut lieu une distribution de vivres et nos cuisiniers, toujours dévoués et actifs, eurent bien vite fait d'installer notre marmite de campagne sur deux pierres et de nous préparer une soupe excellente.

A sept heures du soir nous repartions, toujours à pied, pour la Motte-Beuvron où un poste fut installé, et le 6, à sept heures du matin, pour Salbris où les troupes devaient reprendre les emplacements qu'elles avaient occupées au mois d'octobre.

M. Aubry avait pris les devants, nous donnant rendez-vous à Salbris et nous recommandant d'activer notre marche autant que possible.

Mais notre petit convoi rencontrait partout des difficultés inouïes. Les routes étaient encombrées par des milliers de voitures réquisitionnées, par le train et par l'artillerie, couvertes de neige. Le froid était toujours plus intense. Nos chevaux d'attelage, affamés, harassés, tombaient à chaque instant et nous occasionnaient de nombreux retards. Nos mobiles marchaient de chaque côté de la route, péniblement, visiblement à bout de forces, et nous mêmes, le ventre vide, les pieds endoloris dans nos chaussures que nous n'avions pas enlevées depuis plusieurs jours, nous suivions machinalement, sans autre ressource que de boire de temps à autre une lampée d'eau-de-vie, à même notre gourde.

A l'entrée d'un petit village, près de Salbris, je demandai à un paysan qui, du seuil de sa porte, nous regardait passer, s'il n'aurait pas à nous vendre du pain, du vin et un peu de viande. Il se mit à rire et me répondit brutalement :

Après vous, viendront les Prussiens qui me malmèneront si je n'ai rien à leur donner. Ce que j'ai, je le garde, passez votre chemin.

J'avoue que la réponse me scandalisa. Cet homme était propriétaire d'une ferme importante : des étables, des chais s'étendaient derrière sa maison, on le devinait bien pourvu de tout. En présence de son refus de vendre à des Français ce qu'il destinait à nos pires ennemis, le sang me monta au visage, et, après avoir consulté mes collègues, j'appelai le sergent qui commandait les mobiles et lui ordonnai de pénétrer avec quatre hommes dans la ferme et, s'il y trouvait du vin, de me le dire.

En dépit de la colère du paysan, l'ordre fut exécuté, et, dans un chai avoisinant, nos soldats découvrirent une dizaine de tonneaux de vin symétriquement rangés.

— Ma foi, dis-je, laisser tout cela aux Prussiens quand nous crevons de faim et de soif serait pire folie. Qu'on sorte un tonneau et qu'on le défonce par un bout.

L'ordre aussitôt donné était exécuté et, peu après, nous repartions après que chacun de nous, y compris nos mobiles, eût rempli sa gourde. Je laissai toutefois au paysan qui, s'il eût été en force, nous eût fait un mauvais parti, un bon de réquisition qu'il a dû par la suite se faire rembourser. A dire vrai, nos mobiles ne manquèrent pas de faire part de la bonne aubaine aux soldats qui venaient après nous, et je ne jurerais pas que, la nuit venue, après le passage des troupes, la cave du bonhomme n'ait pas été mise complètement à sec.

Dans la soirée du 6 nous étions enfin à Salbris ; les troupes devaient y séjourner le lendemain et recevoir des vivres, des effets, du linge et des chaussures, ainsi que des vêtements.

A peine arrivés, il nous fallut installer le poste télégraphique au château de la Rivode, où le général d'Aurelle allait transporter son quartier général. Nous espérions pouvoir nous reposer pendant la nuit sur les bottes de paille qui garnissaient le fond de la salle qui nous était affectée, mais nos misères commençaient et, il n'y avait pas une heure que nos communications étaient installées, que nous recevions la dépêche suivante :

Guerre à général d'Aurelle, à Salbris.

Tours, 6 décembre 1870.

Le commandement en chef de l'armée de la Loire est supprimé. Le 16ᵉ et le 17ᵉ corps, formant la deuxième armée de la Loire, passent sous les ordres du général Chanzy.

Les 15ᵉ, 18ᵉ et 20ᵉ corps formeront, sous les ordres du général Bourbaki, la première armée de la Loire.

Remettez immédiatement le commandement au général des Pallières. Vous êtes nommé au commandement des lignes stratégiques de Cherbourg, et vous vous rendrez sur le champ à votre destination (1).

C'était brutal !

Quoi qu'il en fut, le général d'Aurelle exécuta immédiatement les ordres reçus et remit séance tenante le commandement au général des Pallières. Il répondit au gouvernement par la dépêche ci-dessous :

Le général d'Aurelle au Ministre de la Guerre, à Tours

Salbris, 6 décembre 1870.

Je viens de recevoir votre dépêche télégraphique qui m'annonce que le commandement en chef de l'armée de la Loire est supprimé, et ma nomination au commandement du camp stratégique de Cherbourg.

Je viens, d'après vos ordres, de remettre mon commandement au général des Pallières. Celui des lignes stratégiques de Cherbourg n'est pas en rapport avec le commandement de général en chef que j'ai exercé. Je dois à ma dignité de ne pas amoindrir la position que j'ai occupée et je vous demande à ne pas aller prendre possession de ce commandement et à me retirer dans mes foyers.

Ma santé, d'ailleurs, est altérée et réclame des soins que je ne puis recevoir que chez moi.

J'attends votre réponse à Salbris. (2)

---

(1) Général D'AURELLE : *La première armée de la Loire*.
(2) id.

Cette réponse parvint pendant la nuit. Elle était ainsi conçue :

Votre expérience et la connaissance que vous avez de Salbris peuvent être d'une grande utilité au général des Pallières et au général Crouzat. Veuillez aider le premier de vos conseils et donner des ordres au général Crouzat s'il vous les demande. Je fais appel à votre dévouement et à votre patriotisme. (1)

Mais le général en chef se refusa à prendre une part de responsabilité dans des opérations militaires qu'il n'avait plus le droit de diriger et il répondit en ces termes au ministre de la guerre :

Le général d'Aurelle au Ministre de la Guerre, à Tours.

Salbris, 7 décembre, 4 heures du matin.

Il m'est difficile de donner des conseils au général des Pallières sans blesser l'amour-propre de cet officier général, sans lui enlever une partie de son autorité morale et le prestige nécessaire à tout commandant de corps d'armée. Je le crois d'ailleurs très capable de se tirer seul d'affaire.

Il m'est impossible de donner des ordres au général Crouzat qui sait que je n'ai plus aucune autorité pour le faire.

Des ordres ainsi donnés seraient nuisibles aux intérêts du service. Une responsabilité partagée devient nulle ; il faut en tout l'unité de commandement.

Ma présence ici ne peut plus être utile ; je n'ai plus d'autorité ni

---

(1) Général D'AURELLE : *La première armée de la Loire.*

de commandement à exercer. Je vous demande donc à partir au plus tôt. (1)

Le général d'Aurelle reçut dans la matinée du 7 décembre l'autorisation qu'il sollicitait et quitta Salbris le même jour à deux heures, après des adieux touchants aux différents chefs de service qui tinrent à honneur de lui prodiguer les plus vifs témoignages de respect et de sympathie.

L'armée de la Loire n'avait plus de chef, car le commandement donné au général des Pallières était essentiellement provisoire.

En fait, l'armée de la Loire elle-même n'existait plus. Depuis le 6 décembre, les 15e et 18e corps étaient placés sous les ordres du général Bourbaki, les 16e, 17e et 21e sous ceux du général Chanzy. Quant au 20e, il relevait directement du ministre de la guerre. Elle se trouvait donc fractionnée en deux groupes dont l'un comptait une centaine de mille hommes, l'autre environ cent vingt mille. Le premier devait aller combattre dans l'Est de la France et essayer de débloquer Belfort ; le second était destiné à tenir tête aux forces combinées du prince Frédéric Charles et du grand duc de Mecklembourg. De ce dernier nous ne parlerons plus : la mission télégraphique fut, en effet, divisée en deux parties ; l'une attachée à l'armée du Mans, géné-

---

(1) Général D'AURELLE : *La première armée de la Loire*.

ral Chanzy, l'autre à l'armée de l'Est, général Bourbaki.

Le 6 au matin, c'est-à-dire le lendemain de notre arrivée au château de Rivodes, MM. Aubry, Darcq et Wuenschendorff parcouraient le parc où campaient nos surveillants et nos mobiles. Des coups de canon résonnaient de temps à autre dans le lointain.

Vers deux heures, on apprit subitement que l'ennemi était à notre poursuite et qu'il fallait battre en retraite sur Bourges. Les préparatifs du départ se firent immédiatement. M. Wuenschendorff partit pour se rendre à la gare de Salbris afin d'y installer un poste qui devait fonctionner jusqu'au dernier moment. A 3 h. 1/2, le convoi se mettait en route, poursuivi déjà par les projectiles ennemis et ne se sauvait qu'en traversant un marais couvert d'une épaisse couche de glace.

Les Prussiens arrivaient par la voie ferrée que leurs balles enfilaient déjà jusqu'à la gare, lorsque M. Wuenschendorff installa le poste. A 5 h. 1/2, toutes les dépêches étaient transmises et le personnel de la section que commandait M. Musart se repliait en toute hâte, gagnant à pied Nansay, puis Neuvy et enfin La Chapelle d'Angillon, gros bourg sur la grande route d'Argent à Bourges, où tout le reste de la mission télégraphique se trouvait réuni le 9 décembre au matin. Après quelques heures de repos, notre convoi partait pour Bourges en suivant une petite route de montagne qui se trouvait libre et à l'abri des incursions de la cavalerie ennemie.

TROISIÈME PARTIE

L'ARMÉE DE L'EST

I

LA RETRAITE SUR BOURGES

La situation, à l'époque qu'atteint notre récit, était bien loin d'être brillante. Plus de huit cent mille soldats allemands foulaient le sol de France.

Versailles, la ville des rois, servait de quartier général au souverain allemand flanqué du général de Molke et du comte de Bismarck, l'un directeur des armées, l'autre conseiller politique, tous les trois ennemis acharnés de notre malheureux pays dont ils voulaient la ruine.

Paris était assiégé par cent quatre-vingt mille hommes, battu par un millier de bouches à feu. La fin de la résistance était prochaine : Paris pris, tout était fini. Aussi, tous les efforts, toute la stratégie du général de Moltke tendaient ils à isoler la capitale, à empêcher qu'elle ne fut secourue par une armée de province.

Le général de Manteuffel couvrait l'investissement contre le Nord, à Rouen et à Amiens ; une armée commandée par le prince Frédéric-Charles tenait Orléans et Chartres et observait le Mans et l'ouest de la France. Werder immobilisait Garibaldi devant Dijon.

Dans l'Est, le général de Zastrow était établi à Montbard, Nuits-sous-Ravière et Mézières ; les forces du général de Werder étaient concentrées entre Gray et Vesoul, avec la division Tresckow autour de Belfort, et, de Montbéliard à Delle, les troupes du général de Debschitz.

Plus d'un tiers du territoire français était occupé par l'ennemi : toutes nos forteresses, sauf les places du Nord, Langres, Besançon et Belfort, étaient prises.

Le découragement était partout. Les meilleurs esprits déclaraient que tous les efforts possibles avaient été faits, que l'honneur était sauf et que, désormais, aucune résistance n'était possible.

Seul, Gambetta luttait encore contre la fatalité et de sa voix puissante continuait à appeler la France aux armes. Seul, il ne voulait pas désespérer.

A la suite de la reprise d'Orléans par le prince Frédéric-Charles, l'armée du général d'Aurelle avait été coupée en trois tronçons : les 16e et 17e corps battaient en retraite dans la direction de Blois sous les ordres du général Chanzy ; le 15e était arrivé en désordre à Salbris avec d'Aurelle dont le commandement en chef était supprimé. Les 18e et 20e corps, commandés par Bourbaki, avaient été dirigés sur Gien avec ordre de passer immédiatement sur la rive gauche de la Loire. Le mouvement avait été opéré le 5 décembre au soir.

Le 6, une dépêche de M. de Freycinet modifiait l'organisation des états-majors, plaçait les 15e et 18e corps sous les ordres de Bourbaki ; le 20e, général Crouzat, restait à la disposition du ministère et devait remplacer le 15e à Salbris. En même temps, le général Bourbaki recevait l'ordre de repasser d'urgence sur la rive droite et de concentrer ses troupes à Gien. Les 15e, 18e et 20e corps avaient, en outre, pour instructions de se tenir prêts à reprendre incessamment une vigoureuse offensive.

C'étaient ces trois corps qui devaient former la première armée de la Loire appelée à devenir bientôt l'armée de l'Est et à laquelle nous demeurions attachés sous les ordres de M. Aubry.

Le 7, commença pour nous la période la plus pénible de la campagne, avec les marches et les contre-marches, les ordres et les contre-ordres, les mouvements offensifs et les mouvements en retraite qui devaient se succéder sans relâche et nous amener, un mois plus tard, à l'extrémité orientale de la France.

Déjà, le 6, à la suite d'une attaque des Allemands à

Ouzouer-sur-Loire, les avant-postes du général Billo[t]
(18ᵉ corps) avaient été rejetés sur Nevoy, à quatre ki[lo]mètres de Gien, et le général Bourbaki, se jugean[t]
incapable de lutter contre le prince Frédéric-Charles
et ses deux corps d'armée, avait ordonné à ses troupe[s]
de se retirer dès le lendemain matin sur Bourges.

Depuis Orléans, nous n'avions pas eu un seul jou[r]
de repos. L'armée française était dans un état lamen[table] qu'accentuait encore l'extrême rigueur de la sai[son]. Ceux-là seuls qui ont assisté à cette retraite d[e]
Gien sur Bourges peuvent savoir ce que fut pour no[s]
malheureux soldats cette marche, par un froid épou[vantable], une neige épaisse et un verglas qui ren[daient] les chemins impraticables : les chevaux ne pou[vaient] se tenir ; les cavaliers, à pied, soutenaient leur[s] montures ; les artilleurs poussaient à la roue leurs
caissons et leurs canons. Partout, des convois de vi[vres] arrêtés, encombrant les routes ; à chaque instant
des hommes tombaient de fatigue ou de froid et mou[raient] à bref délai. (1)

C'est à peine si, le 11 au soir, le 18ᵉ corps atteignai[t]
Brécy, à 15 kilomètres de Bourges ; le 20ᵉ était arriv[é]
à destination depuis la veille. Quant au 15ᵉ, il avai[t]
marché dans des conditions plus mauvaises encore.

Lorsqu'il avait reçu à Salbris l'ordre de rejoindre [à]
Gien, le général Martin des Pallières avait répondu
qu'après trois jours de combats incessants et troi[s]

---

(1) *Le général Bourbaki,* par un de ses officiers d'ordonnance.

marches de nuit forcées, ses troupes avaient besoin d'un délai de trois jours pour se refaire. Cependant il s'était mis en route et avait déjà parcouru trente kilomètres lorsqu'à Aubigny il reçut deux dépêches, l'une de Gambetta qui lui ordonnait de demeurer à Salbris et d'y attendre les ordres de Bourbaki, l'autre de Bourbaki qui lui prescrivait de diriger son corps d'armée non plus sur Gien, mais sur Bourges. Il exécuta l'ordre du général en chef et arriva à Bourges, mais dans quel état! dans la nuit du 10 au 11.

Quant à nous, nous étions parvenus à Bourges dans l'après-midi du 9 après avoir traversé successivement Ivry-le-Pré, Henrichemont et Mennetou-Salon. Nous avions effectué le trajet à pied dans la neige, sur le verglas, marchant de jour et de nuit, mangeant où et comme nous pouvions, c'est-à-dire fort mal. Depuis notre court arrêt à Salbris, nous avions été constamment sur les chemins, dormant une heure, de ci de là, sur la paille des granges, et, ces courts instants de sommeil, nous les devions à Houart chez qui se développait sans cesse et à notre profit l'espèce de divination topographique dont il était doué. « Arrêtons-nous ici, nous disait-il, dormons un peu, je m'engage à vous faire regagner le temps perdu ». Et il en était ainsi : par ce pays plat que la neige recouvrait entièrement de son blanc linceul, qu'il fît jour ou nuit, Houart nous faisait prendre quelques raccourcis, nous engageait en des sentiers perdus à travers champs et nous économisait des kilomètres. Et nous étions bien étonnés lorsque, après une heure ou deux de pas relevé, nous rejoignons notre état-major qui n'avait pas cessé, lui, de suivre la grande route.

Il avait bien d'autres qualités, notre ami Houart : absolument réfractaire à la fatigue, il arrivait au bout de ces étapes interminables frais et dispos, tout prêt à repartir. Ancien soldat, il avait appris naguère au service à ménager ses forces et connaissait une quantité de « petits trucs » très précieux dans les circonstances pénibles où nous nous trouvions. Et, amicalement, il nous faisait bénéficier de cette expérience acquise au régiment; il nous avait enseigné à rouler nos couvertures que nous portions en sautoir, nous avait obligés à faire l'acquisition de longues ceintures de flanelle dont nous sûmes vite apprécier les avantages. Il avait le talent de trouver des vivres là où il n'y en avait plus, dans le plus misérable hameau, même après le passage de plusieurs régiments. C'est lui qui nous empêchait d'avoir trop souvent recours à notre gourde d'eau-de-vie. « Gardez-en pour ce soir, vous en aurez besoin. » Et le soir venu, lorsqu'exténués, les pieds meurtris, nous faisions halte, il nous disait : « Maintenant, frictionnez-vous avec votre eau-de-vie : elle vous fera plus de bien ainsi que si vous l'aviez bue. »

Le cher homme, que de services semblables il nous a rendus! Avec cela gai, obligeant, s'attardant sur la route pour soulager quelque soldat exténué, l'empêchant de se coucher dans la neige qui eût été son tombeau, le frictionnant pour ramener à la peau le sang et la chaleur, se privant volontiers d'eau-de-vie et de café pour donner sa part à un malheureux affamé et affaibli.

Grâce à lui, grâce aussi à notre jeunesse, à notre espoir en l'avenir qui ne nous avait pas abandonnés, à notre naturelle gaîté, nous arrivions à Bourges rompus, lourds de sommeil et le ventre vide, mais heureux de trouver enfin le bout de l'étape, un hôtel où nous restaurer, un lit pour dormir. Il nous fallait tout d'abord nous réunir au bureau télégraphique pour y prendre les ordres.

M. Aubry s'y trouvait déjà. Fort heureusement pour nous, le bureau de Bourges était amplement fourni de personnel et pouvait, avec ses propres ressources, faire face au supplément de travail qu'allait lui occasionner la présence du général Bourbaki et de tout l'État-Major. Le lendemain seulement, si la chose était nécessaire, nous serions appelés en renfort. Liberté nous était laissée pour toute la soirée et la nuit.

Fort heureusement encore, Bernard, le secrétaire de M. Aubry, avait inauguré ses fonctions de fourrier et s'était procuré auprès de la municipalité des billets de logement chez l'habitant pour tout le personnel de la mission. J'étais logé, pour ma part, chez un avocat dont j'ai oublié le nom. Fridblat et Houart allaient ensemble dans une autre maison ; quant à Trévédy, son billet de logement portait le nom d'une dame veuve.

Coquet comme une jeune fille, mon ami ne voulait pas se présenter chez son hôtesse avec une barbe de plus d'un mois, avec ses vêtements fripés, souillés de neige et de boue. Quelle que fût notre fatigue, il fallut aller au préalable prendre un bain, puis passer chez le coiffeur, nous faire enfin brosser, cirer, pomponner. Et, comme je riais de tous ces préparatifs :

— Dame, tu sais, répondit Trévédy, l'uniforme militaire plaît aux dames. Je vais chez une veuve, et si elle est jeune et jolie, je veux avoir tous mes avantages.

Et le cher garçon retroussait sa moustache avec un petit air victorieux qui me paraissait tout à fait plaisant.

Lorsque je le revis après qu'il eût été reconnaître son logement, il était radieux ! Sa veuve, disait il, était charmante. Elle l'avait regardé avec une certaine complaisance dont il augurait bien pour plus tard.

La même scène, ou plutôt la même comédie, se renouvela pendant la campagne, partout où les événements nous conduisirent. Partout, ce diable de Trévédy avait la chance incroyable de loger chez quelque belle hôtesse aux yeux prometteurs, et si, par hasard, cette hôtesse était vieille et laide, elle avait inévitablement auprès d'elle quelque camériste coquette, provoquante, auprès de qui le galant soldat-poète comptait bien se dédommager de ses privations et de ses fatigues.

Il n'était cependant pas gascon, mon collègue Trévédy, mais breton ; malgré cela, son imagination était toujours maîtresse au logis. Cela ne faisait de tort à personne, pas même à lui auprès de nous qui avions su apprécier ses qualités rares, son esprit droit et son excellent cœur.

Le logement chez l'habitant avait le grand avantage de nous procurer du bien-être. Nous rencontrions chez les personnes qui nous recevaient quelque chose de la famille absente, des soins, des prévenances, un semblant d'affection aussi, lorsque nos hôtes du moment avaient un des leurs à l'armée. Comment, en effet, ne pas accueillir le mieux possible un soldat de passage, alors que le fils ou le frère courent eux aussi sur les chemins et qu'on serait si heureux de les savoir choyés, fêtés ? Aussi ai-je trouvé à Bourges, Nevers, Chalon-sur-Saône et Besançon, partout enfin, bon souper le plus souvent, bon gîte toujours. Le « reste » était l'apanage de Trévédy.

Cependant, le 10 décembre, avant même que la concentration sur Bourges fût terminée, le général Bourbaki recevait de M. de Freycinet l'ordre de marcher vers l'Ouest et de porter secours au général Chanzy aux prises avec les troupes du grand-duc de Mecklembourg. Mais cela était impossible et, loin d'exécuter les instructions ministérielles, le général Bourbaki répondit en faisant valoir l'état lamentable des troupes.

Si je marchais en ce moment sur Blois, ajoutait-il, vous ne reverriez probablement pas un seul des canons ni des hommes des trois corps que je commande. Chanzy a peut-être devant lui une partie de l'armée du prince Frédéric-Charles, mais il est certain que j'en ai une partie devant mon front et sur mon flanc gauche. En outre, un corps de 15,000 hommes menace Nevers. Si vous voulez sauver l'armée, il faut la mettre en retraite. Pour me porter sur Blois et réoccuper Salbris, il me faudrait six jours de route. Dans de telles conditions il me paraît impossible d'apporter à Chanzy un secours opportun s'il cherche à se maintenir dans sa position actuelle. (1)

M. de Freycinet n'insista pas, et, le 11 décembre, le ministère qui, ne se trouvant plus en sûreté à Tours, s'était retiré à Bordeaux, autorisait par dépêche le général Bourbaki à battre en retraite sur St Amand, entre le Cher et le canal du Berry, pour s'y refaire et se préparer à repasser la rivière à la première alerte.

Le général Chanzy insistait de son côté pour que la première armée de la Loire vînt à son secours.

Vous pouvez me sauver, disait-il dans ses dépêches ; je lutte depuis cinq jours, du matin au soir, contre le gros des forces du prince Frédéric-Charles. Ma position est des plus critiques. (2)

Bourbaki ne pouvait répondre au général Chanzy autrement qu'il l'avait fait à M. de Freycinet, c'est à dire qu'il était incapable de le rejoindre avant huit jours.

---

(1) *Le général Bourbaki*, pages 153 et 158.
(2) *Enquête parlementaire*, dépêche du 11 décembre.

Cependant, annonçait-il, je me porterai demain en avant pour essayer une diversion. (1)

En se remettant en marche, il savait d'ailleurs qu'il n'irait pas jusqu'au bout de sa route. Nous l'avions suivi, et, le 12 décembre au soir, nous étions à Mehun-sur-Yèvre, petite localité sur la route de Vierzon, à 17 kilomètres de Bourges. Gambetta nous y avait précédés dans le but de se rendre compte par lui-même de l'état des troupes et de ce qu'on en pouvait attendre. Il résuma ainsi ses impressions dans un télégramme à M. de Freycinet :

Je laisse se prononcer le mouvement sur Vierzon, mais je l'arrêterai, car les 15e, 18e et 20e corps sont en véritable dislocation ; c'est encore ce que j'ai vu de plus triste (2)

Cette impression s'effaça sans doute sous l'empire d'idées nouvelles, car durant trois jours, alors que les troupes continuaient leur mouvement, Gambetta discuta avec le général Bourbaki de nouveaux plans d'offensive ; en dépit des objections qui lui furent faites, il donna l'ordre, le 16 décembre, d'opérer immédiatement une forte diversion sur la rive droite de la Loire pour dégager le général Chanzy. En conséquence, l'armée fut dirigée sur Nevers. Le 19 au soir, le quartier général arrivait à Baugy après sept jours de marche effectuée dans les conditions que l'on sait.

---

(1) *Le général Bourbaki*, page 160.
(2) Id. page 161.

Pour entrer dans les idées du ministre de la guerre, Bourbaki projetait de marcher sur Montargis en descendant la rive droite de la Loire et d'attaquer les Prussiens à Cosne. Il le faisait sans le moindre enthousiasme et simplement pour obéir à la pression qu'exerçait sur lui le gouvernement de Bordeaux ; il craignait surtout de se voir couper la retraite par les ennemis qui s'étaient établis à Chaumont, Châtillon sur-Seine et Auxerre.

Mais ce mouvement sur Montargis devait avorter comme tous ceux entrepris depuis quinze jours. Le ministre de la guerre venait d'être saisi par M. de Freycinet d'un nouveau plan qui consistait à transporter dans l'Est, par les voies ferrées, l'armée de Bourbaki, à débloquer Belfort et à couper les communications de l'ennemi avec l'Alsace. On espérait ainsi attirer dans l'Est les forces d'investissement et celles qui, dans l'Ouest, combattaient le général Chanzy. [1]

Gambetta se trouvait à Bourges lorsque l'envoyé de M. de Freycinet, M. de Serres, lui développa le plan germé dans l'esprit du délégué à la guerre. Il objecta que la marche sur Montargis était en pleine exécution et qu'il serait bien difficile de l'arrêter, mais M. de Serres se fit fort de gagner au nouveau projet le général Bourbaki. Effectivement, il rejoignit le jour même à Baugy le commandant en chef de l'armée de la Loire qui s'engagea à faire commencer, dès le

---

(1) *Enquête parlementaire* : Déposition de M. de Serres.

lendemain, le mouvement vers l'Est si Gambetta l'approuvait.

Il fut approuvé, en dépit des démarches réitérées du général Chanzy qui demandait que toutes les forces disponibles en province fussent dirigées simultanément et de tous les points sur Paris pour attaquer de plusieurs côtés les troupes d'investissement, et aussi des objections de M. l'intendant général Friant qui, sans condamner complètement l'expédition dans l'Est, aurait voulu qu'on fît le mouvement tournant à moins grand rayon, et enfin des cris d'alarme du général Trochu, des renseignements précis qu'il fournissait sur la situation alimentaire de la capitale et dont un prochain avenir allait démontrer la triste exactitude.

II

BOURBAKI

Tous les écrivains militaires qui ont fait l'historiqu[e] de la campagne de l'Est sont d'accord pour dire qu[e] le mouvement tournant tel qu'il venait d'être adopt[é] ne pouvait réussir que par la rapidité et l'impétuosit[é] de l'attaque. Tout dépendait en premier lieu du che[f] de l'expédition.

Bourbaki avait fourni une carrière brillante et glo[-]rieuse. On lui savait, dit M. le colonel Fédéval Secré[-]tan dans son livre l'*Armée de l'Est*, l'âme d'un soldat[,] une bravoure et un entrain admirables sous le feu[,] une grande action sur ses troupes, une parfaite loyaut[é,] un désintéressement chevaleresque. En 1836, sous l[e] maréchal Clauzel, il s'était battu sous Constantine[.] En 1840, au Sétif, dans le sanglant combat d'Aïn[-]Turck, il avait gagné la croix et une citation à l'ordr[e] du jour de l'armée. En 1843, sous le duc d'Aumale, i[l] avait marché contre Abd El-Kader. Chef de bataillo[n] à 30 ans, il avait gagné au siège de Zaatcha une mention du général Herbillon. A 36 ans, Pélissier le faisait colonel et disait de lui : « Bourbaki et quinze cents zouaves me font trois mille hommes ». Le 20 septembre 1854, il était à la bataille de l'Alma. « Les zouaves sont les premiers soldats du monde et Bourbaki est un Bayard », mandait à Napoléon III le maréchal de St-Arnaud. Peu après, il était nommé général. A Inkermann, à la prise de Malakoff il s'était couvert de gloire : sa vaillance lui avait valu la croix de commandeur.

La guerre avec l'Allemagne l'avait trouvé, à 56 ans, grand officier de la Légion d'honneur, aide-de-camp de l'empereur, général de division, commandant de la garde impériale. Il avait fait, sous le maréchal Bazaine, la première partie de la campagne et subi le siège de Metz, mais il était sorti du camp retranché de l'armée du Rhin dans des circonstances restées mystérieuses. Après un voyage en Angleterre auprès de l'impératrice Eugénie, il n'avait pu rentrer dans Metz et l'amiral Fourichon, alors ministre de la guerre, lui avait confié le commandement de la région du Nord, avec mission d'y organiser la défense au moyen de tous les éléments disponibles.

En moins d'un mois, il avait complété l'armement des places fortes, organisé, équipé et armé quatre brigades d'infanterie, mis sur pied sept batteries de campagne et de la cavalerie. Puis, au moment où, à la tête de ces forces, il s'apprêtait à entrer en campagne, on l'avait remplacé par le général Farre et nommé commandant du 18e corps. Enfin, le 6 décembre, il était placé à la tête de la première armée de la Loire.

Au cours de son commandement du Nord, Bourbaki avait été fortement attaqué par les journaux radicaux qui l'accusaient de n'occuper les places fortes que pour les livrer au parti bonapartiste (1). Ces calomnies s'étaient rapidement accréditées ; il ne pouvait s'en accommoder et s'était expliqué ouvertement, nettement, avec Gambetta qui lui avait fait complète réparation en lui donnant le commandement des trois corps qui composaient la première armée de la Loire.

Mais le général avait été profondément affecté des soupçons auxquels il avait été en butte et douloureusement atteint par les désastres de l'armée impériale, par l'effondrement d'un régime auquel il avait été dévoué corps et âme. Certes, la République le réhabilitait des calomnies portées contre lui, mais ces troupes qu'il allait commander, conduire au feu, ratifiaient-elles le jugement ? le suivraient-elles ?

Il n'avait lui-même en ces légions improvisées qu'une médiocre confiance : ce n'étaient plus là les régiments d'élite de l'armée impériale, l'infanterie légère d'Afrique, les zouaves, la garde impériale !

Dans sa lettre du 25 octobre 1870 à l'amiral Fourichon, ne disait-il pas :

---

(1) *Bourbaki*, par un de ses officiers d'ordonnance, page 123.

C'est peut-être un défaut d'éducation, mais autant j'ai confiance
ns les soldats qui ont la crainte et le respect de leurs chefs, l'amour
 leur drapeau, autant je me méfie des ramassis d'hommes qui, sans
scipline, sans connaissance de leurs officiers, doivent combattre en
se campagne. (1)

Plus tard, lorsque Gambetta lui demandait de passer
 ir la rive droite de la Loire pour gagner Montargis,
'avait-il pas répondu découragé :

Mais il n'y a que vous en France qui croyez la résistance possi-
le ? (2)

Donc, s'il acceptait le commandement offert et les
lans de campagne qu'on lui imposait, s'il consentait
 donner au pays et à l'armée tout ce qu'il avait de dé
ouement et de volonté, c'était sans confiance dans
es soldats, sans foi dans l'avenir. Et c'était dans cet
sprit qu'au mouvement sur Montargis, à la concen-
ration sur Paris de toutes les forces disponibles en
rovince, au contact immédiat avec l'ennemi, il avait
référé incliner fortement sur sa droite, s'en aller par
Bourges, Chalon-sur Saône et Besançon, faire une
ointe sur Belfort, parce que les événements n'étaient
lus immédiats, parce que la solution qu'il redoutait
e trouvait ajournée, reculée d'autant.

D'autre part, si Gambetta lui avait donné des preu-

---

(1) *Enquête parlementaire :* Lettre à l'amiral Fourichon, 25 septembre 1870.
(2)   Id.   Déposition du colonel Leperche.

ves non équivoques de confiance, le général Bourbaki se sentait enveloppé d'une atmosphère de défiance et de suspicion bien faite pour paralyser chez lui l'initiative et l'entrain qui lui restaient encore. Il devait savoir que M. de Freycinet avait déjà proposé au ministre de la guerre de le remplacer à la tête de l'armée de la Loire par le général Billot. L'envoi auprès de lui d'un sous-délégué du ministère de la guerre, M. de Serres, créature de M. de Freycinet, n'était pas fait pour le détromper à cet égard.

M. de Serres était devenu peu à peu, de par les circonstances et les égards que lui témoignaient ses chefs, une sorte de commissaire civil à l'armée de l'Est, détenant des pouvoirs d'autant plus étendus qu'ils étaient mal déterminés; il faisait partie intégrante de l'état-major du général Bourbaki, correspondait directement et par-dessus la tête de ce dernier avec le gouvernement de Bordeaux et était, paraît-il, porteur d'un décret de révocation dont la date avait été laissée en blanc mais qu'il demeurait libre de signifier où et quand il le jugerait utile. [1]

Très intelligent, très actif, M. de Serres se mêlait de tout, voyait tout, se transportait sur tous les points avec une activité fébrile et entretenait avec M. de Freycinet une correspondance télégraphique par dépêches chiffrées qui nous imposa un véritable surme-

---

[1] *Enquête parlementaire :* Dépêche de Dôle, 29 décembre 1870. De Serres à C. de Freycinet, Bordeaux.

nage. D'un autre côté, M. de Freycinet exigeait du général en chef qu'aucune mesure, aucun mouvement ne fussent décidés sans son propre assentiment. Il en résulta un incessant échange de télégrammes entre le quartier général et Bordeaux. Cette correspondance télégraphique fut poursuivie pendant tout le cours de la campagne et ne finit qu'à Besançon.

En somme, la situation était bien singulière : le délégué à la guerre, M. de Freycinet, n'avait aucune confiance dans le général Bourbaki et avait placé auprès de ce dernier une de ses créatures, sorte de surveillant civil qui donnait des directions aux généraux, stimulait leur ardeur, entrait avec eux dans les plus menus détails du service, contrôlait hommes, chevaux et matériel, discutait les plans d'opérations, corrigeait ceux qu'on lui soumettait et allait même jusqu'à y substituer les siens.

Le général en chef, de son côté, ne tenait ses troupes qu'en médiocre estime. Il agissait même vis-à-vis de son chef d'état-major, le général Borel, de la même façon que M. de Freycinet le faisait à son égard, et le tenait complètement à l'écart. Tout passait par les mains du colonel Leperche. C'est ainsi que le général Borel, interrogé par la commission d'enquête sur son rôle pendant la campagne de l'Est, a pu répondre :

J'ai été beaucoup moins mêlé à ces opérations. Jusque là, j'avais assisté à tous les conseils de guerre ; à partir de ce moment, je n'ai plus vu de ministre, je n'ai plus fait partie des conseils de guerre ;

les ordres de mouvement m'arrivaient tout rédigés, je les recevais par l'aide-de-camp du général et n'avais qu'à les transmettre. (1)

De même, le général Séré de Rivière, chef du génie de l'armée, déclare n'avoir jamais été appelé ni par le général Bourbaki, ni, plus tard, par le général Clinchant, à aucun conseil de guerre, ni même à un simple rapport. De même enfin, l'intendant de l'armée, M. Friant, se plaignait de n'être pas tenu au courant des mouvements et de n'être appelé à donner son avis sur aucune opération.

Donc, la confiance n'existait à aucun degré : ni entre le délégué à la guerre et le général en chef, ni entre ce dernier et ses officiers généraux. Le général Bourbaki, ne voyait dans ses troupes qu'un ramassis d'hommes sans discipline, sans amour du drapeau, sans cohésion. Enfin, l'armée n'avait aucune foi dans le général Bourbaki.

A tort ou à raison, les généraux de l'Empire étaient suspects depuis la trahison de Metz ; la popularité militaire du général ne suffisait pas à combattre cette suspicion qui n'épargnait personne ; le rôle singulier et alors inexpliqué joué par Bourbaki pendant le blocus de Metz et son voyage en Angleterre achevaient d'exciter la défiance. Tous ceux qui l'avaient connu en Afrique avaient beau parler de loyauté chevaleresque et se porter garants pour lui, rien n'y faisait. On avait vu tant de palinodies honteuses, on avait si bien conscience

---

(1) *Enquête parlementaire :* Déposition du général Borel.

l'abaissement des caractères que l'on doutait de tout et de tous. (1)

Il y avait ainsi dans l'état-major et son fonctionnement des vices graves qui devaient, dans les moments difficiles, produire de déplorables conséquences, enrayer la marche de l'armée et briser son élan là où, au contraire, il eût fallu la suprême énergie de tous tendue vers le même but.

A ces causes morales d'affaiblissement venaient s'en ajouter d'autres, toutes matérielles. Les troupes avaient été cruellement éprouvées pendant les trois premières semaines de décembre par les combats autour d'Orléans et la retraite sur Bourges, par quinze jours de marches et de contre-marches sur des routes couvertes de verglas et par une température d'une rigueur extrême. Pour le 15ᵉ corps, la retraite avait été une véritable débandade : les troupes étaient arrivées à Salbris dans le plus grand désordre ; des milliers de trainards et plus de deux cents officiers, presque tout le convoi, avaient gagné par panique Vierzon ; il y avait des milliers d'isolés à Bourges, à Blois, à Tours (2)

Le 18ᵉ et le 20ᵉ corps n'avaient pas moins souffert.

On n'avait pas laissé aux troupes le temps de se refaire. Jusqu'au 20 décembre, elles avaient été mainte-

---
(1) BAUNIS : *Impressions de campagne*.
(2) *Enquête parlementaire :* Général Martin des Pallières.

nues, par des ordres et des contre-ordres incessants, dans un mouvement perpétuel, souffrant des fatigues de la marche et du froid plus que du feu de l'ennemi. C'est dans cet état qu'elles avaient été embarquées.

Le général Borel pouvait donc dire avec raison devant la commission d'enquête :

> Cette armée, de formation récente, avec des généraux souvent sans expérience, avec des états-majors improvisés et où l'élément militaire était beaucoup trop rare, avec des secours administratifs insuffisants, avec des officiers et des soldats sans instruction ni habitudes militaires, avait toujours été dans des conditions de faiblesse extrême. (1)

---

(1) *Enquête parlementaire :* Déposition du général Borel.

III

LA MARCHE VERS L'EST

Le plan de M. de Freycinet était, nous l'avons dit, de transporter dans l'Est, par les voies ferrées, l'armée du général Bourbaki et de la déposer aussi près que possible de l'ennemi. De là, après l'avoir augmentée de toutes les forces disponibles dans les régions de l'Est, on la faisait remonter, ayant à sa gauche le corps commandé par le général Garibaldi dans la vallée de la Saône ; on débloquait Belfort au passage et, en appuyant la partie droite de l'armée sur les Vosges, on menaçait la base des communications de l'ennemi et on attirait dans l'Est la plus grande partie de ses troupes.

Pour que la manœuvre réussit, il fallait à tout prix qu'elle fût entreprise dans le secret le plus absolu, prestement et énergiquement menée. Toute d'offensive et d'élan, elle devait surprendre l'ennemi avant qu'il songeât à parer le coup. Il fallait marcher vite puisque Paris ne pouvait plus tenir que pendant quelques semaines.

Malheureusement, aussi bien que le plan lui-même, le transport de cette immense quantité de chevaux, de soldats et de matériel fut improvisé. Au lieu d'en charger des employés de chemins de fer ou des hommes spéciaux, on laissa l'initiative des mesures à prendre, non pas même aux chefs de corps mais aux bureaux de la guerre, sans entente préalable entre ces derniers, les Compagnies et l'Etat-Major. Il en résulta un désordre et des retards dont les conséquences funestes furent au nombre des principales causes de l'insuccès. (1)

L'expédition avait été définitivement résolue le 19 décembre au soir. Le 20, la Compagnie de Paris à Lyon et à la Méditerranée était avisée qu'elle allait avoir à transporter les 18e et 20e corps de Bourges, Vierzon, la Charité et Nevers sur Autun, Chagny et Chalon-sur-Saône. On lui laissait un délai de deux jours pour opérer le mouvement. Mais les wagons manquaient: il fallait en emprunter à la Compagnie d'Orléans et c'est seulement le 24 que le matériel nécessaire pût être réuni. Malgré tout, les transports ne s'effectuaient pas plus rapidement. Toutes les gares du réseau étaient encombrées d'une quantité énorme de voitures d'approvisionnement ; à ce moment même, dix-huit cents wagons, dits magasins roulants,

---

(1) Colonel Secrétan : *L'armée de l'Est.*

stationnaient entre Moulins et Nevers (1). Le débarquement des troupes, en particulier celui des voitures et des chevaux, ne put s'opérer que lentement ; les trains, retardés par ceux qui les précédaient, s'accumulaient sur toutes les lignes.

A ces faits s'en ajoutaient d'autres, indépendants de toute volonté humaine. Le thermomètre était descendu à 12 et 16 degrés au-dessous de zéro et la neige était tombée abondamment. Il fallait réduire la charge des machines ; dans les gares, les manœuvres, par suite de la gelée qui faisait crever les canaux des prises d'eau et qui empêchait les locomotives de démarrer, étaient devenues très-difficiles et très-pénibles.

Si bien, que le transport des 18e et 20e corps qui devait ne durer que vingt-quatre heures, n'était pas terminé le 29.

A peine les troupes étaient-elles arrivées à destination, Chagny et Dôle, que M. de Serres, spécialement chargé par le ministre de surveiller les transports, s'avisa de les conduire par voie ferrée plus loin encore, au moyen de la ligne Chalon-Dôle, non encore livrée à l'exploitation, au risque d'accidents et sans aucune chance d'obtenir des résultats utiles. Aussi, en résulta-t-il une nouvelle et notable déperdition de matériel et de graves désordres. (2)

---

(1) *Enquête parlementaire* : Note de la Compagnie P.-L.-M.
(2) Colonel SECRÉTAN : *L'armée de l'Est*, page 199.

Le transport du 15ᵉ corps s'opéra plus mal encore. M. de Freycinet voulut s'en charger seul : l'embarquement pour Clerval, commencé à Vierzon et à Bourges le 4 janvier, s'effectua rapidement, mais sept jours après, le ministre recevait l'avis que, depuis le 8, aucun train n'avait pu quitter Dijon à cause de l'encombrement des voies ; des trains étaient en panne à Dijon, d'autres entre Dijon et Chagny, entre Dijon et Dôle, d'autres entre Dôle et Clerval (1). Il dura en réalité du 4 au 16 janvier et n'était pas encore terminé que l'armée de l'Est était déjà engagée contre le général de Werder sur la ligne de la Lisaine.

On juge des souffrances que, dans de telles conditions, nos malheureuses troupes eurent à supporter. Les trains chargés stationnaient jusqu'à trois et quatre jours à de petites gares sans ressources. Les officiers, attendant de minute en minute le signal du départ, n'osaient pas laisser les soldats s'éloigner et, le plus souvent, gardaient hommes et chevaux en wagons. (2) Enfermés dans des voitures mal closes, réservées en temps ordinaire au transport des bestiaux, par ce froid terrible de 16 degrés, les hommes, les chevaux souffraient horriblement. Les cas de congélation étaient fréquents.

Les soldats, a pu dire avec raison le docteur Léon Pissot, du 29ᵉ mobiles, ne tardèrent pas à subir l'influence de l'air des wagons vi-

---

(1) Colonel SECRÉTAN : *L'armée de l'Est*, page 114.
(2)   Id.   Id.   Id.

é par les émanations de toutes sortes. Quand nous entrions dans les voitures, une odeur repoussante nous suffoquait et nous nous demandions comment des hommes pouvaient respirer dans cette atmosphère empestée et nauséabonde. Dès Corcy la-Tour, nous avions remarqué chez un grand nombre de nos hommes un gonflement énorme des pieds, chez d'autres, un amaigrissement prononcé et un grand affaiblissement ; puis enfin une sorte de typhus, caractérisé par des plaques ecchymosiques sur tout le corps et état complet d'anéantissement.

Et pouvait-il en être autrement ? On se rendra compte des souffrances endurées par les troupes si l'on considère que, le 16e d'infanterie, par exemple, parti le 5 à une heure du soir, demeura cinq jours pleins parqué dans les wagons ; lorsqu'il débarqua à Clerval, un grand nombre d'hommes ne purent marcher par suite d'enflure des jambes. Le 42e de marche, embarqué à Bourges le 19 décembre avec 2,855 hommes n'en comptait plus que 2,200 en arrivant à Chagny.

Ces mêmes exemples, je pourrais les multiplier à l'infini. A quoi bon ?

Pendant toute cette campagne, l'armée de l'Est, aussi bien que l'armée de la Loire, n'ont pas eu de pires ennemis que le froid et la neige. A toutes les causes d'infériorité que l'on connaît, à l'équipement, à l'habillement insuffisants des troupes, aux hésitations perpétuelles du commandement, à l'inexpérience des soldats et bien souvent des chefs, à la lenteur des mouvements, aux ordres et contre-ordres incessants est venue s'ajouter cette température implacable qui, d'octobre 1870 à février 1871, a oscillé continuellement entre 5 et 15 degrés au dessous de zéro. Que pouvaient faire ces pauvres enfants non préparés, non aguerris, arrachés la veille de leurs foyers, couverts de vêtements de toile ou de mauvaise qualité, mal chaussés, sur les chemins blancs de neige, rendus impraticables par le verglas, couchant sous la tente de campement, au bivouac, sur un terrain glacé, souvent détrempé par la pluie, le ventre vide les trois quarts du temps, par suite de distributions irrégulières ou insuffisantes ? Nous les avions vus à Salbris, à Villeneuve-d'Ingré, à Coulmiers, à Artenay, grelottant de froid sous leurs tentes qui laissaient pénétrer la bise aiguë, sans feux à cause de la proximité de l'ennemi, enveloppés dans une maigre couverture, se traîner avec peine, le corps courbé, leurs pauvres mains engourdies par la gelée, crevées d'engelures saignantes, alors que devant nous, à trois ou quatre kilomètres à peine, l'horizon rougissait des feux que les grand'gar des allemandes ne craignaient pas d'allumer et que nous savions les soldats ennemis chaudement cantonnés chez l'habitant, enfouis dans la paille ou le foin des granges, grassement nourris, ne manquant de rien, enfin, grâce à leurs réquisitions impitoyables

Aussi, l'étude de cette dernière guerre nous offre-t-elle un enseignement douloureux mais qui montre bien combien les généraux commandants d'armée ont l'impérieux devoir de se pénétrer des méthodes expérimentales et raisonnées par lesquelles on peut économiser les existences et réduire au minimum les souffrances inévitables du soldat. D'après le docteur Chenu, médecin principal des armées, les pertes totales de la France en 1870-71 se sont montées au chiffre énorme de 138,871 tués, morts de leurs blessures ou de maladie, et de 137,626 blessés ; en outre, on a compté 320,000 malades, alors que les Allemands n'accusent que 34,288 tués, 127,867 blessés et 12,301 morts de maladie.

Le chiffre de leurs décès est donc sensiblement inférieur au nôtre et la maladie a fait dans leurs rangs des ravages beaucoup moins significatifs. N'est-ce point là le fruit évident de l'organisation, de la discipline, d'une hygiène persévérante ? N'est-ce pas la preuve matérielle de ce que produit le fonctionnement normal et régulier des services qui assurent à la troupe la quantité de bien-être compatible avec les nécessités de la guerre. N'est-ce point le triomphe manifeste des méthodes judicieuses de cantonnement sur la routine meurtrière des bivouacs ? (1)

Par ordre du général en chef, toute la mission télégraphique, personnel et matériel, sauf MM. Aubry et Wuenschendorff, avait été réunie le 12 à Méhun-sur-Yèvre où le poste avait été ouvert à quatre heures du soir. Le 15, M. Darcq installait un nouveau poste à St-Martin-d'Aurigny, en arrière de l'armée. Le soir même, ordre nous était donné de rentrer à Bourges.

---

(1) Commandant ROUSSET.

Le 16, départ pour Bourges dès le matin. En débouchant sur la grande route, notre convoi rencontra le général Crouzat, commandant le 20ᵉ corps, avec tout son état-major. Bien qu'aucune troupe ne fut en vue, le général nous reprocha de couper la colonne et prétendit nous faire attendre que toutes ses troupes eussent défilé. Notre chef put avec beaucoup de peine faire entendre raison au général qui nous permit enfin de continuer notre chemin. A 10 heures, nous arrivions à Bourges et M. Aubry donnait à quelques-uns d'entre nous l'ordre de renforcer le personnel du bureau de la ville.

Dans la soirée, deux postes étaient ouverts pour le service de l'armée à St-Florent et Moulins sur-Yèvre.

Le 17, il fallut construire une ligne de quatre kilomètres pour relier à Bourges le château de Larzenay, siège du quartier général du 20ᵉ corps.

Le 19, tous les postes de Bourges et des environs furent repliés. Nous nous rendions à Avor, station du chemin de fer de Nevers, où fut installé un poste pour le service du général en chef et du général Clinchant qui venait de remplacer le général Crouzat à la tête du 20ᵉ corps. Le matériel filait pendant ce temps sur La Charité où M. de la Bastide remplaçait le poste d'observation par un poste militaire.

Le 20, départ pour Fourchambault, à la suite du quartier général, installation d'un poste dans cette localité et à La Guerche pour le général Clinchant.

Nous étions à Nevers le 21 décembre. Il nous avait fallu, sitôt arrivés, nous réunir au bureau télégraphique, en renforcer le personnel insuffisant, puis ceux de nous qui restaient libres et inoccupés s'étaient mis en quête des logements qui leur étaient destinés.

Il m'arriva à cette occasion une petite mésaventure qui aurait pu m'attirer les mauvaises grâces de M. Darcq; elle fut causée par une étourderie de Bernard qui, en faisant entre nous la répartition des billets de logement, m'avait remis celui qui était destiné à mon chef.

Naturellement, lorsqu'il se rendait auprès de la municipalité des villes que nous traversions, Bernard faisait une sélection parmi les billets de logements attribués à la mission; au colonel, à MM. Darcq et Wuenschendorff, à MM. Musart et Lafosse, il réservait les maisons qu'on lui indiquait comme les plus riches, les plus confortables, comme occupées par de hauts fonctionnaires ou des personnes de marque; le menu fretin dont nous étions venait ensuite et recevait, au hasard, les billets restants.

A Nevers, notre fourrier Bernard avait pris ses informations habituelles et s'était fait une joie de loger M. Darcq chez le conservateur des hypothèques dont la maison était réputée comme l'une des plus cossues de la ville; il avait même poussé le zèle jusqu'à prévenir M. le Conservateur qu'un officier supérieur viendrait le soir même loger chez lui.

Malheureusement il s'était, ainsi que je l'ai dit, trompé en opérant sa répartition. Je n'eus pas, pour ma part, à me plaindre de son erreur, car je fus reçu à merveille, accueilli avec toutes sortes de prévenances et logé dans une chambre magnifique. A vrai dire, je remarquai bien chez mon hôte quelque étonnement à la vue des deux modestes galons qui ornaient les manches de ma vareuse et qui n'indiquaient qu'un grade subalterne ; je n'étais pas évidemment l'officier supérieur annoncé, mais j'avais affaire à un homme bien élevé, patriote à coup sûr, qui me traita avec autant d'égards et de soins que si j'avais été un colonel ou un général.

Par contre, M. Darcq s'était trouvé avec mon billet de logement chez des gens modestes et avait dû se contenter d'un lit de fer dressé à la hâte dans un petit cabinet noir. Mais il avait fait contre fortune bon cœur, avait passé une excellente nuit et avait été le premier à rire de l'erreur commise par Bernard lorsque ce dernier était venu, avec un petit sourire vainqueur, lui demander s'il était satisfait de la réception préparée chez M. le Conservateur.

J'en fus quitte pour une gronderie anodine et l'invitation d'avoir désormais à m'assurer du nom inscrit par Bernard au dos des billets de logement qui me seraient remis.

Au milieu de la nuit, le général Bourbaki avait donné à M. Aubry l'ordre d'établir une communication télégraphique entre Nevers et Chagny, sur le chemin de fer de Dijon à Lyon, et M. Wuenschendorff avait dû partir immédiatement avec une brigade d'employés ; il put heureusement profiter d'un train spécial qui chauffait en gare pour le service de l'intendance et arriver à destination à 7 heures du soir. La communication demandée par le général en chef fut aussitôt établie et le poste installé. Nos camarades trouvèrent à Chagny une section de télégraphistes commandée par M. Joulin et qui se composait de MM. Betoulle, Denis, Nicolas, Sauvageot, Ailhaud, Kauffling, Parad, Regnault, Perin, Defray, Sendrès, Villeneuve, Saurat, Galotte, et de quatre surveillants.

Cette mission avait fait le service de l'armée des Vosges, puis avait été attachée au 20e corps commandé par le général Crouzat et avait pris part à la bataille de Beaune-la-Rollande. Après cette bataille, elle fut renforcée de quelques employés attachés au 18e corps, général Billot, et, au mois de décembre, désignée pour aller se mettre à la disposition du général Crémer qui opérait dans la Côte-d'Or. Une dépêche du gouvernement, en date du 24 décembre, la plaça sous les ordres directs de M. Aubry.

C'était là une conséquence naturelle du rattachement du 24e corps à l'armée de l'Est.

Le 25, nous passions à Chagny avec le grand quartier général. M. de la Bastide restait à Nevers pour faire embarquer le matériel, ce qui ne fut pas une petite affaire ; les wagons faisaient défaut et tous les services de l'armée se les disputaient. Il réussit cependant au prix de difficultés inouïes et arriva à Chalon le 27.

M. Aubry profita du surcroît de forces que lui procurait l'adjonction de la mission Joulin pour modifier la répartition de son état major. Il renvoya à Bourges, avec deux brigades d'employés, des surveillants et du matériel, M. Darcq qui demeurait chargé d'assurer le service télégraphique du 15ᵉ corps.

M. de la Bastide partit de son côté dans les mêmes conditions pour Besançon où il devait rejoindre le 24ᵉ corps. M. Denis, chef de station provenant de la mission Joulin, fut chargé du 18ᵉ corps et se mit en route pour Beaune. Le 20ᵉ corps était d'abord tombé en partage à M. Wuenschendorff, mais cet officier supérieur demeura au grand quartier général et M. Lafosse fut désigné pour le remplacer.

Cette nouvelle organisation des forces de la mission permettait à M. Aubry de satisfaire aux réclamations des généraux commandant les corps d'armée qui demandaient instamment à avoir auprès d'eux un ingénieur télégraphiste pour l'établissement des lignes dont ils avaient besoin, et de se débarrasser d'une quantité de questions de détail qui pouvaient être plus rapidement traitées sur les lieux pour se réserver la direction de l'ensemble du service.

M. Lafosse emmena tout notre convoi à Dôle par la

voie de terre, pendant que le général Bourbaki prenait avec l'Etat Major le chemin de fer pour la même destination.

Nos chevaux mal nourris, mal soignés, jamais convenablement ferrés, s'abattaient à chaque instant sur les routes couvertes de verglas. Cette situation, qui durait depuis Orléans, empirait de jour en jour ; aussi, M. Aubry demanda-t il qu'on y remédiât et il obtint qu'un sous lieutenant du train fût mis à la tête de notre petit détachement de cavalerie.

Le point de concentration indiqué aux troupes était Dôle ; la mission télégraphique devait utiliser le chemin de fer pour s'y rendre, mais les rares essais que nous avions faits de ce moyen de locomotion nous avaient suffisamment édifiés. Nous en avions apprécié largement les inconvénients et avions trop souffert de la lenteur de la marche des trains, des arrêts interminables, surtout du froid intolérable, pour être tentés de renouveler l'expérience. Nous aurions effectué à pied ce trajet de 60 kilomètres tout aussi rapidement et avec moins de souffrances qu'en chemin de fer. Aussi, sur les encouragements de Houart et avec l'autorisation de M. Aubry, laissâmes nous beaucoup de nos camarades, nos hommes, notre matériel et notre cavalerie dans leurs wagons pour continuer, sur nos jambes, le mouvement ordonné, en compagnie de M. Lafosse.

En somme, nous disait Houart, il s'agit d'une simple promenade. En tout, quelques étapes à fournir au grand air, avec arrêts facultatifs, repas problématiques puisque nous n'aurons pas à compter sur les distributions de vivres, auberges douteuses et lits plus douteux encore, mais enfin nous marcherons. En marche, on se réchauffe, tandis que dans ces wagons nous risquons d'avoir les pieds gelés. En route !

Et nous voilà partis, arpentant la route neigeuse, bien enveloppés dans nos manteaux, certainement plus à l'aise que dans ces compartiments de chemin de fer où la bise aiguë pénètre comme dans une halle ouverte, où le froid vous envahit peu à peu et vous glace jusqu'au cœur, où l'immobilité forcée devient une torture.

Et notre programme fut rempli sans incidents notables jusqu'à Chalon-sur-Saône où nous arrivions le 30 décembre au soir, très fatigués mais bien portants. Au bureau télégraphique, nous trouvâmes l'ordre de M. Aubry d'attendre sur place des instructions. La ville était remplie de troupes de toutes armes et en proie à une animation extraordinaire. Le général en chef y était passé la veille se rendant à Dôle.

Un instant, nous pûmes craindre d'être obligés de coucher en plein air : les quelques hôtels de Chalon avaient été pris d'assaut par les officiers et ne pouvaient plus disposer d'un lit. Des auberges regorgeaient de sous-officiers et de soldats ; dans les cafés, on avait installé des matelas jusque sur les billards et la moin-

re banquette se payait à prix d'or. La perspective
'une nuit passée à la belle étoile par un froid des plus
igoureux, après une aussi longue marche, n'était pas
ite pour nous sourire et déjà nous nous regardions
'un air désolé lorsque la Providence intervint en la
ersonne de Fridblatt.

— Voyons, nous dit-il, ne crions pas avant d'être
corchés. Nous allons voir à la mairie s'il est possible
'avoir des billets de logement. Si nous ne réussis-
ons pas de ce côté-là, nous aurons recours à un vieux
opain de régiment qui tient ici une entreprise de rouge et qui, s'il n'a pas de lits à nous donner, nous
ouchera toujours bien dans son grenier à foin. Nous
dormirons à l'abri et chaudement.

A la mairie, le conseil municipal était en perma-
ence. Avec une bonne grâce parfaite, le maire nous
t délivrer des billets de logement et j'eus, pour ma
art, la chance de me présenter chez des personnes
ont l'accueil chaleureux m'impressionna de la plus
gréable façon. J'ai encore présent à la mémoire le
ouvenir de mon entrée dans cette maison hospita-
ère.

La soirée était très avancée et je n'avais pas eu le
emps ni le souci, tant ma fatigue était grande, de
rocéder à la toilette la plus sommaire.

Nos vêtements d'uniforme dataient de trois mois
éjà; fréquemment mouillés de pluie et de neige, ma-
:ulés par la boue des chemins, fripés par un usage in-

cessant, ils nous donnaient un aspect peu brillant. Depuis notre départ de Nevers, nous ne nous étions pas déchaussés : le cuir de nos bottes, imprégné d'humidité, ne pouvait se détacher de nos pieds gonflés et endoloris par la fatigue.

C'est dans cet état que, vers huit heures du soir, je sonnais à la porte d'une belle habitation dont plusieurs fenêtres étaient brillamment éclairées.

Je montrai mon billet de logement au domestique qui vint m'ouvrir et je demandai à être introduit auprès du maître de la maison.

— Monsieur et son fils sont à l'armée du général Chanzy, mais Madame et Mesdemoiselles sont là. Si Monsieur veut me suivre ?

Mon interlocuteur était un grand diable de valet, revêtu d'une livrée aux boutons de métal, cravaté de blanc. Ma tenue ne lui avait pas paru bien brillante et il avait regardé avec une certaine inquiétude mes chaussures encore couvertes de la neige de la rue. Je ne me sentais pas moi-même très à mon aise dans cette maison où tout respirait la richesse et le luxe ; un instant, j'eus l'idée de me retirer sous un prétexte quelconque, au risque d'aller passer ma nuit sur la paille de l'ami de notre collègue Fridblatt, mais le domestique me regardait d'un air gouailleur et je chassai toute fausse honte.

— Allez, dis-je d'un ton dégagé.

Et, après avoir traversé un grand vestibule dallé de

marbre, je m'engageai à la suite de mon conducteur dans un bel escalier tendu de tapisseries anciennes, garni d'une épaisse moquette sur laquelle mes pieds mouillés laissaient des empreintes fâcheuses.

— Qui dois-je annoncer ?

— Un télégraphiste militaire, muni d'un billet de logement.

Et je fus introduis dans un petit salon où cousait une femme de chambre, tandis que le grand escogriffe qui m'avait ouvert poussait les deux battants d'une porte voisine et annonçait à haute voix :

— Monsieur le lieutenant, télégraphiste militaire !

J'entrai intimidé et me trouvai en présence de trois dames qui, assises autour d'une table éclairée par une grosse lampe, près d'un bon feu de bois qui pétillait dans l'âtre d'une grande cheminée, emplissaient de charpie des corbeilles placées devant elles.

— Soyez le bienvenu, Monsieur, me dit la plus âgée de ces dames, et veuillez vous considérer ici comme chez vous. Mon mari et mon fils font partie de l'armée du général Chanzy : Je prie Dieu qu'ils puissent trouver là-bas, s'ils en ont besoin, l'hospitalité que je suis heureuse de vous offrir.

Elle me tendit la main que je serrai respectueusement.

Comment cela se fit-il ? Je ne sais, mais un quart d'heure après mon introduction, je me trouvais assis dans un bon fauteuil près de la table garnie de linge fin, de viandes froides et d'une bouteille de vieux vin de Bourgogne, mangeant et buvant avec mon appétit de vingt ans, causant avec mon hôtesse et ses filles des tristes circonstances que traversait notre malheureux pays, mis à l'aise par leur grâce charmante, encouragé par leur accueillante simplicité.

Quelle douce soirée j'ai passée là, au coin de ce feu qui me pénétrait de sa douce chaleur, près de ces trois femmes qui s'efforçaient de deviner mes moindres désirs et de les satisfaire, qui m'interrogeaient sur les misères et les souffrances de cette horrible campagne, dans les yeux de qui je lisais la compassion la plus douce !

Elles avaient repris leur travail de sœurs de charité.

— C'est pour nos chers blessés, me disaient-elles, toutes les dames de la ville en font autant. On peut nous en confier, ils seront bien soignés.

Malgré le plaisir que j'éprouvais à me sentir entouré de ce bien-être inaccoutumé, mes yeux se fermaient involontairement et je dus demander à mon hôtesse la permission de me retirer.

— Mais certainement, c'est nous qui sommes indiscrètes de vous retenir ainsi par notre bavardage.

Et, sonnant le domestique, elle lui donna l'ordre de me conduire à l'appartement de son fils.

— Vous y trouverez tout le nécessaire : du tabac, des cigares et des liqueurs. Dormez bien, reposez vous tout à votre aise, et, si vous avez besoin de quelque chose, sonnez Jean. Je le mets à votre disposition.

Cinq minutes après, j'étais dans l'appartement du fils de la maison, en contemplation devant un bon lit que le domestique apprêtait à mon intention.

J'étais accablé de fatigue et il me tardait de me dévêtir pour me glisser entre les draps blancs, sous les chaudes et moelleuses couvertures, mais ce grand diable de laquais, toujours solennel, se tenait maintenant droit au pied du lit, immobile et muet. Cela m'impatientait.

— C'est bien, je vous remercie, lui dis-je, vous pouvez vous retirer, je n'ai plus besoin de rien.

— Monsieur ne veut pas que je le déshabille?

J'éclatai de rire, ce qui parut porter au comble le dédain que le valet de chambre ressentait évidemment pour mon trop modeste équipage. Toutefois, prévoyant par expérience les difficultés que j'aurais à me séparer de mes bottes, je le priai de m'aider à les retirer.

L'opération fut laborieuse, mais dix minutes après, je m'étendais voluptueusement sur ma couche, riant encore de la proposition du domestique.

Il était déjà tard lorsque je m'éveillai le lendemain après un sommeil ininterrompu de plusieurs heures. Je trouvai à mon chevet mes vêtements brossés, revêtus d'un nouveau lustre, mes bottes cirées, luisantes, de vrais miroirs, et sortis pour aller voir au bureau du télégraphe si des ordres étaient arrivés.

Il était temps : mes camarades étaient là, impatients, parlant déjà de m'envoyer chercher. Il fallait, en effet, profiter d'un train spécial qui chauffait en gare pour filer d'urgence sur Dôle où M. Aubry nous appelait. Je n'avais même pas le loisir de retourner auprès de mon hôtesse pour prendre congé d'elle et la remercier de son hospitalité si bienveillante, si cordiale.

Tout ce que je pus faire fut de lui envoyer une courte lettre pour lui exprimer et mes regrets et mes sentiments de reconnaissance.

Après la guerre, je lui écrivis de nouveau pour lui dire que je n'avais pas oublié ses bontés pour moi. Elle voulut bien me répondre ; la pauvre femme était accablée par le malheur : son mari avait été tué au Mans ; son fils, grièvement blessé d'un éclat d'obus à la cuisse, avait dû subir l'amputation.

La distance de Chalon à Dôle est bien courte. Cependant, partis vers midi, nous n'arrivions à destination que le 1ᵉʳ janvier, presque morts de froid, après un trajet de dix-huit heures. A peine débarqués, il nous fallut aller renforcer le personnel insuffisant du bureau télégraphique. Les dépêches affluaient, tant de la part du général en chef qui signalait au gouvernement les lenteurs de la concentration, que du gouvernement lui-même qui, ne se rendant aucun compte des difficultés inouïes de l'opération, demandait des explications détaillées, adressait des reproches, s'irritait des retards.

Le 28 décembre, le général Bourbaki avait notifié au gouvernement le plan général de ses opérations. Les troupes avaient été mises en marche, le 20e corps sur Dôle, le 18e sur Auxonne et Gray ; le 19e devait se rendre lui aussi de Besançon à Gray si l'ennemi opposait sur ce point de la résistance.

Mais, à Bordeaux, on n'avait pas jugé ses explications assez claires et un télégramme parvenu à Dôle le 1er janvier demandait au général en chef de préciser davantage son plan tactique. Aussi, dut-il, le même jour, faire par dépêche un long exposé de la situation et de ses projets.

Je crois, disait-il, vous avoir renseigné sur ce que vous me demandez aujourd'hui. Avant votre départ de Bourges, il était parfaitement convenu que nous manœuvrerions de façon à faire évacuer Dijon, Gray, Vesoul, et à faire lever le siège de Belfort pour chercher, en passant par Épinal, à couper les lignes de communication de l'ennemi entre l'Alsace, la Lorraine et Paris, ou bien nous porter sur Langres et Chaumont afin d'obtenir le même résultat en menaçant de plus près l'armée d'investissement. (1)

Puis, le général indiquait qu'après avoir atteint les bords de l'Ognon, les 13e et 20e corps continueraient, le 3 janvier, leur marche sur Vesoul. Si l'état des chemins n'y mettait pas obstacle, l'armée devait, le 5, oc-

---

(1) *Enquête parlementaire* : tome II, page 624.

cuper les positions suivantes : le 18ᵉ corps entre Maille
et Granvelle, le 20ᵉ à Echenoz-le-Sec, le 19ᵉ, partie e
avant de Montbozon, partie à Esprels.

Mais les mouvements de l'armée étaient d'une ler
teur désespérante ; les ravitaillements ne s'opéraier
que difficilement, non pas que les vivres manquassen
mais les voitures faisaient défaut pour assurer un v
et-vient régulier entre les magasins et les troupes. C
dut en réquisitionner dans les départements limitr
phes. Puis, les routes étaient couvertes de neige et d
verglas : sur les chemins escarpés de cette région mo
tagneuse, les chevaux ne tenaient pas, ils n'étaie
même pas ferrés à glace et tombaient à chaque pa:
D'où un désordre permanent dans les convois : l'armé
devait s'arrêter pour qu'ils pussent rejoindre. (1)

Le général Bourbaki était resté à Dôle pendant l
débarquement des troupes : le 4 janvier, il avait gagn
Besançon où nous l'avions suivi. Le 5, à son premie
objectif qui était Vesoul il en substituait un autre e
prenait la résolution de se porter plus à l'Est, du côt
de Villersexel, pour se placer entre le 14ᵉ corps alle
mand et Belfort. Dès le lendemain, 6, le quartier géné
ral était transporté à Montbozon et l'armée recevai
l'ordre d'occuper, le 8, les positions suivantes : le 18
corps, Montbozon ; 20ᵉ corps, Rougemont ; 24ᵉ corps
Cuze. En arrière, au centre, la réserve générale sou
les ordres de l'amiral Pallu de la Barrière. Quant a

---

(1) Général FRIANT : *Rôle de l'intendance dans l'armée de l'Est.*

15ᵉ corps, il commençait enfin à débarquer à Clerval. (1)

Montbozon était relié par le télégraphe à Vesoul que les Prussiens venaient d'évacuer, mais leur cavalerie battait encore les environs et nous étions menacés de voir couper nos communications si la ligne de Montbozon était raccordée à Vesoul même à celle de Besançon. Il fut donc décidé qu'on construirait une ligne transversale de 9 kilomètres environ partant de Pennesières pour aboutir à Filain.

M. Wuenschendorff se mit en route à deux heures du matin avec les chefs surveillants Vilac et Contures. A six heures il arrivait à Rioz, sur la route qui conduisait directement à Montbozon où M. de la Bastide avait établi un poste ; il prévint les employés de veiller aux attaques qu'ils recevraient dans la soirée du côté de Vesoul et apprit que le surveillant Tresse avait failli être fait prisonnier par un parti de cavaliers prussiens en visitant la ligne de Filain à Vesoul.

Le travail commença à neuf heures du matin ; vers quatre heures, M. Wuenschendorff s'aperçut que les poteaux allaient lui manquer ; il dut faire des portées de plus en plus longues, utiliser les haies pour y appuyer son fil, mais la nuit approchait, et le village de Filain n'apparaissait pas encore à l'horizon. Il n'eut d'autre ressource que de relier le fil de ligne au câble dont il avait deux bobines, soit environ quatre kilo-

---

(1) Commandant Rousset : *La guerre franco-allemande*, tome VI, page 27.

mètres, dans un caisson et de dérouler ce câble le long de la route, dans le fossé.

Sur le chemin très encaissé que suivait l'atelier, la couche de neige s'épaississait à chaque pas ; pour comble d'embarras, la nuit tomba brusquement sans qu'aucun village fût en vue.

Des surveillants envoyés à la découverte finirent par trouver Filain à deux pas du convoi, complètement caché dans un pli de terrain. La ligne de Montbozon à Vesoul à laquelle il s'agissait de se raccorder était à cinq cents mètres à peine. Le village paraissait complètement abandonné. Cependant, à la mairie, on trouva l'appariteur qui raconta que 4.000 Prussiens étaient venus la veille, avaient pillé toutes les maisons et s'en étaient allés avec leur butin.

Sur ces entrefaites le maire arriva et mit à la disposition de M. Wuenschendorff et de ses hommes les salles de l'école pour y passer la nuit. Mais les vivres manquaient : il fallut se contenter de restes de viande dédaignés par les Allemands. Le maire apprit à M. Wuenschendorff que tout le fil de ligne de Filain à Montbozon avait été enlevé par l'ennemi, qu'il n'en restait pas un pouce sur les poteaux.

Il ne parut pas possible, dans ces conditions, de remettre les hommes en route pour les faire travailler toute la nuit ; un autre atelier devait d'ailleurs venir à la rencontre sur la route de Montbozon ; on résolut de le laisser arriver à Filain.

Le lendemain matin, à six heures, personne n'était encore venu. Par suite de l'encombrement et du mauvais état de la route, M. Aubry n'avait pu avancer que très lentement entre Rioz et Montbozon : seules, les voitures suspendues étaient arrivées à la nuit tombante à destination. Vers minuit, ne recevant aucune nouvelle de M. Wuenschendorff, il s'inquiéta, le crut enlevé par les Prussiens et partit avec un atelier qui devait réparer la ligne jusqu'à Filain.

Les deux ingénieurs se rencontrèrent enfin vers une heure de l'après-midi, après avoir traversé les avant-postes français à trois ou quatre kilomètres de Filain ; une partie de leur ligne était entre les deux armées ennemies.

Arrivés à Montbozon, la ligne, à leur grand désappointement, ne fonctionnait pas. A deux heures, M. Aubry se décide à la faire visiter par le surveillant Galy, à cheval.

A sept heures du soir, on reçoit un appel de Pennesières : M. Denis était arrivé la veille dans cette localité, y avait établi un poste, mais ne s'était mis en communication qu'avec Rioz qui ne le prévint d'ailleurs de rien. D'autre part, l'amiral Penhoat, qui commandait une division du 18e corps, apprenant qu'une ligne télégraphique toute neuve avait été construite à 5 ou 6 kilomètres des avant-postes français ne douta point qu'elle ne fût l'œuvre des Prussiens et donna à M. Denis l'ordre de la démolir.

Aussi, en arrivant sur la route de Besançon, Ga[ly]
trouva-t-il le fil coupé entre les deux lignes ; il rétab[lit]
la communication et repartit après avoir prié un pos[te]
militaire voisin de veiller à ce que le fil ne fût p[lus]
coupé. Peu après, le surveillant de M. Denis qui, po[ur]
s'acquitter consciencieusement de sa besogne, ava[it]
haché la ligne plus loin encore dans la direction [de]
Vesoul, trouva, en repassant, la communication ré[ta]
blie par Galy ; il allait l'interrompre de nouveau, ma[is]
les soldats du poste l'en empêchèrent.

Enfin, Galy, en arrivant à Pennesières au milieu [de]
la nuit, aperçut un homme grimpé à l'extrémité d'[un]
poteau ; il faillit l'abattre d'un coup de revolver. He[u]
reusement, l'homme parla et se fit reconnaître : c'éta[it]
un nouveau surveillant que M. Denis, prévenu par u[ne]
autre voie, avait chargé des opérations nécessair[es]
pour l'établissement de la communication avec Mon[t]
bozon.

La série des quiproquos était terminée. Mais, [au]
cours de cette même journée, deux agents qui, sou[s]
les ordres de Gaillard, visitaient et réparaient la lig[ne]
de Beaume-les-Dames à Rougemont, étaient faits p[ri]
sonniers par un parti de cavaliers allemands près [de]
Rousieux. Gaillard et le surveillant Veron avaient p[u]
s'échapper, sauvant leur appareil, mais laissant ent[re]
les mains de l'ennemi leurs valises et leurs valeurs.

IV

SUR LES BORDS DE LA LISAINE
VILLERSEXEL

Jusqu'à ce moment, les mouvements de l'armée, de Salbris à Besançon, avaient échappé à l'attention des ennemis et, sur ce point, le plan du gouvernement avait réussi complètement. Mais peu à peu ils leur furent dévoilés, et nos adversaires prirent leurs dispositions pour parer à une offensive de notre part. Le 7e corps allemand dut quitter Auxerre pour Chatillon-sur-Seine afin de nous tenir tête, de concert avec le général Werder qui assiégeait Belfort. Dès le 1er janvier, ce dernier avait choisi une position centrale qui lui permettait d'attendre les événements, de quelque côté qu'ils se produisissent. Puis, des renseignements lui parvinrent que les événements se chargèrent de confirmer.

C'est ainsi que par une lettre saisie sur un facteur des postes, il apprit que Besançon était bondé de troupes françaises et que le trafic privé avait été suspendu sur toutes les voies ferrées de la région. D'autre part, le 2 janvier, une reconnaissance de uhlans avait signalé la présence à Abevilliers, sur le plateau de Blâmont, d'un fort groupe de francs-tireurs contre lesquels de Werder s'empressa d'envoyer de Croix un bataillon qui les délogea.

Le général allemand eut dès lors le pressentiment d'une marche de l'armée française sur Belfort et modifia en conséquence la position de ses propres troupes qu'il concentra sur la ligne de Vallerois-le-Bois, Villersexel et St-Ferjeux.

Le 5, diverses escarmouches qui mirent fin à son incertitude se produisirent sur tout le front des positions allemandes : à Echenoz, à Levrecey, Avilly, Filain et Velle-le-Châtel. Dès le lendemain, laissant une brigade en observation au sud de Vesoul, il concentra toutes ses forces au nord de cette ville, derrière le Durgeon, et fit renforcer le 14e corps à Arcey de pièces d'artillerie et de troupes empruntées au corps d'investissement de Belfort.

De son côté, le général Bourbaki passa à Besançon les journées des 4 et 5 janvier, les dernières pendant lesquelles nous pûmes, mes camarades et moi, travailler dans des conditions relativement favorables jouir d'un bien-être approximatif.

Le 6, le grand quartier général était transporté à Montbozon. La première dépêche que nous eûmes à transmettre à peine installés était destinée à informer le gouvernement de Bordeaux que la prochaine rencontre avec les Allemands aurait lieu probablement à Villersexel ; la seconde demandait au général Chanzy d'opérer une diversion en prenant l'offensive contre les troupes qu'il avait devant lui, fort diminuées par l'envoi de gros contingents dans l'Est.

La réponse de Chanzy ne tarda pas à nous parvenir, mais elle n'était pas celle qu'attendait Bourbaki. Le prince Frédéric-Charles ne cessait pas, en effet, de harceler l'armée de la Loire et son intention bien évidente semblait être d'en finir avec elle une bonne fois. Tout ce que pouvait faire Chanzy était de tenir le plus longtemps possible et d'immobiliser ainsi les troupes ennemies.

Le poste télégraphique du grand quartier général était installé, tant bien que mal, dans une pauvre maison de Montbozon et nous nous y étions organisés à la diable, couchant sur de la paille, mangeant les vivres qui nous étaient attribués et que nos deux cuisiniers, toujours attentifs et dévoués, accommodaient de leur mieux.

Le 8, le général Bourbaki, à la suite d'une reconnaissance qu'il avait faite sur Villersexel, modifiait pour le lendemain les positions que devaient occuper les différents corps d'armée. En même temps, il transportait son quartier général au château de Bournel et ordonnait la construction d'une ligne de 22 kilomètres de Rougemont à Villechevreux. Une ancienne ligne municipale reliait Rougemont à Beaume-les-Dames, de telle sorte que, du quartier général, nous communiquions directement avec Besançon.

La journée du 9 devait voir aux prises les troupes ennemies et se terminer par une victoire pour nos soldats.

Ainsi que le dit le commandant Rousset que nous avons eu déjà l'occasion de citer souvent, les mouvements prescrits pour la journée du 9 par le général Bourbaki étaient tardifs : la lenteur des marches et les difficultés des ravitaillements avaient fait perdre les journées du 7 et du 8 pendant lesquelles, à proprement parler, on n'avait exécuté que des mouvements intérieurs.

Les Allemands avaient agi avec plus de promptitude et avaient mis leurs troupes en marche bien avant le jour, en dépit d'un froid très vif et de la neige qui tombait abondamment. Aussi leur avant-garde arrivait-elle, dès huit heures du matin, en face de Villersexel ; le village était gardé par un faible détachement de soldats français qui accueillirent l'ennemi par une fusillade violente et l'arrêtèrent un moment.

Villersexel est un petit bourg de douze cents âmes sur la route de Vesoul à Montbéliard, suspendu au flanc du coteau. Deux rues inclinées relient la partie basse à la ville haute où sont les principaux édifices : la mairie, l'église, le château. Entre ces deux rues, un fouillis de ruelles étroites à forte pente ou en escaliers. Au bord de l'Ognon, à l'ouest du pont, une rangée de maisons. Puis, à l'ouest de la ville et la dominant, un grand château, propriété de la famille de Grammont, entouré d'un parc clôturé par un mur qui descend jusqu'à l'Ognon. L'entrée du parc et du château est sur le plateau, en face de l'église. (1)

Villersexel est un nœud très important de routes, mais d'une valeur défensive assez médiocre, du moins du côté du nord. Là, en effet, existe, à une distance moyenne de deux kilomètres, une ceinture de bois et de villages qui facilitent les approches et fournissent à une attaque des points avantageux. (2)

Le combat de Villersexel fut un drame en trois actes ; je n'ai pas la prétention de le décrire, bien qu'il m'ait été donné d'en suivre heure par heure les différentes péripéties. Le général Bourbaki avait, en effet, quitté le grand quartier général avec tout son état-major, dès la première détonation des pièces des batteries installées par le général allemand de Tresckow, et nous étions restés à peu près seuls au poste télégraphique attendant anxieusement des ordres.

Par le temps froid, mais beau, sous le ciel clair, les moindres mouvements de troupes se dessinaient nettement sur le sol couvert de neige. Du château de Bournel, situé entre Cuze et Cubry, nous n'aurions rien pu

---

(1) Colonel SECRÉTAN : *L'armée de l'Est.*
(2) Commandant ROUSSET : *La guerre franco-allemande :* tome VI, page 73.

voir du spectacle de ces deux armées aux prises, mais notre curiosité surexitée ne nous permettait pas de demeurer patiemment à attendre des nouvelles ; le bruit de l'artillerie et même de la fusillade arrivait distinctement jusqu'à nous, et, au risque de mécontenter gravement nos chefs, au risque même d'une mesure disciplinaire sévère, nous avions laissé la garde du poste à M. Musart et à Fridblatt, très souffrant de la dysenterie et grelottant de fièvre, pour nous avancer de plus d'un kilomètre jusqu'au-dessus d'un petit hameau dont le nom m'échappe.

De là, nous pouvions apercevoir Villersexel s'étalant en amphithéâtre sur l'autre bord de l'Ognon, dominé par le château dont la masse se profilait au sommet du coteau.

Le premier acte du drame avait commencé dès huit heures du matin. Les troupes allemandes, accueillies par une vive fusillade de la part de nos soldats installés dans le village, avaient immédiatement dirigé contre eux le feu de deux batteries, puis, successivement renforcées, elles avaient réussi à pénétrer dans Villersexel, dans le parc du château et dans le château lui-même faiblement défendu. A midi, à part quelques soldats qui avaient réussi à se cacher dans les caves et les maisons, Villersexel était évacué par les forces françaises refoulées sur Villers-la-Ville et Magny, avec une perte de 17 officiers et de près de 300 hommes faits prisonniers.

Le début n'était pas heureux et nos ennemis purent avec raison se croire vainqueurs. Des hauteurs d'Aillevans où il avait établi un poste d'observation, le général de Werder constatait avec satisfaction qu'aucun renfort n'apparaissait dans la plaine. (1)

La fusillade avait cessé, les batteries s'étaient tues, et, navrés de ce nouvel insuccès, nous étions revenus au château de Bournel en prévision des télégrammes que le général Bourbaki n'allait pas manquer d'expédier au gouvernement pour lui rendre compte des opérations. Nous étions grandement étonnés d'avoir vu les quelques défenseurs de Villersexel abandonnés à eux-mêmes pendant cette lutte de plusieurs heures, sans qu'aucun secours leur arrivât, alors que nous avions très bien distingué les renforts successifs donnés au fur et à mesure des besoins au régiment prussien qui s'était présenté le premier devant le village.

Que faisaient donc nos troupes et pourquoi n'occupaient-elles pas les positions désignées la veille par le général Bourbaki? Pourquoi le 18e corps ne s'était-il pas établi dès le matin à Villersexel, conformément aux ordres reçus?

Notre étonnement et aussi, heureusement, la satisfaction du général de Werder, ne devaient pas tarder à cesser.

Du haut de son observatoire d'Aillevans, ce dernier

---

(1) Commandant Rousset: *La guerre franco-allemande :* tome VI, page 39.

vit, en effet, au bout d'une heure d'accalmie, déboucher sur toutes les routes les têtes des colonnes françaises, en marche dès le matin, mais trop éloignées et trop lentes dans leurs mouvements pour avoir pu soutenir les troupes avancées délogées de Villersexel dans la matinée.

Sur la rive droite de l'Ognon, venant de Cognères, c'était la division Feillet-Pilatrie, du 17e corps, marchant sur Autrey-le-Vey, Pont-sur-l'Ognon et Villersexel. Sur la rive gauche, c'était la division Ségard, du 20e corps, qui avait ordre d'occuper les Magny, Villers-la-Ville et Villargent ; plus à l'Est, c'étaient les 1re et 2e divisions du 14e corps en marche sur Vellechevreux, Georfans et Grammont. (1)

Au même instant, une batterie française venait prendre position près du bois de Chailles et ouvrait son feu contre les deux batteries allemandes dont j'ai parlé plus haut. C'était le signal du 2e acte ; tout n'était donc pas fini ! Nos troupes arrivaient enfin, en nombre cette fois, et le combat allait reprendre dans de nouvelles conditions, meilleures pour nous.

Ni le général Bourbaki, ni son état-major, ni M. Aubry n'étaient revenus au château ; le télégraphe était muet, et nous nous empressâmes, après avoir avalé notre soupe, de revenir à notre poste d'observation.

Ce fut dès le début une lutte d'artillerie. Les deux batteries contre lesquelles les nôtres avaient ouvert le

---

(1) Colonel SECRÉTAN : *L'armée de l'Est,* page 160.

eu étaient mal placées pour répondre : aussi les Allemands en disposèrent-ils deux autres au nord de Moimay, tout en faisant occuper la rive droite de l'Ognon, entre Moimay et Villersexel, par des troupes destinées à renforcer au besoin celles qui occupaient le village.

Puis, deux nouvelles batteries françaises prenant position à l'ouest de Marat ouvrirent leur feu sur ce village tout autour duquel on apercevait de nombreuses troupes ennemies. En même temps, les têtes de colonne de la division Feillet-Pilatrie débouchaient sur le champ de bataille et s'installaient dans Autrey-le-Vay et le bois du Chanois pendant que quelques compagnies françaises délogeaient à la baïonnette du village de Marat les Allemands qui s'y étaient installés.

La lutte, dès ce moment, devint très violente entre Marat et Autrey-le-Vay ; toutes les troupes de la division Feillet-Pilatrie étaient au feu et la division du contre-amiral de Penhoat qui venait de passer l'Ognon sous Esprels débouchait à droite de la première et allait établir la communication avec le 20ᵉ corps.

L'infanterie se battait dans les bois avec acharnement avec des alternatives de succès et de revers. Cependant, vers quatre heures, les Allemands étaient obligés de céder le terrain et de se replier sur Moimay précédés par l'artillerie qui reprenait ses positions premières au nord du village.

Le bois des Brosses et le village de Marat restaient

entre nos mains malgré les furieuses attaques des Prussiens, mais Villersexel était toujours au pouvoir de nos ennemis qui y avaient envoyé de nouvelles troupes, ainsi que Moimay.

De son côté, le 20ᵉ corps avait commencé, vers deux heures, à se déployer devant la lisière méridionale de Villersexel, la gauche au bois de Chailles, la droite au midi du bois du Petit-Fougeret. La fusillade devint, dès cet instant, beaucoup plus vive, l'offensive se dessina plus vigoureuse et plus pressante ; une batterie allemande, établie sous une pluie de balles entre les Breuleux et le Petit Fougeret, tenta bien de l'arrêter, mais les troupes françaises, commandées par le général Clinchant, débouchèrent de Les Magny, obligeant la batterie à se retirer et se portant à l'attaque de Villers-la-Ville.

Le combat était ainsi fortement engagé de toutes parts lorsqu'il fut interrompu par ordre du général de Werder qui, voyant toute l'armée française faire front sur Villersexel, ordonna au général Schmeling de battre en retraite sur la rive droite de l'Ognon, lui prescrivant toutefois d'occuper fortement Villersexel et de s'y maintenir jusqu'au soir.

La nuit commençait à tomber. Depuis longtemps nous étions là, les pieds dans la neige, oublieux du froid glacial, hypnotisés par le spectacle de ces deux armées aux prises. Au fur et à mesure qu'ils se produisaient, Houard, l'ancien soldat, nous avait expliqué

es mouvements des troupes, exposé la tactique des
énéraux. Avec lui nous nous étions enthousiasmés à
a vue de nos braves petits soldats luttant si courageu-
ement, avec lui nous avions admiré l'allure superbe
le l'artillerie, l'arrivée correcte des batteries dans leur
ordre de bataille, chaque pièce suivie de son caisson
es conducteurs montés sur les porteurs, tenant la
bride des sous-verges, les servants assis sur les coffres,
es brigadiers et les maréchaux-des-logis galopant à
leur place réglementaire. On les aurait dit à la parade,
soucieux de conserver leurs distances, tandis qu'ils
s'avançaient d'un train fou, dans un pied de neige.

Et quelle rapidité de manœuvre! En moins d'une
minute, les servants étaient à terre, les pièces, déte-
lées, étaient en position, tandis que conducteurs et
chevaux, faisant demi-tour, s'en allaient à quelques
mètres en arrière, faisant face à l'ennemi, immobiles.

Houart, les yeux étincelants, les moustaches héris-
sées, nous faisait remarquer l'impassibilité de ces
hommes sous le feu de l'ennemi. C'est là ce qui est
admirable, nous disait-il! Les servants des batteries
sont toujours en mouvement, occupés à charger, poin
ter, tirer, vérifier leur tir; ils sont tout entiers à leur
besogne et n'ont pas le temps de songer au danger.
Tandis que les conducteurs! ne leur faut-il pas un fier
courage pour demeurer là immobiles, en plein feu, et
regarder les obus venir droit sur eux.

Avant de quitter notre poste d'observation pour retourner au château, nous avions pu voir, à la faveur du crépuscule, le centre de la ligne française marcher à l'attaque de Villersexel sous la conduite du général Bourbaki lui-même. Nous aurions bien voulu demeurer encore, assister à la fin de cette bataille qui devait évidemment finir à l'avantage de nos troupes ; nos pieds semblaient fichés en terre et ne pouvaient s'en détacher ; mais la nuit tombait rapidement et nous étions peu à peu enveloppés d'un brouillard épais qui nous cachait maintenant la vue de Villersexel et de ses environs. Aussi bien, puisque la journée se décidait en notre faveur, il eût été imprudent de laisser à notre ami Fridblatt le soin d'assurer seul la transmission des télégrammes que l'état-major général allait envoyer à Bordeaux pour apprendre au pays la victoire remportée.

Cependant, au château, tout était calme ; le général en chef voulait achever la journée, s'emparer de Villersexel et marchait lui-même à la tête des troupes qu'enthousiasmait son étonnante bravoure. De temps en temps, toutefois, un officier d'état-major arrivait, porteur d'un ordre télégraphique pour Clerval ou Besançon, et nous disait hâtivement que, là-bas, tout marchait bien quoique les Prussiens opposassent une résistance acharnée.

Le troisième acte du drame nous a donc complètement échappé, mais plus la soirée s'avançait, plus le **bruit de la fusillade devenait violent, plus le ciel s'em-**

pourprait des lueurs de l'incendie qui dévorait Villersexel. Nous sentions bien qu'à deux ou trois kilomètres de nous la lutte se poursuivait avec une intensité terrible. Le lendemain seulement nous devions nous rendre compte par nous-mêmes de l'acharnement avec lequel Français et Allemands s'étaient disputé la possession de ce petit village.

Tout le monde sait ce que nous a coûté d'efforts et de sang, d'indomptable énergie et de courage la prise de Villersexel. Cependant je ne puis résister au désir de dire une fois encore ce que valaient ces petits soldats français, à moitié nus, sous le froid terrible, presque morts de faim, sur pied depuis quarante-huit heures, lorsqu'ils se sentaient conduits par un chef aussi brave que Bourbaki, lorsque surtout ils arrivaient à prendre contact avec l'ennemi, à le voir de près, à le combattre corps à corps. Le colonel Fédéval Secrétan a fait de cette mémorable journée du 9 janvier un récit dont je reproduis ici les parties les plus saillantes :

Le 47e de marche force, le premier, la lisière sud du bourg et y entre aux cris de « Vive la France ! » tandis que le 92e entoure le parc de Grammont et y pénètre par une brèche pratiquée dans le mur. Il est près de cinq heures, la nuit est venue.

Le colonel allemand von Loos qui occupait Villersexel prend ses dispositions pour l'évacuer ; la retraite de ses troupes était presque effectuée lorsque le général de Werder, la trouvant trop rapide et trop complète, ordonne que Villersexel soit réoccupé.

Les Prussiens se jettent de nouveau dans les rues du village ; un combat à bout portant s'engage alors, rendu plus terrible encore par le brouillard et l'obscurité. Vainement l'infanterie du colonel von Loos fait le siège des maisons, vainement elle cherche à pénétrer dans les ruelles étroites et à pente abrupte du centre de la ville. L'infanterie française fait pleuvoir les balles par les fenêtres et les soupiraux des caves ; malgré les plus grands efforts, aucune des deux troupes n'arrive à repousser son adversaire. La mêlée continue meurtrière, atroce. On en cite cet épisode dans l'historique du 52e de marche, par le lieutenant-colonel Quenot.

Au moment où il avait fait cerner une maison à la sortie sud de Villersexel, un officier allemand cria d'une fenêtre : « Prisonniers ». Le capitaine de la compagnie qui avait tourné le bâtiment, confiant dans cette parole, pénètre avec ses hommes dans la cour de la maison, lorsque, de toutes les fenêtres, part une violente fusillade. Le capitaine tombe, frappé à mort d'une balle en pleine poitrine. Le lieutenant retire ses hommes de la cour et fait son rapport au colonel Quenot. Il n'y avait plus à mettre de gants, écrit le colonel. Je prescrivis de mettre le feu à la maison au moyen de fascines goudronnées. Le seuil, qui avait des ouvertures à l'extérieur, se prêtait fort bien à cette opération et pendant ce temps, le 2e bataillon attendit, l'arme au bras, l'effet de l'incendie activé par un vent du Nord très violent. Que s'est-il passé dans la maison ? Nul ne pourrait le dire. Le fait est que, à part dix ou douze Allemands qui se sont enfuis, et dont plusieurs sont probablement tombés sous les balles, les autres, au nombre de trente environ, furent retrouvés carbonisés sous les décombres.

Au château, la lutte prenait des proportions homériques.

Une cinquantaine d'Allemands, conduits par le chef du bataillon d'Osterode, le major von Wussow, débouche devant la principale entrée du parc. La grille est restée ouverte. Elle est flanquée, à droite et à gauche, de deux petits bâtiments dont l'un sert de loge au con-

erge. Les Français les occupent : le major von Wussow reçoit une
êle de balles. Il lance sa petite troupe à la baïonnette. Les Fran
is lâchent pied. Il traverse la cour et pénètre dans le château par
ntrée principale, au centre du bâtiment. Les Français évacuent le
stibule, se réfugient dans les caves et au premier étage, et les Prus-
ens occupent le grand salon du rez-de-chaussée. Mais pendant ce
mps, les Français venant du dehors ont réoccupé l'entrée du parc.
Il était huit heures du soir. Les Français possédaient encore le
emier étage en partie, tout le deuxième, les combles, les caves, la
ur et les deux petits bâtiments de l'entrée. La lutte reprend de plus
elle. Les Prussiens cherchent à pénétrer dans le sous-sol, mais en
ain. D'en bas, les Français tirent sur les hommes qui se présentent
ans l'escalier. On se bat corps à corps dans les autres parties de
édifice. . . . .

Ordre est donné d'incendier le château. Les Prussiens entassent
ans l'aile ouest du bâtiment des meubles, de la literie, de la paille,
out ce qu'on peut trouver d'objets et de matières inflammables et
n y met le feu. Puis le colonel von Krane ordonne d'évacuer la
aison ; il y demeure lui-même avec quelques officiers et une com-
agnie pour diriger et couvrir la retraite.

Mais les Français, revenant à la charge, avaient occupé toutes les
ssues du château. Le colonel von Krane était bloqué. Pendant ce
emps l'incendie se propageait à l'intérieur avec une effrayante rapi-
lité. Il y eut là pour la petite troupe des Prussiens quelques ins-
ants d'horrible attente. Fort heureusement pour eux, ils furent dé-
gagés à temps par des troupes venues à leur secours et purent s'en-
uir sur les bords de l'Ognon. . . . .

Enfin, l'ordre vint du général de Werder de rompre définitivement
e combat et d'évacuer Villersexel. Dans les deux camps les troupes
taient lasses : il était une heure et demie de la nuit. Les hommes
n'avaient rien mangé depuis 20 heures !

A une heure du matin seulement, le général en chef descendait de cheval dans la cour du château de Bournel et faisait expédier au gouvernement de Bordeaux la dépêche suivante que nous transmîmes, on le conçoit, avec un réel bonheur :

L'armée a exécuté hier, 9, le mouvement ordonné. Le général Clinchant a enlevé avec un entrain remarquable Villersexel. Le général Billot a occupé Esprels et s'y est maintenu. Nous couchons sur nos positions. Tous les ordres sont donnés pour répondre convenablement à une attaque de l'ennemi si elle venait à se produire. (1)

Le ton modeste de ce télégramme dans lequel le général Bourbaki ne prononçait pas le mot de victoire contrastait avec l'enthousiasme débordant de M. de Serres qui, presque en même temps, mandait au ministère :

Le général en chef a été magnifique de vigueur, d'entrain et d'élan ; c'est à lui que revient incontestablement l'honneur de la journée. Il a enlevé les régiments déjà fatigués du 20ᵉ corps avec un élan irrésistible et les a lancés dans Villersexel regorgeant d'ennemis. La position était à nous. (2)

De son côté, M. C. Laurier télégraphiait à M. de Freycinet :

---

(1) *Général Bourbaki :* page 224.
(2) *Enquête parlementaire :* tomes II et III, pages 654, 655, 658 et 659.

La nuit seule nous empêche d'estimer l'importance de notre victoire. Le général en chef couche au centre du champ de bataille. Villersexel, clef de la position, a été enlevé aux cris de : Vive la France ! Vive la République !

Dès le 10, à l'aube du jour, la réponse de M. de Freycinet au général en chef nous parvenait :

M. de Serres vient de nous annoncer la brillante victoire que vous avez remportée à Villersexel ; c'est le couronnement bien mérité des sages manœuvres que, depuis quatre jours, vous avez exécutées avec autant de hardiesse que de prudence, entre les deux groupes de forces ennemies. Je vous félicite. (1) . . . .

Pendant que s'échangeaient ces télégrammes, nos soldats, au bivouac, sous la neige qui avait recommencé à tomber, et auxquels aucune distribution de vivres n'avait été faite, souffraient cruellement du froid. Ils refusaient même de coucher sous leurs tentes ; ils les dressaient avec des bâtons pour s'en faire un abri contre le vent et s'accroupissaient derrière, auprès des maigres feux que la neige leur permettait d'allumer. Ici, comme sur la Loire, dit le commandant Rousset, ce mode de stationnement désastreux a contribué certainement, et dans une large mesure, à faciliter la tâche des Allemands.

Le château de Grammont brûla toute la nuit, illuminant le ciel tout entier de ses lueurs rougeâtres ; la

---

(1) *Enquête parlementaire* : tome III, pages 658 et 659.

prise de Villersexel nous avait coûté cher. Nous avions perdu, en effet, 27 officiers et 627 hommes tués ou blessés, plus environ 700 prisonniers. De leur côté, les Allemands comptaient 26 officiers et 553 hommes hors de combat. Il n'y avait pas lieu pour nous de prononcer le mot de victoire et l'on a vu que le général Bourbaki s'était abstenu de le faire dans sa dépêche au gouvernement. La journée était certes honorable pour nos jeunes troupes qui avaient fait preuve de beaucoup d'ardeur et de solidité, mais, ainsi que le fait remarquer M. le commandant Rousset, et avec lui tous les écrivains militaires, elle eût pu déterminer pour nous un résultat beaucoup plus favorable si nos têtes de colonne, seules, n'avaient pas été engagées et si le général en chef avait profité de la supériorité numérique de nos troupes sur celles de l'ennemi.

Nous avons travaillé toute la nuit, Trévédy et moi, laissant Fridblatt et Houart prendre un peu de repos sur la paille qui nous tenait lieu de lit ; aussi, le lendemain, à midi, remplacés à l'appareil par nos camarades, n'eûmes-nous rien de plus pressé que d'aller nous rendre compte par nous-mêmes de ce qui s'était passé à Villersexel.

La magnifique peinture qu'a faite Émile Zola, dans la *Débâcle*, de Bazeilles après la bataille de Sedan, pourrait s'appliquer de tous points à ce malheureux village de Villersexel tel qu'il nous apparait, douze heures après le combat, dans l'après-midi du 10 janvier.

Ici, comme là-bas, c'était la destruction, tout ce que la guerre peut faire d'abominables ruines quand elle passe, dévastatrice en son furieux ouragan. Partout des morts, la neige rouge de sang par larges flaques. Dans tout ce village, rien que des pans de muraille noircis par les flammes ; plus rien de ces ruelles enchevêtrées que des tas de moellons calcinés. L'église, le château brûlaient encore, envoyant au ciel une épaisse colonne de fumée noire qui s'élargissait en s'élevant en un immense panache de deuil.

Point d'habitants. Où s'étaient ils enfuis ? Par les fenêtres ouvertes, on voyait de pauvres meubles brûlés, brisés, des matelas pendaient encore accrochés aux fenêtres, crevés par les balles. Partout une forte, une insupportable odeur de goudron et de pétrole.

L'aspect du château noirci par les flammes était lamentable. Les escaliers, le grand salon du rez-de-chaussée étaient emplis de morts, Français et Prussiens confondus dans des mares de sang ; le plafond du premier étage était éventré. Dans le parc, tout le long du mur d'enceinte, à l'entrée du château, dans les deux petits bâtiments que les adversaires s'étaient disputés avec un si effroyable acharnement, partout des cadavres, partout du sang. De ci, de là, des chevaux, le ventre ouvert, les entrailles pendantes, dressaient en l'air leurs jambes raidies.

Les ambulanciers avaient relevé les blessés et commençaient à entasser les morts sur ces petites charrettes du pays, étroites et longues, faites de deux planches posées sur deux paires de roues. Comme nous passions devant une maison à moitié détruite par l'incendie, on retirait de la cave une trentaine de cadavres d'Allemands carbonisés. Il se dégageait de ces corps une épouvantable odeur.

C'en était assez. Blêmes, écœurés, nous nous empressâmes de rentrer au château, Trévédy et moi. Le spectacle terrible que nous venions de voir nous avait glacés et c'est avec peine, en phrases coupées, hachées, que nous pûmes en rendre compte à nos camarades.

Depuis le 8, le service de la construction avait eu fort à faire. D'abord, il avait fallu exécuter l'ordre du général en chef relatif à la ligne de Rougemont à Villechevreux. M. de la Bastide avait été chargé de la partie comprise entre Rougemont et Cuze.

La ligne fut poussée dans cette journée jusqu'à 7 ou 800 mètres du village de Cubry où l'atelier rentra à la tombée de la nuit. Le lendemain, elle fut continuée jusqu'à Fallon où un bureau fut ouvert. C'est à ce point que M. Wuenschendorff reprit le travail : il lui restait à franchir un petit vallon où l'on enfonçait dans la neige jusqu'aux genoux. L'Etat-Major qu'il attendait n'étant pas arrivé, il fit suspendre le travail, mais tout le monde, durant la nuit, se tint prêt à le reprendre au premier signal.

Le 11, vers huit heures du matin, au moment où l'on

commençait la traversée du village de Fallon, arriva une dépêche de M. Aubry prescrivant de ne pas ouvrir de bureau à Villechevreux, et de continuer la ligne jusqu'à Courchaton, à 4 kilomètres environ. Un poste fut installé dans cette localité vers deux heures pour l'Etat-Major du 24ᵉ corps d'armée.

Le même jour, M. Denis ouvrait un bureau à Mallecocq, entre Fallon et Villechevreux.

Dans la nuit du 11 au 12, nouvelle dépêche de M. Aubry ordonnant de prolonger la ligne de Courchaton à Ornans sur une longueur de 9 kilomètres, et de lui envoyer directement le personnel et le matériel nécessaires pour la construction d'un embranchement de 2 kilomètres à 2 fils destiné à relier à la ligne le château de Bournois où l'Etat-Major devait arriver le soir.

A deux heures de l'après-midi, le poste de Bournois était ouvert à la grande satisfaction de M. de Serres et de l'Etat-Major qui avaient laissé un télégraphe au château de Bournel et en trouvait un autre à Bournois tout prêt à fonctionner.

V

ARCEY

Dans sa dépêche au gouvernement, le général Bourbaki avait annoncé qu'il était tout prêt à repousser une attaque des Allemands, possible dans la journée du 10. Mais cette attaque n'eut pas lieu. Aussitôt après la prise de Villersexel par nos troupes, l'armée ennemie s'était retirée derrière la Lisaine, entre l'armée française et Belfort, et elle avait gagné une avance considérable.

Le général Bourbaki ne risquait donc pas d'être attaqué dans les positions qu'il avait conquises : l'ennemi se dérobait. Néanmoins, il employa toute la journée du 10 à faire creuser des tranchées abris le long du cours de l'Ognon et à construire des épaulements pour l'artillerie. Nous étions, hélas ! dans l'impossibilité de poursuivre nos adversaires et la raison de cette immobilité était bien simple : le ravitaillement des troupes en vivres et munitions ne pouvait s'opérer que par

Clerval, petite station du chemin de fer de Besançon à Montbéliard. De Clerval au quartier général de chaque division, il n'y avait pour moyens de transport que les charrettes requises chez les paysans.

Ces difficultés étaient réelles et le général en rendait compte au gouvernement dans la dépêche suivante datée de Bournel, 11 janvier :

> J'accélère le plus possible mes opérations, comprenant comme vous l'immense importance qui s'attache à la rapidité de leur exécution, mais elles se trouvent contrariées à chaque instant par la difficulté d'assurer la subsistance des troupes, en raison de l'éloignement des voies ferrées, du verglas, de la raideur des pentes à gravir et à descendre, de l'insuffisance numérique de nos moyens de transport. Il est impossible de se trouver dans de plus mauvaises conditions que celles qui nous sont faites d'une manière si continue par les rigueurs de la saison. L'intendant en chef du 14e corps a fait connaître au général Bressolles qu'il n'était pas en mesure d'assurer les distributions si les troupes faisaient un mouvement demain. Le 15e corps est dans le même cas. Aujourd'hui, je fais appuyer à droite la majeure partie de mes forces pour l'attaque d'après-demain. La possession d'Arcey m'est nécessaire pour me permettre de me porter en avant. On m'assure que l'ennemi n'a pas cessé de l'occuper depuis trois semaines et qu'il s'y est fortifié. Si l'opération réussit, Vesoul et Lure seront forcément évacués comme l'ont été Dijon et Gray (1). . . . .

Le général était mal renseigné : Vesoul venait, en effet, d'être évacué par les Prussiens et Lure n'était occupé, de même qu'Arcey, que par des postes

---

(1) *Le général Bourbaki :* page 229.

avancés incapables de résister à une poussée sérieuse.

Le 12, arriva la réponse du gouvernement :

> Vos mouvements successifs s'accomplissent avec une grande lenteur, disait M. de Freycinet ; trois jours se seront écoulés entre Villersexel et Arcey, points distants de 8 à 9 kilomètres. Je ne nie point les difficultés, mais mon devoir est de vous prévenir que, d'après l'ensemble de nos renseignements, des renforts arrivent de divers côtés à l'ennemi, et qu'en ajournant ainsi, même pour les meilleurs motifs, vous trouverez l'ennemi en grande force numérique. (1)

Mais, malgré tout, l'Etat-Major estimait si fortes les positions d'Arcey qu'on ne voulait pas les attaquer avant que la concentration ne fut tout à fait terminée. Cependant, les trois journées des 10, 11 et 12 janvier ne s'écoulèrent pas sans combats entre les deux armées ; des engagements sans grande importance eurent lieu devant Arcey le 10 et le 11, et le 12 à Le Val de Gouhenans et Athésans, au nord de Villersexel.

Le 12, l'attaque de la position d'Arcey était décidée pour le lendemain et les corps d'armée recevaient l'ordre d'occuper les positions suivantes :

Le 15ᵉ corps à l'aile droite sur Montenoir et St-Marie ; le 14ᵉ, au centre, à Gonvillars et Arcey ; le 20ᵉ, à l'aile gauche, sur Crevans, Secenans, Senargent et Villechevreux. La réserve devait se porter sur Ornans et Faimbe.

---

(1) *Enquête parlementaire :* tome II, page 625.

En même temps que les troupes effectuaient les mouvements ordonnés, les différentes sections de télégraphie recevaient de M. Aubry les ordres nécessaires pour l'établissement des lignes électriques destinées à relier les corps d'armée au grand quartier général. Ce n'était pas chose aisée que la construction de ces lignes à travers champs, en ce pays accidenté, par la neige et le verglas. La terre durcie ne se prêtait pas facilement à la plantation des poteaux, le fil de fer glacé ne se maniait qu'au prix de grandes souffrances pour nos surveillants ; mais, quelque pénible que fût l'exécution de ce travail, ils s'en acquittaient avec ardeur et joie. Ne marchions-nous pas en avant et n'étions-nous pas bien près de Belfort dont il nous semblait par moments entendre le canon !

Pour ma part, je sentais mon cœur battre à coups redoublés ; nous allions débloquer cette malheureuse ville qui souffrait depuis longtemps des horreurs du bombardement autant et plus, peut-être, que Strasbourg en avait souffert. Je me reportais par la pensée aux terribles journées passées là-bas, dans la vieille cité alsacienne, sous la pluie des boîtes à balles et des obus, au milieu des incendies allumés par la sauvagerie prussienne. Je me rappelais les souffrances endurées, l'angoisse profonde que nous causait l'absence absolue de nouvelles, les espoirs, toujours déçus, d'une intervention des troupes françaises. Et je me disais qu'à vingt ou trente kilomètres de Villersexel, les habitants de Belfort devaient savoir qu'une armée arrivait à leur secours, se battait pour eux, allait bientôt briser le cercle de fer et de feu dont la ville était entourée, que, dans deux jours peut-être, ces pauvres emmurés qui luttaient si courageusement, si noblement pour la mère-patrie, nous ouvriraient leurs bras, libres et fiers d'avoir prolongé la résistance, d'avoir conservé à la France cette place forte contre laquelle se serait brisé l'effort des assiégés.

Oui, j'espérais et j'étais heureux. Je me disais qu'au moins les souffrances endurées serviraient à quelque chose, que la délivrance de Belfort aurait des conséquences inappréciables : les Prussiens, vaincus, appelleraient à leur secours une grosse partie des forces qui investissaient Paris, qui immobilisaient devant Chartres et le Mans l'armée du général Chanzy, que ces forces mettraient du temps à arriver jusqu'à nous, assez de temps pour nous permettre de nous refaire, de choisir quelques bonnes positions où nous pourrions les attendre et les battre à leur tour à coup sûr.

Et puis, j'étais rassuré sur le compte de ma famille. Depuis Nevers, je n'avais reçu de chez moi aucune nouvelle, les lettres ne nous parvenaient plus ; la dernière, reçue à Nevers, m'avait appris que mon père était très souffrant et que son état de santé inspirait des craintes. Aussi, au château de Bournel, mon inquiétude était devenue telle que je me hasardai, pour la faire cesser, à commettre une grosse irrégularité.

La télégraphie privée était suspendue ; écrire de nouveau, attendre une réponse m'était impossible. Je n'avais à ma disposition que le télégraphe officiel, j'en profitai, ou plutôt j'en abusai. Mon oncle occupait alors à l'arsenal maritime de Rochefort une haute situation administrative : il était commissaire général ; saisissant un moment où j'étais seul à l'appareil, je rédigeai la dépêche suivante que je fourrai dans ma poche aussitôt transmise :

Commissaire général de la Marine
Rochefort.

Donnez nouvelles famille Bitteau.

Et j'attendis impatiemment. Pour cacher ma faute, il fallait absolument que je restasse en permanence à l'appareil pour recevoir moi-même la réponse et la dissimuler à tous. Il eût fait beau voir que M. Aubry s'aperçût de la liberté prise par moi d'usuper une franchise à laquelle je n'avais pas droit, d'utiliser pour ma satisfaction personnelle des fils télégraphiques réservés au seul gouvernement et aux chefs de corps, préfets, etc.

Je dus faire preuve d'un zèle inaccoutumé, prétexter pour éloigner mes camarades et les dispenser du service, d'un malaise passager qui ne me permettait pas de mettre le nez dehors.

Elle m'arriva le lendemain, la bienheureuse réponse ! En termes laconiques : « Famille Bitteau bien » mon oncle me rassurait complètement. Je sus plus tard par une lettre de lui que le cher homme avait été obligé de solliciter du commandant de place de Rochefort l'autorisation de répondre à la dépêche reçue. Il me disait ironiquement qu'il avait été fort étonné de me voir devenu un personnage assez considérable pour pouvoir employer à mon usage le télégraphe officiel.

Quoi qu'il en fût, mon but était atteint. Succès ici, bonne santé là bas, tout me souriait décidément.

L'irrégularité commise par moi a-t-elle été découverte ? Je n'en ai jamais entendu parler. Peut-être ma dépêche officielle figure-t-elle parmi toutes celles qui ont été reproduites dans l'enquête parlementaire sur la guerre de 1870-71 ; si oui, les membres de la Commission ont dû être singulièrement embarrassés pour en découvrir et le but et l'auteur. Dans tous les cas, la prescription m'est aujourd'hui acquise.

En dépit des difficultés de toute nature, les communications télégraphiques dont le général en chef avait ordonné l'établissement, fonctionnaient à merveille dans la matinée du 13 janvier : tous les corps d'armée étaient reliés au grand quartier général, à l'entière satisfaction de M. Aubry et du général en chef qui voulut bien le féliciter du zèle et de l'activité déployés par tout le personnel de la mission.

La journée du 13 n'eut pas l'importance que lui attribuait le général Bourbaki. Vers dix heures du matin, les colonnes françaises commençaient l'attaque par la droite et délogeaient d'Arcey les troupes du colonel de Loos qui battaient en retraite et se réfugiaient à Raynans et à Tavey, avec une perte de 140 hommes dont 35 tués. D'autre part, la division Thornton, du 20e corps, attaquait à Chavannes la brigade von der Goltz, s'emparait de Gonvillars et forçait l'ennemi à se retirer à Couthenans.

L'armée de l'Est, dit le commandant Roussel, avait été amenée, par suite de son ignorance de la véritable situation, à se déployer presque tout entière contre six bataillons seulement et trois batteries. Le 13 au soir, elle avait à peine commencé le mouvement de conversion qui devait l'amener face à l'ennemi, puisque ses corps de gauche (20e et 18e) ne dépassaient pas sensiblement la route de Montbéliard à Villersexel.

Néanmoins, de Bournois où il avait transporté son quartier général, Bourbaki s'empressa de faire part au gouvernement du résultat de la journée, ajoutant que ce résultat faisait grand honneur à la première armée qui, « depuis six semaines, n'avait cessé d'opé-
« rer par un temps des plus rudes, en marchant cons-
« tamment malgré la neige, le froid et le verglas ». (1)

Le gouvernement, enchanté, répondit immédiatement par la dépêche suivante, toute vibrante d'enthousiasme :

---

(1) *Enquête parlementaire* : tome III, page 417.

Je vous félicite du fond de mon cœur de votre beau succès d'Arcey qui, avec celui de Villersexel, doivent faire réjouir la France de vous avoir placé à la tête de sa première armée. Quant à moi, je ne saurais vous dire la joie et la confiance que m'a apportées votre dépêche.... Allons, général, continuez vos succès. Nul plus que moi n'y applaudira. (1)

Le général Bourbaki aurait vivement désiré poursuivre l'ennemi dès le lendemain 14 janvier, mais la concentration des troupes n'était pas encore terminée : le général Billot, avec le 18ᵉ corps, retardé dans sa marche par la nature du terrain, venait à peine de quitter Villersexel et la division indépendante de Krémer n'était encore qu'entre Vesoul et Lure. Il fallut les attendre pour prendre l'offensive et la journée du 14 se passa dans l'inaction.

Les deux armées se trouvaient en face l'une de l'autre, séparées par la Lisaine gelée.

Malheureusement, dit le commandant Rousset, tandis que, sur la rive gauche de la Lisaine, les Allemands, utilisant fermes et villages, cantonnaient tout leur monde, ne laissaient au bivouac que la quantité des hommes strictement nécessaires au service de sûreté, de l'autre côté, les soldats français, à peine garantis par une mauvaise petite tente dont ils dédaignaient même l'insuffisant abri, passaient au bivouac des nuits glaciales, sur un sol recouvert de près d'un mètre de neige, et, mal protégés, mal vêtus, plus mal nourris, restaient exposés à toutes les rigueurs d'une température descendue à 19 degrés

---

(1) *Enquête parlementaire :* tome II, page 674.

au-dessous de zéro. Le 15 au matin, nombre d'hommes devaient être évacués par suite de congélation.

Pendant ces jours de trêve, Werder avait pu exécuter sur notre front une marche de flanc et occuper, en avant de Belfort, sur une surface de cinq lieues, la ligne de la Lisaine dont les points principaux étaient Frahier, Chenebier, Chagey, Héricourt, Bethoncourt et Montbéliard ; il n'avait rien épargné pour augmenter la puissance défensive de sa position. Il avait établi des tranchées-abris, rompu les ponts de la Lisaine, recouvert de sable, de cendre et de fumier le sol glissant, dégarni sans hésitation le corps d'investissement, plaçant des pièces de siège sur le futur champ d'action, au Mont Vaudois, à la Grange-Dame, au château de Montbéliard, etc.

Pendant le combat d'Arcey, il se produisit un incident qui valut à la mission télégraphique l'honneur d'être mise à l'ordre du jour.

Arcey se trouve à cinq kilomètres d'Ornans dont il est séparé par une colline assez abrupte du côté de ce village mais qui s'incline en pente très douce vers Arcey. Après l'ouverture du poste d'Ornans, M. Aubry avait envoyé pendant la nuit l'ordre de prolonger le lendemain la ligne jusqu'à Arcey, qui était, nous l'avons vu, l'objectif du général Bourbaki, mais en prenant toutes les précautions nécessaires pour ne pas exposer inutilement la vie du personnel.

M. Wuenschendorff partit dès l'aube avec son atelier et arriva sur la crête de la colline vers dix heures ; le brouillard achevait de se dissiper sous les rayons d'un beau soleil. L'artillerie française garnissait toutes les hauteurs environnantes ; çà et là, dans les plis de terrain, des colonnes d'infanterie étaient dissimulées.

Au point où était parvenu M. Wuenschendorff, une batterie de huit, servie par l'artillerie de marine, avait ouvert le feu. Il s'arrêta tout auprès, attendant le moment favorable pour continuer son travail ; à vingt mètres en arrière des caissons de batterie, ses voitures et ses hommes stationnaient.

Notre ingénieur était, comme nous le désignions entre nous, un pète-sec ; il ne nous avait jamais témoigné une indulgence excessive et nos rapports de service avaient toujours été empreints d'une froideur marquée. Sa parole brève, sèche, dure, avait quelque chose de cassant. Mais nous avions su apprécier son endurance à la fatigue, son dévouement de tous les instants et le remarquable sang froid dont, en toutes circonstances, il faisait preuve.

Parvenu à la batterie, il eût pu, sans encourir la moindre critique, chercher à se mettre à l'abri des projectiles ennemis qui commençaient à pleuvoir sur l'emplacement qu'elle occupait ; son métier consistait à construire des lignes télégraphiques et ne l'obligeait pas à s'exposer inutilement au feu. Mais insoucieux du danger, il s'avança jusqu'à la hauteur des pièces et eut l'agréable surprise de reconnaître dans l'officier qui dirigeait le tir un ancien camarade de l'Ecole Polytechnique. L'endroit et la circonstance se prêtaient mal à des épanchements intimes et cependant les deux copains entamèrent une conversation fréquemment interrompue pour les commandements brefs de l'artilleur.

Mais le tir des Allemands, d'abord indécis, se rectifiait. Leurs obus parvenaient maintenant jusqu'à la batterie; déjà une pièce avait été démontée, deux des servants avaient été tués; si l'on s'obstinait à demeurer à la même place, la batterie tout entière était compromise. Il fallait aller un peu plus loin, à droite ou à gauche, et l'officier s'apprêtait à ordonner qu'on amenât les avant-trains.

Fort heureusement, une colonne d'infanterie française, arrivant par la ligne de Lisle-sur-le-Doubs, abordait en ce moment le village d'Arcey et l'enlevait à la baïonnette, chassant les Prussiens qui, poursuivis par nos obus, se retiraient en bon ordre.

Le général Bourbaki et son état-major avaient suivi les péripéties de la lutte à une petite distance de l'endroit où M. Wuenschendorff avait fait stationner son atelier; en arrivant sur le plateau, il faillit être culbuté; les pieds de son cheval s'étaient embarrassés dans le fil qui traînait encore à terre et que la neige recouvrait. Il en témoigna un instant de l'humeur, mais l'impression fut passagère et il ne tarda pas à féliciter M. Wuenschendorff de l'état d'avancement des travaux.

La ligne était amenée jusqu'à Arcey à quatre heures du soir. M. Wuenschendorff retourna à Ornans pour y chercher le personnel et le matériel nécessaires à l'ouverture du poste. Il y trouva M. Aubry qui, parti de Bournois au milieu de la nuit par des chemins épouvantables, venait seulement d'arriver.

Le général en chef couchant à Ornans, il fut inutile d'ouvrir le bureau d'Arcey dans la soirée même.

Le 14 au matin, M. de Serres félicita M. Aubry des résultats obtenus et en rendit compte par télégraphe à M. Stéénackers et au ministre de la guerre.

M. Stéénackers publia l'ordre du jour suivant :

Le Directeur général s'empresse, avec la plus vive satisfaction, de porter à la connaissance des agents des postes et des télégraphes la dépêche suivante qu'il vient de recevoir du délégué du ministre de la guerre auprès de la première armée :

Ornans, 14 janvier 1871, 9 h. 05 matin.

Hier, pendant le combat d'Arcey, la ligne télégraphique était poussée jusqu'aux batteries ; quelques heures à peine après l'enlèvement des positions, un poste fonctionnait dans le village arraché à l'ennemi. Je suis heureux de pouvoir vous adresser mes félicitations pour de tels résultats qui ont fait ici l'admiration de tous. (1)

L'Etat-Major demanda que la ligne ne fût prolongée dans la journée que jusqu'à Desaudans, à deux kilo-

---

(1) STEENACKERS : *Les Télégraphes et les Postes en 1870-71*.

mètres au-delà d'Arcey. Les trous des poteaux seraient creusés jusqu'à Aibre, mais aucune plantation ne devait être faite. MM. Aubry et Wuenschendorff descendirent à Arcey où le bureau fut ouvert le 14 à dix heures du matin. Celui de Desaudans fonctionna à quatre heures du soir pour le service du 24ᵉ corps.

On fut à Aibre à la nuit tombante. Tout était prêt pour établir rapidement la ligne le lendemain matin jusqu'à Tavey, et, si la fortune nous souriait, jusqu'à Héricourt.

VI

LA BATAILLE DE TROIS JOURS

Le lendemain, 15 janvier, commençait, entre 45,000 Allemands et 130,000 Français la lutte où se jouait le destin de Belfort. On dit que le colonel Denfert-Rochereau, commandant la forteresse, entendant le canon et voyant de loin la fumée, fit tirer par toutes ses pièces cinq coups à blanc pour donner signe de vie à l'armée de secours et lui faire comprendre qu'elle était attendue.

Hélas! la vue de nos infortunés soldats mis en marche dès l'aube du 15 n'était pas faite pour encourager les espérances.

Des témoins oculaires, dit le colonel Secrétan, en ont fait un navrant tableau. La marche de l'armée française ressemblait dès le début à une débâcle. Les soldats de la Loire, démoralisés par leurs défaites successives et leurs longues souffrances, se laissaient conduire à Belfort comme un troupeau que l'on mène à la boucherie; un grand nombre d'entre eux jetaient leurs armes sur les routes.... Sur les chemins couverts de glace, les fers des chevaux n'avaient même pas de *grappes* et les habitants des villages étaient obligés, pour que l'artillerie pût gravir les plus faibles montées, de semer de la cendre sur la neige durcie...... Les troupeaux de bœufs qui suivaient l'armée, maigres, exténués, à peine nourris, tombaient le long des routes.

. . . .

A huit heures, le premier coup de canon de la bataille de trois jours tonnait, tiré des batteries du Mont Vaudois.

L'ordre de mouvement donné le 14 par le général Bourbaki pour le lendemain dirigeait le 15ᵉ corps sur Montbéliard, le 14ᵉ sur la Lisaine, entre Montbéliard et Héricourt, le 20ᵉ sur Héricourt même, le 18ᵉ sur Couthenans, Luze et Chagey; la division Crémer, de Lure, sur Mandrevillars, enfin la réserve générale au centre, entre Aibre et Trémoins, sur la route Arcey-Héricourt, à la disposition du général en chef.

Le 15ᵉ corps, à l'aile droite, devait s'engager le premier contre Montbéliard; l'aile gauche avait ordre d'attendre pour entrer en ligne le canon du 15ᵉ. Enfin, le centre ralentirait son mouvement jusqu'à l'effet produit par les deux ailes. (1)

La ville de Montbéliard occupe le fond d'un vallon dominé par le château construit au sommet de rochers à l'abri d'une escalade. C'était une position très forte.

Le 15ᵉ corps, formé des divisions Peytavin, Dastu-

---

(1) Colonel SECRÉTAN : *l'Armée de l'Est*, pages 222-223.

gue, Rebillard et Galand de Longuerie, prend, à neuf heures du matin, contact avec l'ennemi à Bart, l'en déloge, le chasse de Ste-Suzanne, de Courcelles et le bouscule jusque dans la ville de Montbéliard qu'il évacue. Il était trois heures quand nos troupes y entrèrent à leur tour. Mais le château demeurait au pouvoir des Allemands, garni de grosses pièces d'artillerie. Pendant que nos soldats s'embusquaient dans les maisons, sans parvenir toutefois à déboucher au dehors, maintenus par le feu plongeant de la garnison du château, l'artillerie française, établie sur les hauteurs de la rive droite, ouvrait un feu violent contre les batteries du château et de la Grange-aux-Dames. Sur ce point, la canonnade et la fusillade durèrent jusqu'à la nuit.

A deux kilomètres de Montbéliard, le village de Béthoncourt, mis en état de défense par les Allemands, était attaqué en même temps par deux bataillons d'infanterie française qui, après un combat meurtrier, étaient obligés de se retirer, laissant entre les mains de leurs adversaires un officier et soixante hommes et, sur le terrain, 15 officiers et 450 hommes tués ou blessés.

Le 24e corps avait, de son côté, commencé son mouvement par l'attaque de Bussurel qui se trouve à deux kilomètres au nord de Béthoncourt. Il s'était, au prix d'efforts extraordinaires, emparé de ce village, mais n'avait pu, après trois tentatives successives, débus quer les Allemands qui tiraient à l'abri derrière le talus du chemin de fer. La troisième attaque ayant échoué, le 24ᵉ corps ne renouvela pas sa tentative. Il était près de cinq heures et la nuit était venue. Elle fut atroce pour nos pauvres soldats qui la passèrent au bivouac, dans un mètre de neige, par quinze degrés de froid. L'historique du 60ᵉ de marche affirme que, pendant cette seule nuit, plus de deux cents hommes eurent les pieds gelés. [1]

Au centre, le général Clinchant (20ᵉ corps) avait l'ordre de laisser se produire l'effet du mouvement des deux ailes, de s'emparer de Tavey et de marcher sur Héricourt. Mais il avait en face de lui, au centre d'une forte ligne de défense, le général Werder qui y avait concentré le gros de ses forces et installé soixante-dix bouches à feu de position. Enfin, pour arriver à Héricourt, il fallait passer à portée des batteries de siège construites sur le Mont Vaudois et qui pouvaient balayer la route de leurs feux.

A huit heures et demie, les Allemands évacuaient Tavey après un court combat d'artillerie et se retiraient à Héricourt et à Brévilliers, sur la rive gauche de la Lisaine. La première attaque française eut lieu vers dix heures contre le Mougnot, soutenue par huit pièces en position à Byans, mais elle faiblit aussitôt, en même temps que nos canons voyaient leur feu éteint par les batteries du Mont Vaudois. Trois autres batte-

---

[1] Colonel SECRÉTAN : *L'Armée de l'Est*, page 233.

ries françaises vinrent s'installer aussitôt à Tavey pour battre le Mougnot et Héricourt ; mais ni leur tir, ni les attaques de l'infanterie n'amenèrent de résultat. Quand la nuit arriva, force fut d'abandonner le combat.

A gauche, la brigade Logerot s'était emparée de Couthenans.

Quant aux troupes du 18ᵉ corps, elles se mirent en marche à sept heures du matin, bien qu'il y en eût dans le nombre qui n'étaient parvenues qu'après minuit à l'étape de la veille. Ainsi, le 42ᵉ de marche dont le dernier bataillon n'avait atteint Courmont qu'à deux heures du matin. L'ineptie ou la mauvaise volonté des guides, dit l'historique du régiment, avaient jeté la colonne au milieu des bois ; les hommes ne purent descendre qu'un à un, avec mille précautions, dans le lit d'un torrent glacé, semé de quartiers de roc et par une pente assez rapide de deux kilomètres qui les amena à Courmont. Le régiment avait attendu pendant quatre heures sur un plateau balayé par un vent glacial, sans abri, par quinze degrés de froid, que son tour fût venu de s'engager dans ce sentier dangereux. Plusieurs hommes étaient morts de froid. Tous arrivaient épuisés de fatigue. (1)

La route que suivait le 18ᵉ corps pour entrer en ligne court en défilé entre deux massifs boisés, alors remplie de neige et impraticable à toute autre arme

---

(1) Colonel SECRÉTAN : *l'Armée de l'Est*, page 243.

qu'à l'infanterie. Les voitures et les chevaux suivaient la chaussée couverte de verglas, les fantassins faisaient leur sentier dans la neige, le plus souvent un à un ; son itinéraire l'amenait lui aussi au pied du Mont Vaudois, sous le feu des batteries de position allemandes. (1)

A une heure, la division Pilatrie et la brigade Leclaire arrivaient en face de Couthenans évacué par l'ennemi, mais dès que la tête de colonne parvint en vue des positions du Mont Vaudois, elle eut à essuyer un feu violent des batteries ennemies. L'infanterie était alors obligée de se mettre à couvert dans la forêt pendant que les batteries, successivement établies sur les hauteurs de Lure, essayaient de lutter contre les canons allemands. Il en fut ainsi jusqu'à la nuit tombante. Ici encore pas de résultats, ici encore nos troupes furent obligées de passer la nuit au bivouac, sans vivres, par un froid épouvantable.

A Chagey qu'occupait un bataillon d'infanterie badoise, le combat avait été très vif et très meurtrier. Vers une heure de l'après-midi, la division Bonnet et la brigade Brémens avaient impétueusement attaqué le village. Un instant rejeté, l'ennemi était revenu, renforcé par des troupes envoyées à son secours et par une nombreuse artillerie. A la nuit, le combat était rompu et la division Bonnet se retirait dans les bois, sur les crêtes de la rive droite. Elle avait perdu onze

---

(1) Colonel SECRÉTAN : *l'Armée de l'Est*, page 244.

officiers et comptait plus de quatre cents hommes tués, blessés ou disparus.

Enfin, le général Crémer, qui avait Chénebier pour objectif, avait occupé Etobon évacué par les Prussiens. Mais, au lieu de marcher sur Chénebier où il n'y avait que trois bataillons ennemis et dont la prise ouvrait la route de Belfort, il se dirigea sur les bois de la Thure, défilant sur un marais glacé devant l'artillerie ennemie en position à moins d'un kilomètre. Jusqu'à la nuit nos artilleurs, installés à Etobon, continuèrent contre Chénebier une lutte inutile. Ai je besoin de répéter que cette nuit fut cruelle à ces troupes qui, depuis trente-six heures, n'avaient pas mangé. Comme la division n'avait pas de convoi, elles durent passer ces mortelles heures souffrant de la faim, accroupies dans la neige, serrées autour de misérables feux.

En somme, l'armée de l'Est n'avait obtenu, dans cette journée du 15 janvier, aucun résultat appréciable ; nous n'avions pas pris pied sur la rive gauche de la Lisaine, et l'ennemi n'était pas entamé.

Dans la soirée, le général Bourbaki télégraphia au gouvernement de Bordeaux pour annoncer que l'armée reprendrait son mouvement le lendemain. Il exprimait l'espoir d'occuper dans cette seconde journée Héricourt, Brévilliers et la route d'Héricourt à Belfort.

De leur côté, les ennemis fortifiaient encore leurs positions, tranquilles derrière leurs retranchements. sachant fort bien que notre armée se désagrégeait peu à peu, sous l'influence du froid, de la misère et des privations de toute nature qui lui étaient imposées.

Pendant toute la journée, le général Bourbaki s'était tenu au centre des opérations, près de Trémoins, à côté de la réserve générale. Quant à nous, nous étions demeurés à Vyans, attendant des ordres, et nous avions pu suivre des yeux une partie de la bataille, notamment le combat d'artillerie engagé entre les batteries de la division Ségard, à Aibre, et les batteries allemandes de Tavey.

Lorsque cette localité eut été évacuée par les ennemis, nous reçûmes l'ordre de prolonger la ligne d'Aibre dans la direction d'Héricourt, en passant par Tavey, et nous nous mîmes immédiatement en mesure de l'exécuter.

Jusqu'à Aibre, tout alla bien ; grâce à nos mobiles qui leur apportaient un précieux concours, les surveillants avançaient assez rapidement en besogne. Si le fracas de la bataille arrivait distinctement jusqu'à nous, il n'en était pas de même des projectiles qui tombaient à une grande distance de notre petite troupe. Mais une fois parvenus à Aibre, la scène changea ; nous nous trouvions là à portée des canons ennemis, et, comme nos vêtements sombres tranchaient violemment sur la neige qui couvrait le sol, les Allemands ne se firent pas faute de nous prendre pour objectifs de leurs obus. Au bout d'un moment, deux de nos mobiles, blessés par des éclats, avaient dû être emportés, mais nous commencions à nous habituer à la vue du sang, aux cris des blessés ; certes, nous saluions encore involontairement les projectiles qui passaient en sifflant au dessus de nos têtes, mais sans ressentir plus d'effroi qu'il ne convenait. Nos surveillants surtout, presque tous anciens militaires, faisaient preuve d'un sang froid remarquable. Ils avaient d'ailleurs pour les diriger et les encourager le chef surveillant Vilac que j'avais connu à Strasbourg pendant le siège. Il s'y était distingué en essayant de rétablir, au péril de sa vie, les communications télégraphiques.

La ligne avançait ; nous avions dépassé Aibre et nous étions parvenus entre ce village et Tavey lorsque nous fûmes assaillis par une véritable pluie d'obus. Il nous devenait impossible de pousser plus loin. Ordre nous fut donné, en conséquence, de suspendre la construction de la ligne et de revenir sur nos pas. A ce moment, un des surveillants, Calisti, Ange, qui était monté au faîte d'un poteau pour y accrocher le fil à l'isolateur, tomba brusquement à terre et y demeura évanoui ; il venait d'être frappé à la tête d'un éclat d'obus.

On se hâta de le relever et de le transporter en lieu sûr. A la fin de la guerre, ce brave serviteur reçut la récompense qu'il méritait si bien. On lui donna la médaille militaire.

M. Aubry arriva avec M. de la Bastide au moment

où Tavey était évacué par les Prussiens et occupé par nos troupes, et, comme le feu s'était quelque peu ralenti de notre côté, il donna l'ordre de continuer l'établissement de la ligne, ce qui fut fait. Peu après nous entrions dans le village où l'on comptait installer le soir le poste télégraphique du quartier général à défaut d'Héricourt encore au pouvoir de l'ennemi.

M. Wuenschendorff, accompagné du chef surveillant Vilac et de quelques mobiles, cherchait à reconnaître les appuis qui pouvaient servir à la pose du fil, mais le village était en partie détruit, les toits crevés par les obus, les vitres des fenêtres brisées, plusieurs maisons brûlaient. Une compagnie de zouaves l'occupait : les soldats, abrités sous des hangars, voyant que nous nous apprêtions à continuer au-delà de Tavey vers Héricourt, nous firent remarquer que les batteries prussiennes établies au Mont Vaudois enfilaient la route sur laquelle nous allions nous engager et tiraient à toute volée dès qu'elles apercevaient un groupe. Ils n'avaient pas fini de parler que quelques obus éclataient près de nous, au milieu de la rue.

M. Aubry reconnut que tout travail devenait impossible. Il nous fallut retourner sur nos pas, un à un, pour ne pas attirer l'attention des ennemis. Précaution inutile : les obus recommencèrent à siffler et nous fûmes obligés pour nous en garantir, de nous cacher dans un pli de terrain à l'entrée du village.

Pendant que tapis dans la neige nous attendions que

le feu se ralentit, le général Clinchant passa à notre gauche avec son état-major, se dirigeant vers l'extrémité du plateau. Un premier obus tomba près de lui, puis deux, puis ce fut une véritable pluie de fer qui s'abattit. L'Etat-Major se dispersa au galop dans toutes les directions, craignant que cette avalanche de projectiles ne précédât un retour offensif de l'infanterie allemande sur Tavey.

Nos hommes s'étaient repliés en toute hâte à quelques centaines de mètres près des voitures de matériel; MM. Aubry et Wuenschendorff, profitant enfin d'une acalmie, nous ordonnèrent d'en faire autant et de les rejoindre à Arcey.

Mais cela ne faisait pas l'affaire de Houart; chez lui, l'estomac ne perdait jamais ses droits et, dans cette journée du 15, protestait violemment contre l'abstinence presque complète à laquelle il était condamné depuis deux jours. La veille et l'avant veille, on ne nous avait pas fait de distributions; nos vivres personnels, nos conserves si judicieusement achetées par Trévédy étaient épuisés; nos cuisiniers n'avaient pu, dans ce malheureux pays ruiné par les réquisitions des Allemands, nous procurer quoi que ce fût. Nous n'avions que du pain gelé, quelques biscuits et du café. Et Houart trouvait cela insuffisant, son estomac criait famine; ce village de Tavey, qui venait d'être abandonné par les Allemands, lui tirait l'œil. Là bas, nous disait-il, nous trouverons certainement quelque chose pour regarnir notre garde-manger: les Prussiens, pressés de partir, ont dû y oublier des vivres. Allons voir !

La proposition n'était pas absolument séduisante. Nous placer de nouveau à découvert aurait pour effet inévitable d'attirer sur nous l'attention des ennemis dont les lignes se profilaient sur une hauteur voisine, et, en même temps que leur attention, de nouveaux projectiles, brutaux en diable, qui nous guériraient à tout jamais de la faim.

— Bah ! dit Houart, en courant vite !

Et nous voilà, Trévédy, Houart et moi descendant au pas gymnastique allongé la pente au bas de laquelle se trouvait Tavey. Ce ne fut pas long, il est vrai, mais suffisant pour que les ennemis nous aperçussent. Nous ne pouvions pas, à nous trois, constituer pour eux un danger bien sérieux et cependant ils nous tirèrent dessus comme s'ils avaient eu devant eux une brigade d'infanterie. Mais, il y a, paraît-il, un Dieu pour les imprudents : aucun de nous ne fut atteint. Une fois dans le village, nous nous hâtâmes de passer l'inspection des maisons restées debout. Ici encore, une saleté repoussante. Des ordures amoncelées partout témoignaient du passage et du séjour des Prussiens. Hélas ! des immondices, c'était tout ce qu'ils y avaient laissé, et ni Trévédy ni moi, malgré nos recherches les plus actives, ni Houart, en dépit de son flair tout spécial, n'arrivâmes à découvrir les éléments d'un repas, si maigre qu'il fût.

Nous ne pouvions pas cependant nous éterniser sous le feu roulant des projectiles qui trouaient les toitures, renversaient les quelques pans de murailles encore debout, et nous repartîmes au grand trot, consolés à peu de frais par Houart qui nous disait que nous en serions quittes pour serrer d'un cran notre ceinture.

Le soir même, le colonel Leperche voulait bien nous faire savoir que le général en chef mettait la mission télégraphique à l'ordre du jour de l'armée.

C'était assurément beau, glorieux, magnifique, mais cela ne remplaçait pas les vivres absents ; nous n'avions même plus de café et notre repas du soir fut composé uniquement de biscuit préalablement expurgé des parasites qui y avaient élu domicile. C'était peu, après une pareille journée ; un tel régime, par trop spartiate, ne devait pas tarder à nous affaiblir ; pour ma part, je commençais à ressentir les atteintes de la dyssenterie dont mes collègues Fridblatt et Trévédy souffraient depuis quelques jours déjà et qui faisait tant de victimes autour de nous.

La journée du 16 débuta par un chaud engagement des divisions Penhoat et Crémer, sous les ordres du général Billot, contre les troupes du général de Degenfield, à Chenebier. Très vivement menée, l'opération réussit complètement et, à cinq heures du soir, l'ennemi, chassé de Chenebier et de Frahier, était obligé de battre en retraite au point culminant de la route Frahier-Belfort, à six kilomètres seulement de cette place.

La route de Belfort nous était donc ouverte. Malheureusement, la nuit était venue et le général Billot fut obligé de rester sur place, se contentant de s'établir solidement à Chenebier et d'envoyer quelques détachements dans le bois des Evaux et à Echevanne, mais sans occuper Frahier, bien que ce village eut été évacué depuis plusieurs heures.

Le combat avait repris d'ailleurs sur tout notre front. A Montbéliard, pendant que les soldats français, embusqués dans les maisons, tiraillaient vivement contre les défenseurs du château, quelques-unes de nos batteries engageaient un feu violent contre les pièces de position de la forteresse, de la Grange-aux-Dames et de Béthoncourt. Cette lutte d'artillerie dura toute la journée sans avantage de part et d'autre. Cependant, dans l'après-midi, nos troupes, toute la division Dastugue, du 15ᵉ corps, s'étaient lancées à l'attaque des positions ennemies de Béthoncourt, mais par une triste fatalité, l'artillerie qui devait soutenir le mouvement avait à ce moment épuisé toutes ses munitions, et nos soldats s'étaient heurtés à la fusillade intense et au feu des batteries des Allemands qui tiraient à couvert dans les maisons ou dans les fossés. Renouvelée par trois fois, l'attaque de Béthoncourt vint se briser contre la résistance opiniâtre de nos adversaires.

A Héricourt, une première attaque tentée vers neuf heures du matin était repoussée par les Allemands qui s'emparaient de deux fanions. Une seconde, entre neuf et dix heures, eut le même sort. Une troisième tentative fut faite, mais, cette fois encore, inutilement. Deux fois encore, dans l'après-midi, l'infanterie française essaya d'emporter la position, mais deux fois encore, elle fut repoussée avec des pertes sensibles.

Devant Luze et Chagey, un brouillard intense s'était opposé à l'engagement de toute action. Cependant, vers trois heures, une violente canonnade qui dura jusqu'à la nuit s'engagea sans qu'il en résultât pour nous quelque avantage.

La journée du 16 n'était donc pas plus décisive que celle du 15. Le château de Montbéllard, Béthoncourt, Bussurel, Héricourt n'avaient pu être emportés et nos ennemis, solidement embusqués derrière leurs ouvrages de défense, se préparaient à nous opposer le lendemain la même opiniâtre résistance. Seules, les divisions Crémer et Penhoat avaient remporté un succès à Chénebier.

Du quartier général, à Aibre, le général Bourbaki faisait connaître au gouvernement les résultats de la journée.

Demain matin, ajoutait-il, nos efforts seront renouvelés : j'espère que le mouvement tournant par notre gauche pouvant enfin s'accomplir, ils seront couronnés de succès ; s'il en était autrement, il y auait lieu d'aviser aux mesures à prendre ultérieurement, mais je ne songerai que demain soir à modifier le plan adopté, après avoir épuisé tous les moyens d'obtenir le succès de ce côté. Les forces de l'ennemi sont considérables et son artillerie formidable. (1)

Des ordres étaient en effet donnés pour le lendemain, afin que tous les corps se maintinssent dans leurs positions, prêts à se porter en avant au premier signal.

M. Darcq, demeuré à Besançon où venait de débarquer le 15ᵉ corps, l'avait précédé, depuis le 9, dans sa marche sur Montbéliard. Il avait réparé la ligne de Clerval au fur et à mesure et avait successivement ouvert pour le service de l'État-Major les bureaux de Clerval, Lisle-sur-le-Doubs et Voujancourt. Il avait annoncé qu'il espérait arriver à Montbéliard le 16.

La ligne de Rougemont avait alors à peu près 80 kilomètres de longueur et le travail de construction avait été affreusement pénible : les trous, très difficiles à creuser dans un sol rocailleux et durci par les fortes gelées, n'étaient généralement pas assez profonds ; il était à craindre que, si le dégel se produisait, une grande quantité de poteaux ne pussent tenir. En outre, ayant manqué les cloches, il avait fallu poser le fil sur de simples crochets plantés dans les arbres qui, de ce côté, garnissaient généralement le bord de la route ; le froid empêchait alors le courant de se perdre aux

---

(1) *Enquête parlementaire*, tome III, page 422.

points d'appui, mais tout était compromis si la pluie survenait.

En vue de parer à ces inconvénients, M. Aubry prescrivit le 16, à M. Wuenschendorff, de former, aussitôt arrivé à Héricourt, un atelier pour réparer la ligne sur le chemin de fer, entre cette localité et Montbéliard.

M. Wuenschendorff, dut en conséquence, reprendre la ligne à Tavey, à l'endroit où il l'avait laissée la veille inachevée, mais il se heurta à la même impossibilité de sortir du village : si les batteries du Mont Vaudois ne tiraient plus, l'infanterie prussienne, embusquée à une faible distance derrière des retranchements, fusillait sans danger tout ce qui apparaissait hors des maisons. Il fallut de nouveau rebrousser chemin, renvoyer le personnel dans le pli de terrain, arrêter le fil au pied d'un arbre et attendre un moment plus favorable.

Hélas ! ce moment ne vint pas. Les premières maisons d'Héricourt avaient bien été enlevées le matin, mais les troupes du 20ᵉ corps n'avaient pu s'y maintenir. Et tristement, nous dûmes nous retirer le soir dans un petit village, à trois kilomètres environ d'Aibre, où était le quartier général.

Notre arrivée y fit sensation. Le soir du 15, l'État Major était plein de confiance ; on avait cru voir M. Aubry revenir d'Héricourt avec son personnel et son matériel, comme si la ligne télégraphique avait été construite jusque là, tandis que nous n'avions pas pu pousser plus loin que Tavey. Le 16, lorsque nous arrivâmes au quartier général, on savait que nos troupes avaient abordé Héricourt à la baïonnette et s'y étaient maintenues quelque temps, et telle était l'habitude de voir les ateliers télégraphiques travailler en tête de l'armée que l'illusion de la veille se reproduisit.

Sur la réponse négative de M. Aubry, on lui fit espérer pour le lendemain 17 une meilleure journée.

Le 17, l'atelier télégraphique revint de bonne heure devant Tavey, et, pour la troisième fois, pénétra dans le village. La température s'était radoucie, il pleuvait à torrents ; les obus sifflaient toujours au dessus de nos têtes et, toujours, les Prussiens, embusqués derrière leur épaulement de terre qui coupait la route à trois cents mètres au-delà, empêchaient tout mouvement en avant.

Il fallut de nouveau remonter sur le plateau. Vers midi, voyant qu'il n'y avait rien à faire, M. Wuenschendorff rejoignit avec son atelier le grand quartier général.

Le dégel et la pluie avaient produit l'effet prévu. On ouvrit un poste à Arcey qui fonctionna néanmoins plus facilement que celui d'Aibre. Fort heureusement, le soir venu, la pluie cessa et, du grand quartier général à Aibre, nous pûmes transmettre directement à Besançon toutes nos dépêches.

Ainsi que le faisait pressentir le général Bourbaki

dans sa dépêche au gouvernement, la journée du 17 devait être décisive pour l'armée de l'Est et pour la vaillante ville de Belfort. Il fallait que le mouvement tournant de l'aile gauche réussît ; sinon, il devenait impossible de demander à nos troupes un nouvel effort. Elles étaient anéanties par le froid, la fatigue et les privations ; depuis plusieurs jours, on ne leur avait pas fait de distributions régulières, elles n'avaient vécu que de pain gelé et de la chair des chevaux tués, les chevaux eux-mêmes n'avaient été nourris que de plants de genêt coupés sur les pentes et ne tenaient plus sur pied, ceux qui tombaient ne se relevaient pas. Enfin, depuis quelques jours, des nouvelles alarmantes étaient parvenues à l'État-Major général au sujet d'une nombreuse armée qui accourait à marches forcées au secours des troupes du général de Werder et de celles qui investissaient Belfort.

Cette alternative se posait : avoir raison de la résistance des Allemands ou bien battre en retraite si on ne voulait pas être pris entre deux feux. De Bordeaux, M. de Freycinet s'était efforcé de contredire les informations qu'adressait à Bourbaki le préfet de la Côte d'Or au sujet de la marche de l'armée de secours, mais ces informations se précisaient chaque jour davantage, et il n'était pas douteux qu'avant quarante-huit heures, les avant-gardes de l'armée du général de Manteuffel seraient derrière nous.

Pendant la nuit du 16 au 17, le général de Werder

n'avait laissé à ses troupes aucun repos. Il avait fait réoccuper Frahier par un fort contingent et par de l'artillerie, et avait pris toutes ses dispositions pour tenter contre Chenebier une attaque de nuit. Dès quatre heures et demie du matin, le mouvement commençait en pleine obscurité. Mais l'une des colonnes lancées en avant se heurtait à nos grand'gardes du bois des Evaux et était vivement repoussée ; la seconde colonne arriva jusqu'à Courchamp sur nos soldats qui ne s'étaient pas gardés et qui durent se replier vers Chenebier, laissant entre les mains des Allemands 400 prisonniers. Après un instant de panique, ils réussirent cependant à se reformer et à tenir l'ennemi en respect.

Le jour se levait et les Prussiens, voyant devant eux toute la division Penhoat et une partie de la division Crémer, évacuèrent Courchamp et se retirèrent à Frahier. A dix heures, le combat devant Chenebier était momentanément suspendu.

Des deux côtés dit le commandant Roussel, les troupes étaient brisées de fatigue, les nôtres surtout usées par le bivouac. Pour comble de malheur, une pluie torrentielle qui tombait depuis le matin avait remplacé la neige et traversait leurs pauvres vêtements, transformant le terrain en un océan de boue glacée. On continua bien à défendre Chenebier, on réoccupa le bois des Evaux, mais sans chercher à poursuivre l'ennemi en retraite où à tendre la main aux défenseurs de Belfort.

Au centre, la division Pilatrie avait pour mission d'enlever le village de Chagey, maintenant fortement occupé par nos adversaires, et, ce résultat obtenu, de marcher sur Luze et le Mont Vaudois. Mais le feu, commencé dès huit heures du matin, se continua longtemps sans qu'aucune attaque véritable fût tentée, et voyant l'attitude si hésitante de nos troupes, le général Von der Goltz ne craignit pas de dégarnir Chagey d'un bataillon tout entier pour l'envoyer du côté de Chenebier.

Même faiblesse à Héricourt, à Bussurel, à Béthoncourt. Montbéliard avait été évacué par nos troupes et réoccupé par les Allemands.

La journée était perdue ; le général en chef s'en rendait bien compte ; il tint, en plein bois, sous une pluie battante, une sorte de conseil de guerre avec les généraux, et il fut résolu, malgré l'opposition du chef d'escadron Brugère et de l'amiral Pallu de la Barrière, qu'on battrait immédiatement en retraite.

Pendant ces trois jours de lutte incessante, le général de Werder avait tenu tête avec 45.000 hommes à notre armée deux fois supérieure en nombre ; il n'avait perdu que 1,600 hommes environ. Quant à nous, nos pertes s'élevaient à 8.000 hommes, d'après le colonel Leperche, à 4,000 seulement d'après l'intendant général Friant. Mais il convient de dire que les positions de l'ennemi avaient été fortifiées, que ses troupes étaient composées d'éléments homogènes, entraînées par plusieurs mois de campagne, bien constituées, fortement encadrées, régulièrement approvisionnées, alors que nos pauvres corps d'armée étaient constitués de la manière que l'on sait.

Évidemment, comme le dit si bien le commandant Rousset, les belles actions n'ont pas été plus rares à l'armée de l'Est qu'ailleurs : dans la douloureuse histoire de cette courte campagne, on rencontre maints épisodes qui suffiraient à montrer la puissance invincible du patriotisme français et l'action profonde qu'il exerce sur les âmes les moins aguerries. Mais, d'une façon générale, la qualité des troupes y était trop inférieure pour pouvoir triompher, dans une lutte décisive, de la ténacité et de la souplesse manœuvrière d'un adversaire à la fois résolu et aguerri.

De retour à Aibre, le général Bourbaki eut le triste devoir d'informer le gouvernement de l'issue de ces trois jours de combat sous Héricourt, et de la décision prise en conseil de guerre de battre en retraite à quelques lieues en arrière. Il ajoutait :

Nous pourrons de la sorte nous ravitailler plus facilement ; nous aurons besoin de nous compléter en officiers, en hommes de troupe et en chevaux. J'établirai demain mon quartier général à Arcey, après-demain à Geney. Si l'ennemi se décidait à nous suivre, j'en serais enchanté ; peut-être nous offrirait-il ainsi l'occasion de jouer à nouveau la partie dans des conditions beaucoup plus favorables. (1)

---

(1) *Enquête parlementaire*, tome III, page 423.

VII

LA RETRAITE SUR BESANÇON

Ainsi, toujours, partout des désastres, l'insuccès le plus complet, des souffrances sans cesse accrues ! Ah ! que j'étais loin des rêves de gloire que j'avais caressés lors de mon départ de Rochefort, alors que je rejoignais si allègrement l'armée du Rhin ! Que d'événements dans ces cinq mois écoulés depuis le 1er août, que de désillusions, que de misères !

Strasbourg bombardé, incendié, pris par les Allemands ; l'armée de la Loire, formée au prix de tant d'efforts, battue à Artenay, Orléans au pouvoir des ennemis, la retraite sur Bourges, puis la marche vers l'Est, les trois journées de combat sous Héricourt, l'immense douleur de laisser abandonnée à ses propres forces cette valeureuse ville de Belfort qui agonisait sous le feu incessant des batteries allemandes, mais qui, du moins, devait lutter jusqu'au bout, indomptable et indomptée, puis une nouvelle retraite au bout de laquelle une catastrophe était à prévoir, tant les troupes qui composaient l'armée française étaient réduites, exténuées.

Quel douloureux calvaire j'avais suivi! Par quelles nouvelles épreuves allais-je passer encore, aurais-je le courage et la force de les supporter? Tant de privations, tant de fatigues, m'avaient affaibli; j'étais atteint d'une dyssenterie violente et le piétinement continuel dans cette neige implacable, le séjour dans des lieux froids et humides, l'obligation de conserver aux pieds les mêmes chaussures mouillées, avaient fait reparaitre les hydarthroses des genoux dont j'avais déjà souffert à St-Dié. Je ne marchais plus que difficilement et au prix de vives douleurs. Et j'avais en perspective une marche de près de cent kilomètres pour atteindre Besançon! Je ne voyais plus autour de moi que la nuit noire, l'inconnu; sur tous les visages, je lisais le découragement et la souffrance, et il me semblait être emporté par une force invincible vers quelque événement terrible, vers quelque catastrophe effroyable où sombreraient toutes mes espérances et la fortune de la France.

C'est dans ces tristes conditions d'esprit et de corps que je me trouvais lorsque, le 18 janvier, commença le mouvement de retraite prescrit par le général Bourbaki.

M. de Freycinet qui, de son cabinet de Bordeaux, ne se rendait pas un compte exact de l'état lamentable dans lequel se trouvait l'armée de l'Est, avait, dès la veille, développé de nouveaux plans au général en chef. Il aurait voulu que, laissant sur les bords de la Lisaine un faible rideau de troupes destiné à tromper le général de Werder sur la marche de l'armée, Bourbaki partît avec le gros de ses forces au devant du général de Manteuffel, ou bien qu'il se rendît avec toute l'armée sur Besançon pour se diriger de là sur Dôle ou sur Lons-le-Saulnier.

Mais le gouvernement de Bordeaux, pas plus d'ailleurs que le général Bourbaki, n'était exactement renseigné sur la marche de l'ennemi de secours que commandait le général de Manteuffel; il avait placé toute sa confiance en Garibaldi dont la mission était de s'opposer à la marche de cette armée et de la retarder le plus possible. Le général Bourbaki n'avait, de son côté, accepté dès le principe le mouvement tournant dans l'Est qu'à la condition expresse que l'armée des Vosges couvrirait son flanc gauche.

Très imparfaitement tenu au courant des mouvements de l'ennemi, il avait choisi entre les deux plans proposés par M. de Freycinet la marche sur Besançon; mais confiant en Garibaldi et dans la résistance opposée par les troupes de Dijon à l'armée du Sud, il entama sa marche sans couvrir son flanc gauche, sans occuper en temps voulu les passages de l'Ognon et du Doubs qui protégeaient les routes sur Lyon. Aussi, prise entre l'ennemi et la frontière Suisse l'armée

ançaise allait être entourée, refoulée sur les hauts
ateaux du Jura et acculée, en dernier lieu, sur les po-
ions de Pontarlier.

La marche de nos troupes fut plus que lente : parties
18 des bords de la Lisaine, elles n'arrivèrent que le
à Beaume-les-Dames, n'ayant accompli qu'un trajet
oyen de douze kilomètres par jour, à cause de l'état
s chemins, de l'épuisement des hommes et des che-
ux.

Elles fondaient à vue d'œil. Beaucoup d'hommes si-
ulaient des maladies et se faisaient évacuer sur les
ations de chemin de fer les plus voisines. M. Poullet,
ans son livre *la Campagne de l'Est*, a pu dire avec
ison :

Il ne revenait pas un train qui ne fut rempli de malades : les trois
arts heureusement n'avaient pas grand chose. Dès que la vapeur
llait, ils chantaient, et cependant à leur montée en wagon, on les
rait dit transis par le mal ; sur 100, 75 n'avaient absolument rien
25 peu de chose.

Sur les routes que nous suivions, les sacs, les armes
lles-mêmes jonchaient le sol ; des traînards, en grand
ombre, s'enfonçaient dans la campagne à la recher-
e de fermes ou de villages isolés et ne reparaissaient
lus. Ils devaient, d'ailleurs, victimes de leur propre
discipline, être ramassés un à un et faits prisonniers
ar les troupes du général de Werder lancées à notre
oursuite.

Le relâchement était partout inouï. Nos hommes maraudaient, pillaient, *impunis*. Dès la moindre halte, ils arrachaient les clôtures, les palissades, pour faire du feu et se réchauffer. Je me souviens d'être passé dans un village au moment où toute une troupe de soldats démolissait l'escalier extérieur d'une pauvre maison de paysan pour alimenter un gros feu. Le maire était là, désolé et impuissant, leur montrant à deux cents mètres à peine un énorme tas de bois qu'il avait mis à leur disposition. Mais personne ne l'écoutait et l'œuvre de destruction s'acheva sans qu'aucun officier intervînt.

Le 15e corps redescendit la vallée du Doubs et fut desservi par des postes établis successivement à Bar-sur-Aube, Lisle-sur-le-Doubs, Clerval, etc. Le 18e passa par Lure, Bournois, Rougemont, et arriva à Besançon le 21 janvier. Le 20e partit d'Aibre le 19 et passa par Courchaton. Le 24e traversa Ste-Marie, Strappes, Clerval, Pont-de-Roide, où M. de la Bastide eut un bureau du 22 au 24, Vandreviller, Passavant, Node, et arriva le 27 à Pontarlier.

Le grand quartier général arriva à Soye le 19. Nous avions longé le chemin de fer à partir de Lisle et installé un poste à Pompierre : les dépêches s'échangeaient entre le poste et le grand quartier général qui en était distant de 7 à 8 kilomètres, au moyen d'estafettes.

Le 20, notre matériel partit directement pour Besançon ; le 22, un bureau fut ouvert pour le quartier général à Roche, station de chemin de fer à dix kilomètres environ de Besançon où. toute la mission se trouvait réunie le 23.

Nous marchions tristement avec l'armée, apitoyés sur le sort des infortunés qui, vaincus par la fatigue ou la maladie, tombaient sur la route pour ne plus se relever, indignés lorsque quelque inutile déprédation se produisait sous nos yeux. Houart surtout, si amoureux de la discipline, si strict observateur de la règle, se révoltait et ne décolérait pas, insultant les pillards, les menaçant de son revolver. Quant à Trévédy, *quantum mutatus !* Il allait le front bas ; jamais plus la moindre lueur de gaîté ; la vue du beau sexe était désormais impuissante à réveiller en lui l'ardeur d'antan. Lui aussi subissait la dépression qu'entraînent avec elles la misère et les privations.

Nous avions reçu, avant de partir, deux jours de vivres : bœuf, riz, pommes de terre et café. En guise de pain qui arrivait gelé et n'était pas mangeable, des biscuits vieux d'un an, à demi dévorés par les vers et qu'il fallait expurger avant tout emploi. Sans nos cantines, qui roulaient Dieu sait où avec nos voitures, nous avions été obligés de nous partager les vivres que nous portions dans des musettes de chevaux trouvées abandonnées sur la route. Et c'est en ce bel équipage, amaigris et pâles, que nous marchions dans la neige tassée, réduite en farine par le piétinement des troupes qui nous précédaient.

Deux fois par jour, nous faisions halte, de préférence auprès de quelque village, pour manger la soupe ; nos cuisiniers cherchaient d'abord une maison hospitalière où ils pussent installer notre campement provisoire, mais le plus souvent, ils étaient obligés d'improviser au pied d'un mur un fourneau primitif. On juge de la qualité de cette soupe faite d'une viande gelée, sans autres légumes que des pommes de terre, et que nous avalions après deux heures seulement de hâtive cuisson. Néanmoins, c'était chaud et la « bidoche », si dure qu'elle fût, constituait pour nos estomacs affaiblis un soulagement appréciable.

Le premier soir après notre départ d'Aibre, nous avions couché à Arcey sur la paille, notre lit accoutumé ; le second à Soye ; le troisième à Pompierre, et le 23 janvier nous arrivions à Besançon, après une aventure que Houart nous avait attirée mais dont son sang-froid réussit à nous sortir sains et saufs.

Nous étions arrivés à Roche d'assez bonne heure et avions été assez heureux pour trouver dans une auberge de la ville un diner passable, et, chose rare, deux matelas dans une soupente. Après nous être restaurés et avoir bu chacun une bonne bouteille de vin d'Arbois, nous étions montés dans notre soupente, impatients de nous étendre enfin sur un lit, si mauvais qu'il fut.

La pauvre machine humaine, si prompte à se détraquer, se remonte bien vite sous l'action du moindre stimulant. La nourriture que nous avions prise, le bon vin que nous avions bu, la perspective du bien-être relatif dont nous allions jouir tout à l'heure sur ces maigres matelas, en un lieu bien clos, tout cela nous avait remis au cœur un peu de gaîté et, si Trévédy ne regardait pas encore amoureusement la grosse fille d'auberge qui garnissait de draps blancs notre couche improvisée, tout au moins jetait-il des regards complaisants sur sa vaste poitrine, sur ses formes plantureuses.

— Hein, disait-il, en me poussant du coude, trouve-moi ça dans les villes. C'est un Rubens!

La fille partie, pris comme d'une sorte de folie, nous nous mîmes à danser autour de nos matelas sur lesquels, dix minutes après, nous ronflions à poings fermés.

Mais, pour Houart, insensible à la fatigue, quelques instants de repos suffisaient. Aussi, à quatre heures du matin, en pleine nuit, était-il debout, nous secouant vigoureusement pour nous éveiller, en dépit de nos grognements et de nos protestations. Il fallut lui obéir, se lever et repartir. Il avait, la veille, étudié la carte du pays et se faisait fort de nous conduire à Besançon sans encombre, par des chemins qui abrégeraient notre étape d'une quantité respectable de kilomètres. Et, laissant à l'auberge nos cuisiniers avec ordre de rejoindre à Besançon, au bureau du télégraphe, nous voilà dehors, par un froid vif et une obscurité pro fonde. Il était dur de s'arracher de la douce chaleur du lit pour arpenter dans de telles conditions les routes couvertes de neige, sans une étoile pour nous guider, sans un rayon de lune pour nous éclairer. Néanmoins, confiants en Houart qui avait toujours été pour nous un guide sûr, nous marchions, le manteau bien serré contre nous, le capuchon rabattu sur nos têtes, et, au bout de deux heures, nous nous trouvions loin de Roche, en plein pays inconnu.

A un moment donné, nous vîmes Houart s'arrêter et fourrager sa moustache, ce qui, chez lui, était l'indice d'un grand embarras. Devant nous, aux lueurs indécises du jour qui commençait à poindre, s'ouvrait une large allée qui pénétrait sinon dans une forêt, du moins dans un grand bois, à en juger par la hauteur des arbres qui la bordaient de chaque côté et dont les cîmes s'enlevaient indécises sur le ciel gris.

Ce bois, Houart ne l'avait pas prévu : il en était bouleversé.

— Je n'ai rien vu de ça sur la carte, nous disait-il, et pourtant il n'a pas poussé depuis hier soir. Probablement, je me serai trompé.

Il fallut tenir conseil. Refaire le chemin parcouru, nous n'y tenions guère ; nous engager sous bois était peut-être imprudent. Où nous conduirait cette allée dont nous n'apercevions pas la fin ?

Bah ! allons toujours, nous verrons bien.

Et, ouvrant le compas de ses longues jambes, Houart

s'engagea résolument dans l'allée où l'obscurité, rendue plus épaisse encore par les arbres touffus du bois, ne nous permettait pas de voir à dix mètres devant nous.

Nous n'avions pas fait cinq cents pas que nous fûmes cloués sur place par le bruit d'une troupe de cavaliers qui venait à notre rencontre et à laquelle nous allions nous heurter. Nous étions évidemment en dehors des lignes françaises ; il y avait longtemps que nous avions dépassé les dernières tentes des bivouacs et les dernières grand'gardes. Les cavaliers que nous avions devant nous étaient-ils amis ou ennemis, comment s'en assurer ? Si nous tournions le dos, ils entendraient le bruit de notre fuite et se lanceraient à notre poursuite ; nous étions à pied et serions vite atteints. Avancer, c'était peut-être nous jeter dans la gueule du loup, nous faire prendre comme prisonniers ou nous faire tuer.

L'incertitude était cruelle et ces idées nous avaient traversé l'esprit comme un éclair ; cependant, pour parer à toute éventualité et tout en écoutant anxieusement les bruits qui se produisaient en avant de nous et qui, de minute en minute, se précisaient davantage, nous avions mis le revolver à la main, lorsque, tout à coup, du milieu de nous, retentit un formidable cri de « Garde à vous » qui se répercuta par tout le bois et qui dut être entendu à plus d'un kilomètre de distance.

C'était Houart qui l'avait poussé. Nous nous précipitâmes sur lui avec l'intention bien arrêtée de lui imposer silence, mais notre ami, plié en deux, les mains appuyées sur les cuisses, riait à se tordre, d'un rire muet qui lui fendait la bouche jusqu'aux oreilles.

— Ah ! elle est bien bonne, disait-il en haletant !

Et, ma foi, il avait raison : nos cavaliers avaient tourné bride et fuyaient au grand galop ; le bruit de leurs chevaux courant sur la neige allait s'affaiblissant pendant que Houart, pour activer leur déroute, poussait à pleins poumons un nouveau cri de : En avant !

C'était évidemment un groupe d'éclaireurs prussiens qui étaient venus avec leur audace accoutumée essayer de relever les positions de l'armée française et qui s'étaient crus, en entendant les commandements militaires de Houart, en présence d'un détachement de nos troupes.

Nous l'avions échappée belle, mais notre confiance en l'infaillible science de Houart se trouva diminuée d'autant. Il ne fallait pas songer à continuer notre marche dans ce bois peuplé peut-être d'ennemis, mais bien retourner sur nos pas, ce que nous fîmes en maugréant contre notre ami qui n'en avait cure et qu'un fou rire secouait de temps en temps à l'idée de l'excellent tour qu'il venait de jouer à ces canailles d'Allemands.

Fort heureusement, le jour s'était levé, une maison forestière était proche, nous y entrâmes et le garde, à qui l'aventure fut contée ne voulut pas nous laisser repartir sans que nous eussions mangé notre part d'une oie grasse qui tournait à la broche devant un feu violent.

Le bon repas que nous fîmes dans cette hospitalière maison, près de ce feu qui nous rôtissait les jambes, caressés par les chiens de garde, comblés d'attentions et de soins par notre hôte et sa femme! Le brave homme ne s'en tint pas là : il voulut absolument nous remettre lui-même dans le bon chemin dont Houart nous avait considérablement écartés. C'est dans sa voiture que nous regagnâmes la route de Besançon.

Il n'était déjà plus bien jeune, le cher homme, et certainement, à l'heure où j'écris ces lignes, après vingt sept ans écoulés, il occupe dignement sa place au Paradis des braves gens. Que mes remercîments montent jusqu'à lui !

Le soir même, 23 janvier, nous étions à Besançon où, avec notre convoi tout entier, nous retrouvions notre état major au bureau télégraphique de la ville. Tous les corps d'armée arrivaient peu à peu autour de la place occuper les positions indiquées, sauf le 24e qui avait pris la direction de Pontarlier.

En somme, le général Bourbaki avait réussi à soustraire son armée au contact de l'ennemi pendant sa retraite d'Aibre à Besançon, mais au prix de quelles souffrances et dans quel état de délabrement! L'aspect de Besançon était navrant. M. Beauquier, dans son livre, *Les dernières campagnes de l'Est*, en fait le tableau suivant :

> L'armée qui, dans sa marche sur Belfort, avait plutôt l'air d'une multitude en déroute, offrait au retour le plus navrant spectacle. Les soldats, épuisés par le froid et le manque de nourriture, se traînaient à la débandade, sans ordre, sans discipline, brûlant pour se réchauffer tout ce qu'ils trouvaient sur leur passage. Une trentaine de wagons de vivres et d'objets d'équipement furent pillés devant le remblai de St-Ferjeux, sous les murs de Besançon. Des provisions de sucre, des caisses pleines de biscuit, des habits et des pantalons, pris dans les voitures, servaient à alimenter le feu de ces malheureux qui mouraient de froid. On vit des soldats placer des pains de sucre sur deux pierres, les faire flamber et s'en chauffer comme de bûches de bois. . . . .
>
> La plupart des maisons de la ville converties en ambulances, les hôpitaux, les couvents regorgeaient, non pas de blessés, mais d'hommes malades de la petite vérole, de la poitrine et surtout de misère, de froid et de privations. Les trois quarts de ces malheureux avaient les pieds gelés. La cavalerie n'était pas dans un meilleur état ; les chevaux morts remplissaient les fossés et couvraient les places de la ville. Les soldats, par cette température d'une rigueur exceptionnelle, les vêtements en loques, sans souliers, erraient dans les environs, s'entassant dans les maisons de campagne où ils trouvaient du feu, un peu de nourriture et un abri, mais où les soins médicaux leur manquaient totalement. Ils se réfugiaient par centaines dans les salles d'attente de la gare pour y passer la nuit, et, le matin, on enlevait les cadavres de ceux qui avaient succombé à l'excès de leurs souffrances.

Le général Bourbaki savait fort bien qu'il n'était pas

possible de demander à ces troupes un nouvel effort, quel qu'il fût; aussi voulait-il leur donner un repos de quelques jours. Mais M. de Freycinet avait élaboré un nouveau plan qui consistait à embarquer toutes les troupes en chemin de fer pour Nevers. Le mouvement devait se faire en six jours. Pendant ce temps, le 25e corps se rendrait à La Charité et passerait sous les ordres de Bourbaki; l'ensemble des forces se réunirait à Clamecy pour, de là, se diriger sur Auxerre, Troyes et Châlons-sur-Marne, et, finalement, opérer sa jonction avec l'armée de Faidherbe qui se trouvait à St-Quentin.

Incomplètement renseigné sur la marche de l'armée de secours, le général Bourbaki avait accepté le plan du délégué à la guerre et avait fixé au 23 le commencement du départ pour le matériel.

Mais on comptait sans le général de Manteuffel qui, ce même jour, avait atteint Dôle, Clerval et Beaume-les-Dames et occupé la gare de Mouchard.

L'armée française n'avait plus ainsi, pour gagner l'intérieur du pays, que les routes de Besançon-Champagnole et Besançon-Pontarlier. Les dernières dispositions pour l'embarquement des troupes étaient prises, lorsque, dans la soirée du 23, une dépêche nous parvint qui nous apprenait l'occupation de Dôle par les Allemands.

Telle était la situation lorsque, dans la soirée du 24 janvier, le général Bourbaki, désireux de connaître l'avis de ses chefs de corps, convoquait à Château-Farine, près Besançon, sur la route de Dôle, un conseil de guerre qui allait décider du sort de son armée. La situation était des plus critiques : le chemin de fer de Bourg en puissance de l'ennemi, l'armée débordée de tous les côtés par les forces du général Manteuffel combinées avec celles du général de Werder, plus de vivres à Besançon, à peine pour cinq jours !

Pour comble, le général était sollicité par M. de Freycinet de se porter au secours de Garibaldi menacé à Dijon. Ainsi, cette armée des Vosges qui aurait dû arrêter l'ennemi s'était complue dans une immobilité incompréhensible, ne s'était opposée à aucun mouvement et, alors qu'elle avait compromis l'existence de l'armée de l'Est, elle demandait que cette même armée vînt à son secours !

Aussi, Bourbaki répondit-il à M. de Freycinet pour annoncer que les 2e et 7e corps d'armée prussiens avaient coupé toute communication avec Lyon et se plaindre tout aussi bien de n'avoir pas été informé des mouvements de l'ennemi que du manque de vivres à Besançon.

De Bordeaux, M. de Freycinet répondait qu'il appartenait au général de se renseigner lui-même, que les mouvements de notre armée avaient été d'une lenteur déplorable, que l'état des routes aussi bien que la température étaient les mêmes pour nous que pour les Prussiens dont la vitesse et l'activité étaient cependant remarquables. Il concluait en disant que le général n'avait plus maintenant qu'une chose à faire, c'était de reconquérir les communications perdues et de secourir Dijon qui allait peut-être succomber malgré l'héroïsme de Garibaldi. (1)

Ce parallèle entre lui et Garibaldi n'était pas fait pour relever le moral affaibli du général. En outre, s'il était blessant pour Bourbaki, il était beaucoup trop élogieux pour Garibaldi et son chef d'état-major Bordone qui avaient leur grande part de responsabilité dans le désastre de l'armée de l'Est : au lieu d'agir, ils avaient conservé jusqu'au bout l'immobilité la moins justifiable ; au lieu de s'acquitter de la mission toute de confiance qu'ils avaient reçue, ils avaient préféré attendre sur place que l'ennemi vînt les attaquer, laissant ainsi aux 90,000 hommes de Manteuffel toute liberté de mouvement. Et encore grossissaient-ils outre mesure leurs succès de Pouilly. Satisfaits, dit M. le commandant Rousset, d'avoir conservé leurs positions et bravé avec 50,000 hommes retranchés les efforts d'une simple brigade, ils avaient adressé à Bordeaux de pompeux télégrammes où leur victoire prenait des proportions épiques et où les forces adverses étaient sommairement évaluées à 35,000 hommes pour le moins.

C'était là ce que M. de Freycinet glorifiait du nom d'héroïsme.

---

(1) *Enquête parlementaire.*

Le général Canonge, dans son *Histoire militaire contemporaine,* l'a dit avec raison :

> L'inaction où Garibaldi demeura imperturbablement, avant et après les batailles de Dijon, prépara et assura la ruine de l'armée de l'Est.

Le 24 janvier, une nouvelle dépêche du gouvernement que nous reçumes au bureau télégraphique de Besançon où nous avions été, mes camarades et moi, placés en renfort, vint nous prouver que l'imagination de M. de Freycinet était inépuisable et enfantait à chaque jour, à chaque heure, de nouveaux plans :

> Je crois qu'il est extrêmement dangereux pour vous de demeurer autour de Besançon où le mieux qui pourrait vous arriver serait d'être désormais paralysé. Il faut à tout prix sortir de cette situation et effectuer, par voie de terre, avec les 15e, 18e et 20e corps, le trajet que vous deviez exécuter en chemin de fer. Ainsi, il faut, avec les forces que j'indique, gagner le plus vite possible Nevers, ou mieux encore, la région d'Auxerre, Joigny, Tonnerre, etc. [1]

Au moment où cette dépêche nous parvint, le général en chef tenait à Château-Farine le conseil de guerre dont j'ai parlé plus haut et auquel assistaient tous les généraux de l'armée. Dans ce conseil, on discuta toutes les éventualités, on rechercha tous les moyens de sortir de la situation précaire où se trouvait l'armée française.

---

[1] *Enquête parlementaire,* vol. III.

Il fut décidé que, en raison de la pénurie des vivres, il était impossible de se retrancher sous Besançon et d'y attendre l'attaque de l'ennemi.

Pouvait-on donner satisfaction à M. de Freycinet en prenant l'offensive et en cherchant à gagner l'Yonne? Tous les généraux, sauf Billot, déclarèrent que l'état de désorganisation et de faiblesse des troupes ne permettait pas de donner suite, avec la moindre chance de succès, à ce projet.

Le seul parti à prendre et auquel on ne pouvait pas ne pas se rallier, consistait donc à continuer la retraite dans la direction de Pontarlier, pour chercher à gagner la vallée du Rhône par les routes qui longent la frontière suisse.

En rentrant à Besançon, à l'issue du conseil de guerre, le général Bourbaki nous fit remettre la dépêche suivante :

Besançon, 24 janvier 1871.

Général Bourbaki, à Besançon, à Guerre.

Quand vous serez mieux informé, vous regretterez le reproche de lenteur que vous me faites. Les hommes sont exténués de fatigue, les chevaux aussi.

Je viens de voir tous les commandants de corps d'armée : ils sont d'avis que nous prenions la route de Pontarlier ; c'est la seule direction que l'état moral et physique de nos troupes nous permette de prendre. Vous ne vous faites pas une idée des souffrances que l'armée a endurées depuis le commencement de décembre.

Demain, je compte faire partir le plus vite possible trois divisions pour occuper les positions dont nous avons besoin et l'entrée de Pontarlier. Si ce plan ne vous convient pas, je ne sais vraiment que faire. Soyez sûr que c'est un martyre d'exercer un commandement en ce moment. (1)

Puis, après avoir pris connaissance de la dépêche du gouvernement reçue pendant son absence à Château-Farine, il répondit :

Votre dépêche me prouve que vous croyez avoir une armée bien constituée. Il me semble que je vous ai dit souvent le contraire. Du reste, je vous répète que le labeur que vous parlez de m'imposer est au-dessus de mes forces, et que vous feriez bien de me remplacer par Billot ou par Clinchant. (2)

Puis, le lendemain encore, 25 janvier :

La marche que vous me prescrivez, impossible ; c'est comme si vous ordonniez à la 2ᵉ armée d'aller à Chartres. J'ai une armée sur droite évaluée à 90,000 hommes environ ; au centre et à gauche, 2 corps d'armée, 2ᵉ et 7ᵉ, qui tiennent Dôle, Forêt-Chaux et Quingey.

Dans mes trois corps d'armée, je n'ai que trente mille combattants. Dôle est le lieu d'une grande concentration ; des batteries sont établies sur les routes. Si je vais jusqu'à Dôle, je ne reviendrai pas à Besançon et je ne passerai pas plus loin. Je vois une seule chance, route de Pontarlier, et, ceci, d'accord avec les commandants des corps d'armée. Je n'ai de passable que les trois quarts du 18ᵉ corps, six mille hommes de réserves et une partie de la division Crémer.

---

(1) *Enquête parlementaire,* vol. III.
(2)   Id.   id.

je puis gagner de Pontarlier la vallée du Rhône, couvert par un masque de troupes, mais ne puis avoir espérance battre forces supérieures. (1)

On le voit, l'échange des dépêches était actif entre Besançon et Bordeaux, mais le départ de M. de Serres que M. de Freycinet avait rappelé auprès de lui à Bordeaux nous avait fait pousser un gros soupir de satisfaction. Ce personnage encombrant, perpétuellement agité, d'une loquacité « télégraphique » sans pareille, ne nous accablait plus de ses longs télégrammes chiffrés dont la transmission demandait parfois un travail consécutif de trois ou quatre heures. Il eût fallu vraiment à M. de Serres, pour l'écoulement de ses rapports, un fil spécial et un personnel distinct. Lui parti, nous étions soulagés d'autant.

Cependant, M. de Freycinet ne voulait pas se rendre à l'idée de la retraite sur Pontarlier qu'il considérait comme très dangereuse : il insistait pour que l'armée française prît la direction de Nevers. Dans la journée du 25, il adressait au général Bourbaki une réponse cruelle dans laquelle il reprochait au malheureux commandant son inaction depuis Héricourt et l'accusait d'exagérer le mal. Il concluait en réitérant l'invitation de percer soit par Dôle, soit par Mouchard Gray ou Pontarlier, en se concertant au besoin avec Garibaldi.

---

(1) *Enquête parlementaire,* vol. III.

Le même jour, à 11 h. 50 du soir, il avisait le général Bourbaki de la marche de renforts importants de l'armée ennemie.

En dépit des divergences qui existaient entre lui et le gouvernement au sujet de la marche sur Pontarlier, le général Bourbaki, fort de l'avis unanime de ses commandants d'armée, avait ordonné le mouvement de retraite pour le 26. Il avait prescrit la veille au général Bressolles de réoccuper le Lômont avec le 24e corps, mais ces troupes s'étaient heurtées à celles du général de Schmeling qui avaient passé le Doubs et elles s'étaient enfuies sans combattre.

Au 18e corps, général Billot, ordre avait été donné d'appuyer le retour offensif du 24e corps vers les défilés du Lomont, mais il n'était arrivé que fort tard dans la soirée du 26, par suite du mauvais état et de l'encombrement des routes à Bouclans, Osse et Nancray. Il se proposait d'attaquer le lendemain matin la division Schmeling isolée ; malheureusement, tout allait être remis en question.

Le 26 au matin, le général Bourbaki était monté à cheval pour aller prendre la direction de la bataille, après avoir reçu de M. de Freycinet une dépêche dans laquelle ce dernier signalait de nouveau les dangers du mouvement sur Pontarlier qui ne pouvait aboutir qu'à une capitulation de l'armée ou à son entrée en Suisse. Le ton de la dépêche était bien fait pour motiver la tristesse qu'il était facile de lire sur le visage du général, et cette tristesse s'augmentait encore du spectacle lamentable qu'il avait sous les yeux. Dans l'après-midi il rejoignit le général Billot qui ne lui cacha pas les difficultés de la lutte et parla, lui aussi, de percer sur Pontarlier et Auxonne.

Mais le général Bourbaki n'avait plus la moindre foi en son armée; certain de ne pas réussir, il offrit au général Billot qui refusa de lui remettre le commandement de l'armée. Puis, las, découragé, il rentra à Besançon, donna des ordres pour la continuation de la retraite, se retira dans son appartement privé, s'étendit sur son lit et se tira à la tête un coup de revolver.......

Fort heureusement, dit M. le commandant Roussel, le brave soldat ne s'était fait qu'une blessure légère, le projectile ayant dévié sur l'os temporal. Il a survécu à cette terrible épreuve et a pu voir l'opinion, mieux éclairée, faire justice d'imputations passionnées qui, en travestissant la vérité, avaient semblé vouloir un instant suspecter l'intégrité de son sacrifice et mettre en doute la franchise de ses efforts.

On juge de l'émoi que jeta dans Besançon la nouvelle de la tentative de suicide du général Bourbaki, du découragement de plus en plus profond qui s'empara de tous, habitants, officiers et soldats.

Le général Rolland porta la nouvelle à la connaissance du gouvernement par la dépêche suivante :

Bourbaki vient de se tirer un coup de pistolet dans la tête : n'est pas mort ; l'impression du jugement porté sur ses opérations paraît avoir été la cause de cet acte. Généraux convoqués vont ce soir s'entendre. (1)

Cette dépêche se croisa avec une autre de Gambetta qui retirait à Bourbaki son commandement et désignait pour son successeur le général Clinchant.

Ce même jour, 26 janvier, Paris, vaincu par la famine, tirait son dernier coup de canon !

En changeant le commandement de l'armée de l'Est, le gouvernement n'avait pu modifier ni la situation ni les idées des généraux. Le nouveau commandant était de ceux qui, au conseil de guerre de Château-Farine, avaient opiné dans le sens d'une retraite sur Pontarlier. Son premier soin fut de ne rien dissimuler au ministre de la guerre. Aussi, le 27, transmettions-nous à Bordeaux la dépêche suivante :

J'ai reçu votre dépêche. Quelque lourde que soit la mission qui m'incombe, je ne crois pas pouvoir la refuser. Dans l'état où je prends le commandement, j'ai la conviction que le seul moyen qui puisse faire espérer sauver l'armée, ou tout au moins éviter une capitulation, est de prendre la direction de Pontarlier.

Je ne pourrais déboucher dans la plaine en avant de Besançon que dans cinq ou six jours. L'ennemi qui l'occupe déjà en forces serait prévenu de notre mouvement et nous serions rejetés sur Besançon qui tomberait avec nous.

Je vais chercher à déboucher soit par Lons-le-Saulnier, soit par

---

(1) *Enquête parlementaire*, vol. III.

Bourg, bien que je craigne d'être prévenu par l'ennemi sur ces routes. Si je ne pouvais percer, on me fait espérer que j'aurais des vivres à Pontarlier. Je m'y établirai et je ferai la guerre de montagnes, en réduisant mon effectif de toutes les non-valeurs. (1)

Puis il avait confirmé les ordres de retraite donnés par Bourbaki. Le gouvernement fut bien obligé de s'incliner devant le fait accompli. Toutefois, il suppliait le général Garibaldi de venir en aide à l'armée de l'Est :

L'armée, fatiguée par le froid et par des marches stériles, est en retraite sur Pontarlier, elle est menacée de voir sa retraite coupée. Le seul moyen de conjurer le danger serait d'inquiéter les communications de l'ennemi lui-même. Pour cela, il faudrait porter votre centre d'action à Dôle et enlever cette place. L'entreprise que nous vous demandons est très difficile, impossible pour tout autre que pour vous. Elle est digne de votre génie ! Croyez-vous pouvoir la tenter ? (2)

Il résulte de la déposition du général Clinchant devant la commission d'enquête parlementaire que l'entreprise confiée par M. de Freycinet à Garibaldi et qui devait être tentée le plus tôt possible, ne fut exécutée ni le 29 ni le 30, ni le 31 janvier. Le 1er février, au moment où une partie de l'armée de l'Est avait déjà passé la frontière, le général Clinchant reçut de Garibaldi la dépêche télégraphique suivante :

---

(1) *Enquête parlementaire*, vol. III.
(2) Colonel SECRÉTAN : *L'armée de l'Est*.

Je me propose de faire une démonstration sur les derrières de l'ennemi.

Tenez-moi au courant.

! ! !

Il convient d'ajouter que, ce même 31 janvier, Garibaldi, attaqué à Dijon par les troupes allemandes, s'enfuit, sans combat, dans le département de Saône-et-Loire avec les 45,000 hommes dont il disposait. C'est alors seulement, quand il se vit suffisamment à l'abri, qu'il transmit au général Clinchant la dépêche que nous venons de citer.

Le 2 février, le général Bordone adressait à ses troupes une proclamation que je ne saurais passer sous silence, bien que les opérations de l'armée des Vosges ne rentrent pas dans le cadre de ce livre. Mais cette proclamation est d'un puffisme si rare que je m'en voudrais de ne la pas mentionner :

. . . .
jurons de ne mettre bas les armes que lorsque le sol de la France sera purgé de cette mêlée de renards et de loups qu'on appelle l'armée de l'Empereur Guillaume, et sur laquelle nous marcherons désormais comme sur des bêtes fauves qu'on larde encore de coups de pieux et de fourches quand elles gisent expirantes et la bave sanguinolante aux lèvres. Pas de quartier !

Or, le général Bordone savait fort bien que les préliminaires de l'armistice étaient signés et la preuve, c'est qu'il s'était enfui en Saône-et-Loire, département compris dans l'armistice. Cette belle éloquence était dépensée en pure perte ; l'armée des Vosges ne devait pas revoir l'ennemi.

Enfin, M. Perrot a pu dire avec raison en terminant son rapport à l'Assemblée nationale sur l'armée des Vosges :

> Si le général Garibaldi avait été un général français, nous aurions été contraints de vous demander que ce rapport et les pièces qui le justifient fussent renvoyés par l'Assemblée au ministre de la guerre, afin d'examiner si le général Garibaldi ne devait pas être traduit devant un conseil de guerre pour y répondre de sa conduite comme ayant abandonné à l'ennemi, de propos délibéré et sans combat, des positions qu'il avait mission de défendre, et comme ayant, par là, occasionné la perte d'une armée française et amené un désastre militaire qui n'aura de comparable dans l'histoire que les désastres de Sedan et de Metz.

VIII

VERS LA FRONTIÈRE SUISSE

En prenant le commandement de l'armée de l'Est, le général Clinchant n'avait modifié en rien les dispositions arrêtées par Bourbaki en vue de la retraite. Il se contenta de laisser deux divisions à Besançon et partit pour Pontarlier, afin d'y assurer des vivres pour les troupes et de faire déblayer de la neige qui les couvrait les routes de frontière par lesquelles il espérait pouvoir les écouler.

Dans la matinée du 29, l'armée était concentrée autour de Pontarlier, laissant derrière elle plus de 30,000 traînards.

A Pontarlier, le désordre était tel qu'il devint impossible de faire des distributions régulières : le temps avait manqué pour fabriquer du pain. Dans sa déposition devant les membres de la commission d'enquête parlementaire, le général Clinchant a cependant reconnu que les vivres ne manquaient pas, mais bien **les moyens de faire les distributions :**

Les traînards étaient d'abord le cinquième de l'armée, puis ils sont devenus le quart, puis la moitié, puis davantage, et il est clair que ces hommes ne pouvaient trouver de vivres.

Le vendredi 27 janvier, écrit un témoin oculaire [1], pendant toute la journée et par toutes les routes, il n'a cessé d'arriver à Pontarlier infanterie, cavalerie, artillerie et une telle quantité de fourgons, d'équipages et de voitures de toutes sortes que les rues, les places, les carrefours étaient encombrés et la circulation absolument interceptée. Il fut impossible de loger cette multitude d'hommes et de chevaux ; les maisons, l'église et jusqu'aux caves furent ouvertes à ces malheureux, mais plusieurs milliers couchèrent dans les rues, sur les places, dans la campagne, autour des feux de bivouac. Or, il y avait deux pieds de neige et douze à quinze degrés de froid. Ajoutez que tous mouraient de faim et de fatigue et que la manutention et la boulangerie, n'ayant pas été prévenues, manquaient d'approvisionnements. Un millier de chevaux, attachés aux roues de leurs voitures, maigres, efflanqués, affaiblis par des courses forcées dans les chemins couverts de cinquante centimètres de neige, attendaient une pâture qui ne venait jamais. On les voyait chercher dans la neige quelques brins de foin et de paille abandonnés. Dans cette nuit, plusieurs périrent de fatigue et de misère. Le samedi 28, une partie de la troupe qui avait couché à Pontarlier ou dans les villages voisins se mit en route dans la direction de Mouthe et de Morez, mais parvenue à quatre ou cinq kilomètres, elle reçut l'ordre de rentrer en ville. L'arrivée de cette troupe et des équipages coïncidant en sens inverse avec l'entrée d'un corps de six à huit mille hommes, jeta une telle confusion dans la ville qu'il semblait que chaque corps marchât pour son propre compte, qu'il n'y avait ni officiers, ni état-major, ni in-

---

[1] M. A. PATEL : *La retraite de l'armée de l'Est.*

tendance. Des militaires sans armes, presque sans souliers, sans direction, quelques-uns en sabots, circulaient au hasard, cherchant du pain, un logement, un abri, quel qu'il fût. Le cœur saignait de ne pouvoir soulager tant de misères, mais le pain manquait aussi bien pour l'habitant que pour le soldat. . . . .

Et, plus loin, c'était un spectacle étrange : artilleurs assis ou couchés sur la neige près de leurs pièces ; chevaux harnachés, mis au piquet ; autour de la ville, et bien avant dans la plaine, soldats et conducteurs circulaient comme une fourmilière au milieu d'un dédale de voitures, de charrettes, de caissons, de chevaux et de pièces, d'animaux de boucherie. Des feux étaient allumés partout et tout servait à les alimenter, palissades, piquets, branches d'arbres, arbres même, ce qui n'a pas empêché beaucoup d'hommes d'avoir pieds et mains gelés. L'intérieur de la ville présentait un aspect encore plus triste. La neige, congelée, foulée par tant de voitures et de piétons, était réduite en une couche de farine et rendait la marche très difficile. Partout, des charrettes et des attelages, des chevaux morts de faim ou se débattant sur la neige au moment d'expirer. Des feux de bivouac partout, contre les maisons, sur les places, dans les cours ; des charrettes brisées, des lambeaux d'habillements, des caisses de biscuit, de riz et de café au pillage, des harnais abandonnés...... ....
La plupart des officiers, en groupes dans les hôtels ou les estaminets, ne s'occupaient que d'eux-mêmes et de leur bien-être, ne songeaient qu'à sauver leurs colis ou leurs personnes. Ayant rompu tous liens avec leurs soldats, ils marchaient confondus avec eux, ne pouvant plus rien leur commander ni en attendre. La misère et l'égoïsme avaient effacé les rangs. . . . .

Quant à nous, arrivés le 28 à Pontarlier, il nous avait fallu renforcer le personnel du bureau télégraphique. Toutes les sections de la mission étaient bien réunies puisqu'elles avaient suivi jusque là leur division ou leur brigade respective, mais c'était à nous, attachés spécialement au grand quartier général, d'en assurer le service et nous l'avions fait volontiers, certains de cette façon d'être à l'abri et auprès d'un bon feu. Beaucoup de nos camarades, obligés de chercher où passer la nuit à couvert, se fatiguèrent de démarches vaines et durent se contenter des places de coupé ou d'intérieur de nos voitures. D'autres, mieux avisés, sollicitèrent du chef de station du télégraphe un coin où ils pussent dormir, mais tout était pris : une seule chambre, demeurée vacante, avait été mise à la disposition de notre petit état-major qui, bien qu'il y fut déjà à l'étroit, consentit cependant à ce que d'un lit on en fit trois, en mettant à terre les deux matelas.

Dans le courant de la nuit, obligé de me rendre dans cette chambre où travaillait M. Musart pour qui on avait installé un appareil supplémentaire, je vis un spectacle singulier ; à terre, sur les deux matelas, enfoncés jusqu'au cou dans de grands sacs garnis intérieurement de peaux de mouton, dormaient MM. Aubry, Darcq et Wuenschendorff ; sur le sommier, cinq ou six télégraphistes ronflaient à qui mieux mieux, tandis que M. Musart, impassible, infatigable, déchiffrait une longue dépêche adressée au général en chef.

Nous étions dans un état de délabrement et de misère indescriptible : presque tous atteints de bronchite, insuffisamment nourris. Pour moi, je souffrais de plus en plus de la dyssenterie qui prenait des proportions inquiétantes et qui m'affaiblissait beaucoup. Mon estomac ne supportait plus les aliments depuis quelques jours et je ne vivais que de café et d'eau-de-vie.

Le moral, chez nous, ne valait pas beaucoup mieux que le physique, et si nous remplissions encore notre devoir, c'était en faisant appel au peu d'énergie qui nous restait. Nous sentions bien que tout était fini, qu'autour de nous il n'y avait plus rien, ni commandement, ni soldats ; les défections journalières des chefs, l'indiscipline des hommes, les progrès incessants des ennemis, la température de plus en plus glaciale, tout contribuait à nous décourager, tout nous prouvait que nous courions à une catastrophe.

Elle était prochaine.

Le général Clinchant se rendit bien vite compte de l'impossibilité où il se trouvait de maintenir ses troupes dans de semblables conditions autour de Pontarlier. L'ennemi se rapprochait d'ailleurs sensiblement : le 14ᵉ corps était à proximité de Besançon et ses éclaireurs s'avançaient jusque sous les murs de la place le 2ᵉ corps s'était emparé de Champagnole et sa cavalerie poussait des pointes dans la direction de Pontarlier, ainsi que celle de la division Schmeling qui était déjà à Beaume-les-Dames. Il devenait donc urgent, pour ne pas être enveloppé, de prendre la seule route demeurée libre, celle de St-Claude, qui longe le lac de St-Point et passe par Mouthe, les Deux-Foncine et St-Laurent.

Ordre fut donné en conséquence de fortifier la gorge de Vaux, le défilé des Planches ainsi que ceux de Chaux et de Mores.

Mais il était trop tard : les défilés des Planches et de Foncine-le-Bas étaient déjà occupés par l'ennemi ; de cette façon, la dernière route qui nous restait était interceptée. Lorsque le général Crémer arriva au défilé de St-Laurent, et, derrière lui, la brigade Millot et les divisions Barrès et Comagny, ils y trouvèrent les Allemands installés et retranchés. Apprenant par le maire de Foncine-le-Haut qu'un armistice avait été signé, la brigade Millot s'installa dans ce village, ayant devant elle les postes prussiens qui barraient le pont de la Saine. La division Comagny fit de même et se cantonna sur la hauteur.

Pendant ce temps, un événement honteux pour nos troupes se passait près de Pontarlier. Le 7e corps prussien marchait sur Pontarlier avec, en avant-garde, trois bataillons, un escadron et une batterie.

L'un de ces bataillons rencontra à Sombacourt la division Dastugue et la fit prisonnière presque sans combat ; elle comprenait 2,700 hommes, 10 canons, 7 mitrailleuses, 48 voitures, 320 chevaux et 3,500 fusils.

Quelques hommes s'enfuirent à Pontarlier. L'ennemi n'avait de son côté que 2 tués et 5 blessés. (1)

Les deux autres bataillons prussiens, continuant leur route, étaient arrêtés par la brigade Thornton qui occupait Chaffois. Là, s'engagea une lutte très vive qui durait depuis une heure et demie lorsque le général Clinchant, apprenant la conclusion d'un armistice, fit cesser le feu.

La dépêche de Bordeaux qui annonçait la suspension des hostilités venait, en effet, de parvenir à Pontarlier.

On sait que, par suite d'une cruelle méprise, l'armistice conclu à Versailles ne concernait pas les opérations militaires sur le terrain des départements du Doubs, du Jura et de la Côte-d'Or, ainsi que sur le territoire de Belfort. La dépêche de Jules Favre au gouvernement de Bordeaux disait qu'il venait de conclure un armistice mais ne mentionnait aucune réserve, et c'est une copie exacte de cette dépêche qui venait d'arriver à Pontarlier, envoyée par le gouvernement qui n'avait lui-même reçu aucun détail.

Dès la réception de cette nouvelle, les mouvements de l'armée française furent arrêtés, tandis que ceux des Allemands continuaient en toute liberté. En effet, alors que Jules Favre télégraphiait à Bordeaux d'une façon laconique, M. de Moltke prescrivait au contraire

---

(1) Commandant Rousset.

au général de Manteuffel de continuer ses opérations ainsi que le siège de Belfort.

Aussitôt la dépêche reçue, le général Clinchant avait envoyé au général de Manteuffel un parlementaire avec mission de régler les conditions de la suspension d'armes. C'était le 29 janvier au soir. Quelques heures après, le parlementaire revenait avec une lettre dans laquelle le général Manteuffel disait qu'entre ses troupes et celles de l'armée de l'Est, il n'y avait pas armistice.

Juste au même moment, la nouvelle était confirmée par Gambetta au général Clinchant qui demandait de nouveau, mais vainement, à son adversaire de demeurer dans le statu quo en attendant des instructions.

Tout fut inutile. Dès le lendemain 30, les mouvements de l'ennemi recommencèrent autour de Pontarlier. Ils s'opérèrent d'ailleurs sans difficultés, sans résistance, tant la démoralisation des troupes était grande, surtout après ce dernier coup. C'est ainsi que le village de Frasnes, sur la voie ferrée d'Arbois à Pontarlier, et qu'occupaient les divisions Ségard et Poullet, fut évacué sans lutte par nos soldats qui s'enfuirent, laissant aux mains des Allemands 12 officiers et 1,500 hommes prisonniers. La division Poullet recula même jusqu'à Mouthe, abandonnant ainsi la passe de Vaux et des Granges Ste-Marie qui débouchait sur la route de St-Laurent, la seule dont disposât l'armée française.

Pour obliger l'armée française à passer en Suisse, le général de Manteuffel n'avait plus qu'à occuper tout le terrain compris entre les deux routes de Salins et d'Ornans.

Ainsi disposées en arc de cercle, dit le commandant Rousset, les forces allemandes n'attendaient plus que l'arrivée du 14ᵉ corps pour attaquer Pontarlier où elles croyaient devoir rencontrer une résistance décuplée par le désespoir. Elles gagnèrent, le 31, les posisions qui leur étaient assignées, sans avoir de lutte à soutenir ; partout, devant elles, nos soldats anéantis reculaient en désordre et l'ennemi n'avait qu'à se baisser pour prendre des fusils abandonnés, des objets d'équipement de toute espèce et pour faire des centaines de prisonniers. L'agonie de cette armée décomposée par l'indiscipline et la souffrance était lamentable et le spectacle navrant.

C'est seulement dans la journée du 31 que parvint à Pontarlier une dépêche de Gambetta qui donnait enfin au général Clinchant le mot de l'énigme. Ce dernier devait se considérer comme un belligérant distinct et, selon ses convenances, continuer à se battre ou traiter avec le général de Manteuffel au mieux des intérêts et de l'honneur de la France.

Continuer à se battre était impossible. Traiter avec l'ennemi ? Clinchant savait de la bouche même de Manteuffel qu'il fallait ou que l'armée française capitulât comme celles de Sedan et de Metz, ou qu'elle passât en Suisse.

C'est à ce dernier parti qu'il s'arrêta. Au moins voulut-il tenter de sauver son matériel. Dans un conseil de guerre auquel assistaient tous les généraux, il exposa la situation telle qu'elle était et demanda aux commandants des corps s'ils croyaient pouvoir défendre Pontarlier. Leur réponse fut négative. Il fallait dès lors évacuer la ville.

Tenir le long de la frontière, sur les crêtes, près les forts de Joux et de Montperreux était impraticable, en raison de l'état des chemins et de la proximité d'un pays neutre où nos troupes déserteraient en masse : La situation était sans issue, a dit le général Clinchant dans l'enquête parlementaire, l'armistice avait porté au moral des troupes le coup le plus funeste; je ne pouvais plus les nourrir. Il me fallait prendre un parti sans plus attendre, sous peine de voir périr l'armée. Quelque pénible que fut la détermination dont j'avais à subir la responsabilité, je décidai que nous entrerions en Suisse, tout en prévenant les généraux que j'autoriserais à rentrer en France tous les corps ou détachements qui croiraient pouvoir se frayer un chemin en suivant les sentiers de montagne dans lesquels il serait possible de s'aventurer.

Des instructions furent immédiatement données en conséquence, mais il devenait, d'autre part, indispensable de conclure un arrangement avec le gouvernement fédéral au sujet du passage en Suisse et du désarmement des troupes françaises.

Le colonel Chevals fut envoyé aux Verrières à cet effet et, dans la nuit du 30 au 31 janvier, il concluait avec le général Herzog une convention aux termes de laquelle l'armée française était autorisée à entrer en

Suisse à des conditions déterminées. Une heure après, à peine, au petit jour, les premières troupes françaises franchissaient la frontière et pénétraient sur cette vieille terre d'honneur et de liberté où les attendait une hospitalité cordiale dont notre nation, dans la bonne comme dans la mauvaise fortune, gardera un souvenir éternellement reconnaissant. (1)

---

(1) Commandant Rousset.

QUATRIÈME PARTIE

L'ENTRÉE EN SUISSE

M. le colonel fédéral Secrétan a raconté l'entrée en Suisse de l'armée française en termes d'une émotion poignante et communicative. Nous ne pouvons mieux faire que de lui emprunter le récit si dramatique qu'il a fait de la catastrophe :

L'entrée en Suisse commença aux Verrières dans une obscurité profonde, par l'état-major du général en chef, les voitures du quartier général, le Trésor (1,682,684 francs), la poste de campagne, des calèches appartenant aux généraux, puis la longue colonne d'artillerie qui avait stationné dans la neige pendant toute la journée précédente et la nuit sur la route de Pontarlier. Des milliers d'hommes s'étaient faufilés entre les voitures. C'était une cohue à la pression de laquelle les troupes fédérales eurent parfois de la peine à résister quand l'opération du désarmement causait des arrêts dans la marche.

Une autre colonne parallèle suivait, à cent mètres de distance, la voie ferrée. L'état-major français, supposant sans doute que déjà des corps considérables étaient parvenus à gagner le département de l'Ain par le chemin de Mouthe, annonça la présence et l'entrée probable de 42,000 hommes. En réalité, il entra en Suisse 87,487 hommes, dont 2,467 officiers, 11,800 chevaux, 285 bouches à feu et 1,158 voitures diverses.

Ce fut un spectacle navrant que celui de l'entrée de l'armée en Suisse. Dès qu'ils ne furent plus soutenus par la crainte du danger et de la poursuite de l'ennemi, ni excités par leurs officiers, dès qu'ils se sentirent sur un sol hospitalier où des mains secourables se tendaient vers eux de toutes parts, les soldats s'affaissèrent complètement et perdirent le peu d'énergie qui leur restait encore. Un très grand nombre marchait les pieds nus, enveloppés de misérables chiffons Les chaussures, faites d'un cuir spongieux, mal tanné, et la plupart trop étroites, n'avaient pas pu supporter la marche dans la neige et la boue ; les semelles étaient absentes ou dans un état pitoyable. Beaucoup de ces malheureux avaient les pieds ensanglantés ou gelés. Les uniformes étaient en lambeaux. Les hommes, s'étant approprié tous les vêtements qu'ils avaient rencontrés sur la route, l'aspect général des troupes présentait d'invraisemblables bigarrures. Plusieurs avaient encore le pantalon de toile reçu à l'entrée de la campagne et grelottaient à faire pitié. Une toux stridente et continuelle se faisait entendre de la tête à la queue des colonnes : tous à peu près en étaient affectés. Fantassins de toutes catégories, zouaves, turcos, soldats de la ligne, chasseurs à pied, gardes mobiles, cavaliers démontés, cuirassiers, dragons, artilleurs, tous étaient confondus dans cette cohue. Quelques corps seulement avaient gardé leurs rangs, tantôt une ou deux compagnies, ici et là un bataillon accompagné de ses chefs, enfin trois ou quatre régiments du 18e corps surtout et de la réserve générale, complets ceux-là et présentant un aspect aussi satisfaisant que les circonstances le comportaient. . . . . . .

Le commandant des troupes suisses avait eu d'abord l'intention de suspendre le désarmement pendant la nuit pour permettre aux troupes de prendre du repos. Il n'y eut pas possibilité d'observer la consigne. Dès que le moindre arrêt se produisait dans la colonne, c'était de la queue à la tête une irrésistible poussée. Point de halte ni de repos dans ce flot d'hommes descendant en longues lignes noires des versants du Jura, blancs de neige, sans cesse bousculés par les derniers venus, pressés de se mettre à l'abri, de trouver quelque part, où que ce fût, un toit, un gîte. Les troupes les premières entrées durent marcher jusqu'au soir pour évacuer les routes et permettre à la queue d'avancer. Les plus fatigués, les plus misérables, exténués, tremblant la fièvre, s'accroupissaient ou tombaient au bord du chemin, inertes, insensibles à tout, incapables d'agir, à peine de parler. La charité publique relevait ces moribonds. On en emplissait les étables et les granges, et plus là-bas, dans les vallées et la plaine, les écoles, les églises, les infirmeries. Les populations, échelonnées sur la route, faisaient de leur mieux pour soulager tant de misères.

Des milliers de chevaux et de voitures coupaient, par intervalle, ce flot humain qui passait. Les chevaux faisaient pitié autant que les hommes. Maigres, efflanqués, pouvant à peine se tenir sur leurs jambes, ils tombaient par centaines. On se bornait à couper les traits, à traîner les pauvres bêtes hors de la chaussée et on les achevait d'un coup de fusil. Les routes en étaient jonchées. D'autres, affamés, cherchaient à ronger tout ce qui était à leur portée, les jantes des roues de la voiture qui les précédait ou les crins du compagnon de misère attelé devant. Privés de soins depuis longtemps, leur corps n'était souvent qu'une plaie dégoûtante. De l'aveu des conducteurs, un grand nombre des chevaux des batteries n'avaient pas été désarnachés depuis plusieurs semaines. Les chevaux de la cavalerie, quoique harassés, étaient, en général, moins mal tenus. Les cavaliers montraient quelque sollicitude pour leurs montures, tandis que les soldats du train, de l'artillerie et des équipages, traitaient les chevaux des attelages avec une brutalité révoltante. A Yverdon, à Colombier, on dut faire entourer les parcs d'une forte chaîne de sentinelles pour empêcher les soldats du train de s'échapper et les forcer de donner à leurs bêtes les soins les plus élémentaires.

Sur les points de passage principaux, ce lamentable défilé dura le 1ᵉʳ février pendant toute la journée, la nuit suivante sans interruption et une partie de la journée du lendemain. Toute la génération d'hommes qui, en Suisse, a assisté à ce lugubre épilogue d'une guerre cruelle, en a gardé, impérissable, le tragique souvenir. Jamais on n'avait vu, dans cet heureux pays, pareil désastre. (1)

Combien je voudrais pouvoir dire que le colonel fédéral Secrétan a poussé trop au noir le récit de l'entrée en Suisse de nos troupes! Hélas! lorsque je me reporte par la pensée à cette terrible fin de ce qui avait été l'armée de l'Est, le navrant spectacle que j'ai eu sous les yeux durant toute cette journée du 1ᵉʳ février m'apparaît plus sombre, plus horrible encore, malgré les 27 années qui se sont écoulées. Je revois cette cohue d'hommes qui n'avaient plus du soldat que le nom, sans vêtements, sans chaussures, à peine couverts de loques effilochées, disparates, les cheveux et la barbe incultes, les yeux caves, toussant à fendre l'âme, se traîner péniblement sur la route couverte de neige, s'accrocher aux voitures pour ne pas tomber de lassitude ; je les vois tourner la tête et regarder en arrière.

---

(1) Colonel SECRÉTAN : *loc. cit*, pages 501 et suivantes.

chaque fois qu'une détonation de canon parvenait à leurs oreilles, avec une expression d'effroi indicible, comme s'ils eussent craint d'être poursuivis une fois encore par cet ennemi impitoyable qui les harcelait depuis des journées et de ne pouvoir atteindre cette terre hospitalière, le salut, dont chaque pas les rapprochait. Je revois la route qui passait au pied du fort de Joux toute noire de ce troupeau humain roulant, trébuchant, sans cesse accru de la multitude qui dévalait de tous les sentiers du Jura ; je revois les malheureux qui, à bout de forces, las de souffrir, incapables de faire un pas de plus, se laissaient tomber sur la terre glacée et que, brutalement, impitoyablement, leurs camarades poussaient sur les bas-côtés du chemin sans autre idée que de précipiter leur propre fuite, que d'assurer plus vite leur propre salut. Et mon cœur se serre à la pensée de cet égoïsme féroce, de cette épouvantable lâcheté qu'engendrent l'instinct de la conservation et la crainte de la mort. Certes, à ce moment, le « chacun pour soi » était la règle absolue, le seul sentiment qui existât encore dans l'âme de tous ces hommes déprimés par les horribles souffrances endurées depuis deux mois. Qui sait si toute cette armée, bêtes et gens, officiers et soldats, ne se serait pas affaissée et n'aurait pas péri, tout entière, dans la neige, si le dernier effort à faire pour atteindre la Suisse avait été plus considérable, si le sol helvétique avait été distant de quelques kilomètres de plus ?

Non, certes, le colonel Secrétan n'exagère en rien. Je les ai vus, ces pauvres chevaux dont la peau perçait les os, que les ulcères dévoraient, manger l'écorce des arbres, le bois des voitures, s'arracher mutuellement les crins, mourants de faim, tomber à chaque pas après avoir, sous les injures et les coups de leurs conducteurs, fourni un dernier et impuissant effort.

J'ai vu tout cela et j'en ai gardé un souvenir qui ne s'effacera jamais. J'ai vu, aux Verrières, les troupes suisses bien alignées, disciplinées, chaudement vêtues, formant le contraste le plus lamentable avec les infortunés soldats qui, tête basse, défaillants de fatigue, presque morts de froid et de faim, défilaient devant elles et jetaient en des tas sans cesse grossissants sabres et fusils, carabines et revolvers, sacs et munitions ; j'ai surpris le soupir de soulagement qui soulevait toutes ces poitrines d'hommes exténués lorsque la pensée leur vint qu'ils étaient sauvés, enfin, qu'ils n'avaient plus rien à redouter, qu'ils étaient chez des amis, qu'ils allaient boire et manger, surtout dormir en toute quiétude. Oh ! dormir et avoir chaud, oublier en un sommeil lourd, profond, prolongé, infini, les angoisses de tous ces jours, de tous ces siècles ! de misère, les affres de ces nuits passées au bivouac en un continuel piétinement dans la neige, dans l'obscurité si propice aux embuscades, aux surprises de l'ennemi, par ce froid abominable qui vous gelait jusqu'au cœur, oublier la soif, la faim, oublier tout !

Oui, toutes ces choses, je les ai vues et ressenties; toutes ces angoisses m'ont torturé, toutes ces souffrances je les ai supportées.

Avec l'Etat-Major, l'artillerie et les bagages, notre section de télégraphie était parvenue, le 31 janvier au soir, tout près des Verrières, dans un petit village situé au pied du fort de Joux. Pour arriver jusque là, j'avais dû faire appel à toute mon énergie, mais mes forces étaient à bout et il m'eût été impossible d'aller plus loin. Bien que fort atteints eux-mêmes, mes camarades furent effrayés de ma faiblesse et me conduisirent auprès d'un médecin-major qui m'examina sommairement et déclara en hochant la tête qu'il n'y avait rien à faire pour le moment, que le mieux était de m'abriter auprès d'un bon feu, en attendant que les négociations entamées avec le gouvernement fédéral pour l'entrée en Suisse des troupes françaises fussent terminées.

Et, pendant que je me retirais, je le vis parler bas à Houart de cet air qu'ont les médecins lorsqu'ils annoncent aux parents de leurs malades que tout espoir de guérison est perdu, et faire ce geste las que j'avais surpris tant de fois déjà, au cours de cette horrible guerre, chez les chirurgiens qu'on amenait auprès de soldats hurlant de douleur, mutilés par quelque éclat d'obus, blessés à mort. Rien à faire! et ils passaient.

Aussi, mes réflexions furent-elles bien tristes lorsqu'après de longues et pénibles recherches, mes camarades me laissèrent couché sur un matelas, devant un feu ardent, chez un brigadier des douanes dont la femme, apitoyée, s'empressait autour de moi, me glissant un coussin sous la tête, m'obligeant à boire je ne sais quelle boisson chaude dont elle attendait le meilleur résultat.

Etait ce donc ainsi que devait finir pour moi cette abominable campagne ; étais-je condamné à mourir si piteusement dans ce village perdu de la frontière, loin des miens, auprès de personnes étrangères qui, je le sentais bien, considéraient cette éventualité comme à peu près certaine, et pour qui j'allais devenir un embarras terrible ? Mes rêves de gloire, de dévouement à la patrie allaient-ils s'envoler à tout jamais et faire place à un dénouement aussi vulgaire ? Crever de dyssenterie ! alors que j'aurais pu tomber à mon poste, comme tant d'autres, frappé d'une balle, emporté par un obus, sans souffrances mais glorieusement, proprement. Finir misérablement sur un matelas, d'une maladie dégoûtante, alors que depuis six mois j'aurais pu trouver la mort sur un champ de bataille, à Strasbourg, à Coulmiers, à Villersexel ou à Héricourt ! C'était à en pleurer de rage !

La fièvre m'avait pris. Je grelottais auprès de ce feu ardent que la femme du brigadier alimentait sans cesse, en dépit des couvertures dont elle m'enveloppait, des tisanes brûlantes qu'elle m'obligeait à avaler. Son mari vint qui me déshabilla entièrement, me fit boire une large lampée d'eau-de-vie et passa plus d'une heure à me frictionner vigoureusement avec un lambeau de laine imbibé d'alcool, tant et si bien que la chaleur reparut et que je finis par m'endormir d'un sommeil profond et réparateur.

Le lendemain, 1er février, lorsque je m'éveillai, toujours couché auprès du feu, et roulé tout nu dans une couverture, j'étais inondé de sueur, mais, bien que ma faiblesse fût encore excessive, je me sentis capable de revêtir seul mes vêtements. Le traitement du brigadier avait évidemment du bon puisqu'il m'avait remis à peu près sur pied et je me promis bien de le renouveler dès que les circonstances me permettraient de le faire.

Mes camarades ne furent pas médiocrement surpris de me trouver debout et en état de les suivre lorsqu'ils vinrent m'annoncer que le territoire Suisse était ouvert à l'armée de l'Est et que la mission, au grand complet, n'attendait plus que moi pour pénétrer sur cette terre de liberté et de salut. Je les suivis après avoir remercié chaudement le brigadier des douanes et sa femme dont les soins avaient été si empressés, si dévoués et avaient produit un si heureux résultat. Ces braves gens refusèrent la récompense que je leur offrais ; le mari consentit seulement à accepter, à titre de souvenir, la vieille pipe que j'avais fumée pendant toute la campagne et que mon père m'avait donnée lors de mon départ de Rochefort.

Une heure après, tout le personnel de la mission pénétrait à la suite de MM. Aubry, Darcq et Wuenschendorff sur le territoire Suisse.

Si M. le colonel Secrétan n'a pas chargé le tableau que j'ai reproduit plus haut de l'entrée en Suisse de l'armée française, il a singulièrement atténué le récit de l'accueil que ses compatriotes nous réservaient de l'autre côté de la frontière. Si les soldats de la Confédération assistaient impassibles, l'arme au pied, au défilé lamentable de nos malheureuses troupes et à leur désarmement, la population civile était là tout entière, émue, frémissante, les bras ouverts, les mains chargées de provisions, de vin, de café, de liqueurs, de tabac et de cigares, de vêtements de laine, voire même d'argent qu'elle offrait à tous indistinctement avec un tel élan de bonté, de fraternelle charité, avec une expression si saisissante de compassion douce que les larmes nous en vinrent aux yeux.

Certes, si la triste fin réservée à l'armée de l'Est, si l'état pitoyable de nos infortunés soldats, l'horrible désordre de toutes ces troupes débandées, en haillons, l'obligation qui leur était imposée d'abandonner leurs armes, si tout cela était bien fait pour nous serrer le cœur, pour nous faire baisser le front sous un sentiment poignant d'humiliation et de honte patriotique, au moins avions-nous la consolation de sentir que la terre sur laquelle nous pénétrions vaincus, désarmés, était une terre amie, hospitalière, dont les habitants ne voyaient en nous que des malheureux à secourir, des frères à consoler. Dans leurs yeux, ni mépris, ni ironie, mais de la pitié et de la tendresse.

Et, cette pitié, cette tendresse, ils ne cessaient de les manifester de la façon la plus touchante. Les malades, les blessés les intéressaient particulièrement ; ils s'empressaient autour d'eux, les soutenaient pour les conduire dans leurs demeures où ils leur prodiguaient les soins les plus empressés. Beaucoup pleuraient.

J'ai dit que, lors de la formation de la mission télégraphique attachée à l'armée de la Loire, les agents qui en faisaient partie avaient été assimilés à des lieutenants. En notre qualité d' « officiers », nous ne fûmes donc pas obligés d'abandonner nos armes et c'est le revolver au côté que nous pénétrâmes sur le territoire suisse à la suite de notre état-major.

Notre aspect n'était pas beaucoup plus brillant que celui des troupes : depuis deux mois, nous avions couché tout habillés, et nos vêtements qui dataient de l'entrée en campagne étaient dans un état lamentable. Pour ma part, j'avais l'une des jambes de mon pantalon d'uniforme déchirée sur presque toute sa longueur, ma vareuse n'avait plus de boutons et mes chaussures trouées, décousues, ne tenaient plus que par miracle. Aussi, prise de pitié, et en dépit des deux galons qui ornaient les manches de ma vareuse, une jeune fille que je revois encore, blonde, avec deux longues tresses de cheveux, s'approcha-t-elle de moi tenant dans sa main toute ouverte une belle pièce de deux francs que ses jolis yeux me pressaient d'accepter.

Ce n'était pas l'argent qui nous manquait : en outre de l'entrée en campagne de 600 francs qui nous avait été versée à Tours, nous avions touché depuis nos appointements doubles. Les vivres qui nous étaient attribués, le logement chez l'habitant dans les villes où nous avions séjourné, tout cela nous avait permis de réaliser de notables économies. Nous étions donc relativement riches : néanmoins, l'offre de ma gentille suissesse me toucha profondément et ce fut les larmes aux yeux que je refusai en lui désignant un soldat qui, appuyé contre un mur, toussait affreusement et semblait bien près de tomber de faiblesse. Elle comprit et je la vis déposer son aumône dans la main du malheureux qui eut à peine la force de remercier, puis s'enfuir, heureuse de la bonne action qu'elle venait d'accomplir.

Houart que ce spectacle bouleversait et qui, ancien soldat doué de toutes les vertus militaires, souffrait plus qu'aucun de nous du désarmement imposé à nos troupes et de l'humiliation qui en résultait, ne put s'empêcher de manifester hautement son sentiment d'une façon un peu dramatique, un peu emphatique peut-être.

Il s'arrêta devant le cordon de soldats suisses et, les bras croisés sur sa poitrine, le visage sillonné de larmes qui coulaient et se perdaient dans sa grosse moustache hérissée, il sembla sur le point de prononcer un discours, mais tout ce qu'il put dire fut un : « est-ce assez de honte, ô Suisses ! » qui, en dépit de la situation poignante, arracha à beaucoup un sourire.

Une surprise agréable nous attendait : nos collègues de Neufchâtel avaient eu la bonne pensée d'envoyer au-devant de nous, aux Verrières, une députation chargée de nous souhaiter la bienvenue. Ils manifestèrent également l'intention de nous accompagner jusqu'à la ville, soit en chemin de fer, soit sur des traîneaux dont ils s'étaient prémunis.

Inutile de dire combien nous fûmes émus de cette preuve de confraternité et quels chauds remerciements nous adressâmes à ces excellents camarades. Leurs offres nous séduisaient beaucoup et notre premier mouvement fut de les accepter, mais notre colonel, M. Aubry, à qui nous dûmes en référer, refusa, tout en exprimant les sentiments de reconnaissance que lui inspiraient les procédés si délicats des télégraphistes suisses. Il voulait que le personnel et le matériel de la mission continuassent à suivre les chemins jusqu'à Neufchâtel ; d'une santé à toute épreuve, peu accessible à la fatigue, dur pour les autres comme il l'était pour lui-même, il avait décidé de fournir encore cette dernière preuve d'énergie.

Nos collègues durent à leur grand regret retourner seuls à Neufchâtel en nous donnant toutefois rendez-vous pour le lendemain. Quant à M. Aubry, il nous engagea à chercher un gîte pour la nuit et nous enjoignit de nous réunir, dès la première heure, pour reprendre avec lui le chemin de Neufchâtel. Là seulement nous devions connaître le nom de la ville où nous serions internés.

Mais nous n'avions ni l'énergie ni l'inaltérable santé du colonel. Nous nous empressâmes bien de suivre son premier conseil, c'est-à-dire de nous mettre en quête d'un souper et d'un gîte, nous promettant in petto de lui fausser compagnie après une nuit de repos et de choisir pour gagner la ville voisine un tout autre moyen de locomotion que nos pauvres jambes fatiguées.

J'allai échouer pour ma part chez un modeste tailleur qui consentit à m'admettre à sa table, à me louer une chambre et à me vendre un pantalon. Quelle excellente nuit je passai chez ce brave homme après un bon repas que mon hôte arrosa de son meilleur vin! Depuis notre départ de Besançon, je n'avais pas couché dans un lit et jamais peut-être je n'avais ressenti aussi vivement le plaisir de me glisser entre des draps blancs.

Dès l'aube, je fus sur pied; avec quelle satisfaction j'enfilai mon pantalon neuf qui, avec ce qui me restait de mes vêtements d'uniforme, me faisait un accoutrement singulier! Puis, après avoir « tué le ver » en compagnie de mon petit tailleur, je rejoignis mes collègues qui s'apprêtaient à aller prendre le train pour Neufchâtel.

En partant des Verrières suisses nous avions télégraphié à nos obligeants collègues pour leur annoncer notre arrivée : ils se trouvaient à la gare lorsque notre train stoppa et nous conduisirent aux hôtels ou maisons particulières où des chambres avaient été retenues pour nous, ainsi qu'au restaurant où des prix d'un bon marché incroyable avaient été convenus.

Nous devions loger, Trévédy, Fridblatt, Houart et moi, chez une vieille dame, française d'origine, qui nous accueillit à bras ouverts, nous appelant ses chers enfants, nous installa coquettement dans des chambres confortables et nous fit promettre de prendre nos repas chez elle.

— J'aime beaucoup, nous disait-elle, la France et les Français et vous me causeriez un réel chagrin en ne vous considérant pas ici comme dans votre propre famille.

Nous ne savions comment remercier cette charmante femme qui s'efforçait de nous égayer un peu, nous comblait d'attentions, de prévenances et de soins, visitant nos chambres pour voir si rien n'y manquait, courant à la cuisine où se préparait en notre honneur un fin repas.

Et, le soir venu, assis autour de cette table si hospitalière, près d'un poêle monumental qui ronflait joyeusement, nous nous sentîmes enveloppés d'un bien-être qui nous semblait d'autant plus doux que nous en étions privés depuis longtemps. Mme Meyer jouissait évidemment d'une certaine fortune ; elle avait pour cuisinière un véritable cordon bleu, ses vins étaient excellents. Tout cela fit que bientôt, entraînés par sa gaîté communicative, sous l'influence d'une bonne chère dont nous étions désaccoutumés, nous nous surprîmes à rire franchement, oublieux des misères passées, des privations subies.

Nous avions reconnu, mes camarades et moi, que, quelle que fût l'insistance aimable de notre hôtesse, il aurait été indiscret de notre part d'accepter l'invitation qu'elle nous avait faite et renouvelée de continuer à prendre chez elle tous nos repas, et nous étions convenus de prétexter la nécessité de nous joindre à nos collègues de la mission en une sorte de mess improvisé dans la journée. Mais les événements devaient nous dispenser de commettre à son endroit ce petit mensonge pieux que la discrétion nous commandait.

En effet, notre état-major, MM. Aubry, Darq, Wuenschendorff et Boutard, flanqué de nos sous-chefs Musart et Lafosse était arrivé tant bien que mal à Neufchâtel dans l'après-midi, et le premier soin du colonel avait été de s'informer auprès des autorités du sort qui nous était réservé.

La question était de savoir si les membres de la mission seraient considérés comme belligérants et, dans l'affirmative, de désigner la ville qui leur serait imposée comme résidence.

Nous souhaitions ardemment de n'être pas obligés

de demeurer en Suisse jusqu'à la conclusion de la paix. Il nous tardait de rentrer dans nos foyers, de revoir nos familles dont nous étions séparés depuis de longs mois. Malheureusement, la décision prise ne fut pas celle que nous attendions, loin de là, et M. Aubry nous la communiquait le soir même, après nous avoir vertement blâmés de ce qu'il appelait notre désertion.

Oui, nous étions considérés comme belligérants et, comme tels, nous devions nous rendre immédiatement à Lucerne pour y être internés jusqu'à nouvel avis.

Ce fut une déception pénible, rendue plus amère encore par le ton sévère sur lequel nous parlait M. Aubry. Notre chef nous conservait rancune de lui avoir désobéi et nul doute que, si nous avions été encore sur le territoire français, si, du fait de notre entrée en Suisse, la mission télégraphique n'était regardée comme dissoute, il nous aurait témoigné bien autrement son mécontentement.

Il est vrai qu'il nous répondit le jour même du tac au tac : après nous avoir donné ses ordres et indiqué Lucerne comme point de ralliement, il nous quitta sur de brefs adieux, s'en fut à l'hôtel revêtir des vêtements civils et prit délibérément le train à destination de Genève, pour, de là, rentrer en France.

Nous ne devions plus le revoir qu'à Bordeaux. Certes, M. Aubry s'était montré pour nous exigeant et dur pendant toute la durée de la campagne ; d'un caractère vif, très emporté, il avait parfois, dans les reproches qu'il nous adressait, dépassé la mesure. Ses expressions n'avaient pas toujours été choisies, ni correctes, mais il était foncièrement bon et ses colères n'avaient jamais eu de lendemain. Le dos tourné, il n'y pensait plus.

J'ai, pour ma part, conservé de lui un souvenir respectueux ; je lui dois des remerciements pour la bienveillance dont il n'a cessé de faire preuve à mon égard, bien qu'il m'accusât souvent d'un esprit frondeur qui n'était pas, disait-il, pour lui déplaire. Gros mangeur, fort buveur, comme tous les hommes d'une santé aussi robuste, il avait sans cesse le mot pour rire et son attitude énergique au milieu des circonstances pénibles que nous avons traversées ensemble n'avait pas peu contribué à relever notre propre courage. Enfin, ses aptitudes professionnelles étaient indéniables et les généraux d'Aurelle, Bourbaki, le délégué à la guerre, M. de Freycinet, se sont fait un devoir de reconnaître hautement l'habile direction qu'il avait su donner à la mission télégraphique placée sous ses ordres, la rapidité avec laquelle les communications électriques avaient toujours été établies en dépit du matériel primitif et insuffisant dont il disposait.

Avec lui, MM. Darcq et Wuenschendorff réussirent à passer inaperçus en Suisse et à regagner la France par Genève et Lyon.

C'est l'oreille un peu basse que nous fîmes nos adieux et nos remerciements à notre si aimable hôtesse qui pleurait à chaudes larmes, la chère femme, et à nos collègues de Neufchâtel. Nous quittions cette ville où nous avions trouvé de véritables amis, presque une famille, où nous étions déjà acclimatés, et c'était pour nous une déception ajoutée à tant d'autres, un chagrin nouveau, une amertume de plus.

Mais nos collègues de Lucerne devaient se charger de nous consoler : informés par ceux de Neufchâtel de l'heure de notre arrivée, ils s'étaient rendus à la gare pour nous y recevoir et nous rendre tous les services imaginables. Là encore, tous nos logements étaient préparés, là encore, on avait arrêté des prix de faveur auprès du restaurateur qui devait nous prendre comme pensionnaires. L'accueil qui nous était fait était donc le même partout et nous étions véritablement heureux de retrouver à Lucerne les amabilités, les prévenances, la cordialité affectueuse qui, pendant un moment, nous avaient fait regretter Neufchâtel.

Une partie des officiers de l'armée de l'Est étaient, comme nous, internés à Lucerne, et, sans les précautions prises par les télégraphistes de cette ville, nous aurions été bien embarrassés, au milieu de l'affluence subite de tous ces hôtes improvisés, pour trouver où nous loger, où nous nourrir.

Les conditions de l'internement à Lucerne devaient, dès le principe, être les mêmes pour nous que pour les officiers de troupe, c'est-à-dire qu'il nous était interdit à tous de sortir de la ville ; sauf cette restriction formelle, nous aurions toute liberté, toute facilité d'agir à notre guise. Mais le lac de Lucerne est si beau, l'ascension du Righi si tentante, les excursions aux environs si vantées qu'il ne nous parut pas possible de nous résigner à cette consigne un peu sévère. Sur notre prière, le chef du bureau télégraphique voulut bien représenter à l'officier qui commandait la place que nous n'avions de belligérants que le nom et qu'il serait bien dur de nous imposer la même règle qu'aux militaires proprement dits. Il demanda pour nous l'autorisation de sortir des limites désignées, donna sa garantie qu'aucun de nous ne chercherait à s'échapper ; bref, il plaida si bien notre cause qu'il la gagna de point en point.

Nous nous trouvions donc à Lucerne dans d'excellentes conditions sous tous les rapports, confortablement logés, bien nourris, libres comme l'air d'aller, de venir, et nous en profitâmes largement.

Il n'entre pas dans mon idée de donner ici le récit détaillé de notre existence à Lucerne pendant toute la durée de notre internement : le lecteur y prendrait peut-être peu d'intérêt. Il me suffira de dire que grâce au large repos dont il nous était donné de profiter, au bien-être dont nous jouissions, grâce à nos collègues Suisses qui nous entouraient de soins et de prévenances, nous avions oublié misères et fatigues et recouvré nos forces et la santé lorsqu'il nous fut annoncé que nous pouvions rentrer en France.

L'ENTRÉE EN SUISSE

A la suite de la réunion à Bordeaux, le 12 février, de l'Assemblée nationale, l'envoi à Versailles d'une délégation présidée par M. Thiers et chargée de négocier la paix avait été décidé, et bien avant que les préliminaires de paix fussent arrêtés avec M. de Bismarck, le gouvernement fédéral avait été sollicité de nous accorder l'autorisation de partir. Il y consentit.

On conçoit la hâte avec laquelle nous profitâmes de l'occasion : boucler nos valises, remercier chaudement nos camarades Suisses de leur bienveillant accueil, faire quelques emplettes destinées à nous rappeler plus tard le séjour à Lucerne, tout cela ne nous demanda que bien peu de temps, et, un beau matin, après une dernière soirée passée avec les amis qui nous avaient si bien reçus, nous prenions, bien heureux, le train pour Genève.

Il ne m'était pas possible de ne pas m'arrêter dans cette ville que je désirais depuis longtemps visiter, mais j'avais pour obligation de rejoindre promptement Bordeaux pour m'y mettre à la disposition du gouvernement. Aussi, après avoir parcouru hâtivement la ville, fait une promenade en bateau à vapeur sur le lac et admiré la fière silhouette du Mont Blanc, je remontai en chemin de fer pour arriver vingt-quatre heures après à Bordeaux.

Nous nous étions quelque peu dispersés de côté et d'autre pendant le trajet : plusieurs de nos camarades n'avaient pu résister au désir de faire un léger crochet jusque chez eux. A dire vrai, nous n'avions pas d'ordres : on sait que les chefs de la mission télégraphique avaient pu fort habilement échapper à l'internement et que nous étions restés nos maîtres en Suisse. Aussi, lorsqu'on nous donna notre exeat, étions-nous libres de suivre nos propres inspirations et de rejoindre soit notre dernier bureau d'attache, soit le siège du gouvernement. Chacun avait donc agi à sa guise et notre petit personnel était loin d'être au complet lorsque le train qui nous cahotait depuis des heures s'arrêta en gare de Bordeaux.

Il y avait dans cette ville une effervescence incroyable.

La nouvelle de la capitulation de Paris et d'un armistice de 21 jours conclu avec M. de Bismarck y était parvenue le 29 janvier au soir. La dépêche qui l'annonçait venait de Versailles et avait transité par la Suisse : elle était signée « Jules Favre » et parlait de l'arrivée prochaine à Bordeaux d'un membre du gouvernement.

Le 30 se passa sans que la venue de ce personnage fût signalée. A une demande de renseignements adressée par Gambetta à Jules Favre, ce fut M. de Bismarck qui répondit en faisant connaître que des élections auraient lieu le 8 février pour la réunion à Bordeaux, le 12, d'une Assemblée nationale qui serait chargée de déterminer la forme de gouvernement qu'allait se donner la France et d'approuver ou de rejeter le traité de paix avec l'Allemagne.

Le 31, Gambetta avait rédigé la proclamation que tout le monde connaît et qui se terminait par un éloquent appel aux armes. En même temps, il avait rendu son fameux décret sur l'inéligibilité des anciens candidats officiels de l'Empire.

Le 1er février, le membre du gouvernement dont parlait la dépêche de Jules Favre était arrivé à Bordeaux : c'était M. Jules Simon.

Immédiatement, le conflit éclata entre lui et la délégation. Il avait été investi par le gouvernement des pouvoirs les plus étendus. Son premier soin fut de faire afficher un décret fixant au 8 février la date des élections dans tous les départements et annulant celui pris par Gambetta le 31 janvier.

Mais ce dernier, loin de se tenir pour battu, prit un arrêté requérant M. Stéénackers de « refuser soit à « M. Jules Simon, soit à toute autre personne parlant « en son nom, la transmission de toutes dépêches, avis « et communications livrant à la publicité le prétendu « décret du gouvernement de Paris relatif aux élec- « tions. »

En vertu de cet ordre formel, les affiches de M. Simon, placardées sur les murs de Bordeaux, furent arrachées et les exemplaires déposés dans les bureaux de poste pour être envoyés en province furent saisis.

Jusqu'au 6 février, date de l'arrivée à Bordeaux de MM. Garnier Pagès, Emmanuel Arago et Pelletan, la situation resta la même.

Gambetta donna alors sa démission. M. Stéénackers voulait le suivre, mais il consentit à demeurer à son poste jusqu'à ce que la période électorale fut terminée.

Les élections s'étaient faites : l'Assemblée nationale s'était réunie le 12. Cinq jours après, elle déléguait à Versailles le chef du Pouvoir exécutif de la République française, M. Thiers, avec une commission de quinze membres chargée de négocier la paix.

Le 20 février, jour de notre arrivée à Bordeaux, M. Stéénackers donnait sa démission. Le lendemain, il réunissait dans son cabinet les membres de la mission présents à Bordeaux, et, après nous avoir exprimé ses regrets d'être obligé de se séparer de nous, il voulait bien nous informer des distinctions qu'il avait demandées et obtenues en notre faveur. Un décret du gouvernement de la Défense nationale, en date du 7 février 1871, accordait à MM. :

Aubry, la croix d'officier de la Légion d'honneur, Darcq, Martin de la Bastide et Musart celle de chevalier du même ordre.

Venaient ensuite, avec la mention honorable, mes camarades :

Bernard, courageuse attitude ;

Michel, très bons services à la première armée de la Loire : exposé constamment au feu de l'ennemi en desservant le poste de Reischoffen et celui de la citadelle de Strasbourg, pendant le siège ;

Gaillard, missions périlleuses dans l'Est. Chargé

de surveiller la réparation de la ligne de Beaume-les-Dames à Rougemont et surpris par l'ennemi a sauvé l'appareil de transmission ;

Bouloud, fait prisonnier le 5 janvier et interné à Rastadt.

Et enfin, chez lecteur, votre serviteur avec cette mention :

Bitteau, employé de 5ᵉ classe : 4 ans d'activité. Bons services, notamment au poste du château de la Montjoye où il a couru de grands dangers ; s'était précédemment distingué pendant le siège de Strasbourg.

Obtenaient la médaille militaire les surveillants dont les noms suivent :

Vilac, Gravier et Calisti.

Mes trois camarades du grand quartier général, Fridblatt, Houart et Trévédy, avaient été oubliés ! et cependant ils avaient couru les mêmes dangers, supporté les mêmes fatigues, enduré les mêmes misères que moi. Leur mérite était égal, sinon supérieur au mien.

Nous n'avions plus rien à faire à Bordeaux : la mission n'existait plus. Un congé d'un mois fut accordé à chacun de nous et le soir même, 21 février, après avoir dit adieu à mes amis, je prenais le train à destination de Rochefort.

MONTBÉLIARD
15, 16, 17 janvier 1871

Une nuit froide, un vent glacé, la neige est rouge.
Mille braves sont là qui dorment sans tombeaux,
L'épée au poing, les yeux hagards, pas un ne bouge,
Au-dessus, tourne et crie un vol de noirs corbeaux.

Dans la journée, les troupes du 15ᵉ corps se sont emparées de Montbéliard ; les petits soldats français embusqués dans les maisons de la ville ont tiraillé pendant plusieurs heures contre les défenseurs du château qui est demeuré au pouvoir de l'ennemi.

L'état-major du 15ᵉ corps, a dit le général de Blois, ignorait que ce château, administrativement déclassé, existât encore en tant qu'ouvrage militaire et ne connaissait rien de sa topographie exacte, alors que construit au sommet de rochers et à l'abri d'une escalade, il constituait une position défensive admirable et dominait entièrement la ville.

Aussi les Allemands s'en sont-ils emparés ; protégés par les remparts de l'antique forteresse, abrités derrière les créneaux, ils s'y sont maintenus et ont riposté énergiquement ; le feu plongeant de leur artillerie de gros calibre et de leurs fusils Dreise a causé dans nos rangs de terribles ravages.

Des deux côtés on a tenu bon, puis la nuit est venue, l'obscurité a mis fin à la bataille. Français et Allemands, écrasés de fatigue, prennent sur leurs positions respectives un repos chèrement gagné.

Toutefois, l'ennemi établi dans les villages à l'est de la ville jusqu'à la rivière la Savoureuse a su conserver ses communications avec le château que ne cessent pas d'atteindre ses patrouilles rampantes et avec le magasin des subsistances dont l'artillerie du fort a préservé les abords.

Dans les rues tortueuses de la petite ville, les brancardiers relèvent les blessés, tandis que de sinistres voitures s'emplissent peu à peu de cadavres. De-ci, de-là, des maisons aux toits crevés par les obus achèvent de brûler, pendant que, à des intervalles de plus en plus rares, quelques détonations sourdes se font encore entendre ; ce sont les batteries prussiennes du mont Vaudois et de Grange-Dames qui continuent à tirer.

Cependant, la soirée s'avance, la température est glaciale ; une épaisse couche de neige recouvre la terre d'un blanc linceul taché par places de larges plaques rouges. La lune pâle s'est levée et éclaire de ses rayons blafards le théâtre du combat qui s'est livré dans la journée.

Dans la campagne environnante, le silence est maintenant profond et cependant, tout autour de la ville, en avant de nos grand'gardes, à l'intérieur même de nos lignes, des ombres filent dans les broussailles, dans les sillons, des figures louches de malfaiteurs. Derrière elles les morts n'ont plus de souliers, les poches de leurs vêtement sont retournées. Ce sont les rôdeurs qui suivent les armées, les détrousseurs de cadavres, oiseaux de proie que la guerre fait éclore, bandits redoutables qui profanent la mort, prêts à tout pour satisfaire leur soif de rapine.

C'est cependant dans cette zone dangereuse que deux hommes viennent de s'aventurer ; sans armes apparentes, ni fusil sur l'épaule, ni sabre à la ceinture, ils s'engagent sur la route qui conduit au chemin de fer de Montbéliard à Belfort. A mesure qu'ils approchent des talus qui bornent la voie, les cadavres sont plus nombreux : la bataille a été, là, plus acharnée que partout ailleurs ; les Allemands, embusqués derrière ces obstacles créés, on l'eût dit, pour eux, ont fusillé presque à bout portant nos soldats qui tentaient de les déloger. D'abord, ç'avaient été des corps isolés, maintenant ce sont de petits groupes : les débris dont le sol est jonché témoignent de l'acharnement de la lutte ; partout des képis épars, des sacs, des ceinturons, des débris d'armes, de sabres, de baïonnettes, des chassepots en grand nombre.

Et nos deux hommes, franchissant les cadavres, repoussant du pied les objets disparates dont est jonchée la route, arrivent enfin à un coude de la voie ferrée où de hauts poteaux jumelés supportent des fils télégraphiques. C'est là un croisement important de lignes électriques, car les câbles très nombreux bifurquent dans des directions différentes.

— Vous avez bien compris, Tresse, vous avez deux coupures et deux raccordements à faire : ne vous trompez pas sur les communications à interrompre et à rétablir. Et, surtout, que ce soit vite fait.

— Soyez tranquille, mon commandant.

Et, ce disant, l'un des deux hommes dépose à terre, au pied d'un poteau, la boîte d'outils dont il était porteur, et, pour travailler plus à l'aise, enlève le manteau à capuchon qui le garantissait tout à l'heure de la bise glacée de la nuit.

Le lune qui éclaire faiblement le paysage permet d'apercevoir une figure énergique, coupée d'une forte moustache, et un uniforme de surveillant des télégraphes, casquette à large bande bleue, vareuse aux boutons de métal, ceinturon de cuir supportant un revolver dans sa gaîne.

Le compagnon du surveillant n'est autre qu'un jeune ingénieur, récemment sorti de l'Ecole Polytechnique, placé sous les ordres de M. Aubry, chef de la mission télégraphique attachée à l'armée de l'Est.

Tous les deux sont là, par cette nuit d'hiver, les pieds dans la neige, exposés seuls et presque sans défense à une surprise des éclaireurs ennemis, à une attaque de ces bandits qui, tapis dans les sillons, embusqués derrière les broussailles, les suivent farouchement du regard, stupéfaits de leur audace, de l'incroyable insouciance dont ils font preuve.

En prévision de mouvements pour le lendemain, d'une marche de l'armée dans la direction de Belfort, le général Bourbaki a demandé au colonel Aubry l'établissement de nouvelles communications. Il s'agit de rester relié avec Besançon pour l'échange des dépêches avec le gouvernement de Bordeaux, et avec la gare de Clerval qui est le dépôt d'approvisionnement de l'armée : il faut, en outre, que le grand quartier général soit en communication constante avec les quartiers généraux des différents corps. Dans la journée, au plus fort de la bataille, des lignes volantes ont été établies sous le feu de l'ennemi ; il faut maintenant les compléter au moyen des lignes existantes, et c'est dans ce but que l'ingénieur Darcq, accompagné du surveillant Tresse, est entré avec nos chers petits soldats dans Montbéliard et a attendu que la nuit fût avancée pour terminer sur la ligne du chemin de fer le travail ordonné.

A présent, Tresse, les crampons aux pieds, la boîte

d'outils à la ceinture, fait l'ascension du poteau, tandis que M. Darcq piétine dans la neige et lui donne à voix basse ses indications sur les fils qu'il doit « couper » ou raccorder ; les mouvements du surveillant ne s'accomplissent que lentement, le bois est durci par le froid, rendu glissant par le verglas, les crampons ne tiennent pas, mais l'homme est agile et vigoureux, il a la connaissance approfondie de son métier et, grâce à ses efforts énergiques, le voilà presque au faîte du poteau, à la hauteur des isolateurs qui supportent les fils ; de deux violents coups de talons, il enfonce ses éperons dans le bois et s'assujettit contre le poteau au moyen d'une large et forte ceinture de cuir qui lui soutient les reins. Ainsi maintenu, garanti contre toute chute possible, il a les mains libres et commence son travail.

Mais, immédiatement, il pousse un juron étouffé.

Qu'y a-t-il ?

Le fil est tellement froid qu'en enlevant la mince couche de neige qui le recouvre, il a cru toucher un métal brûlant et avoir la peau des mains emportée. Mais il en a vu bien d'autres, le brave surveillant, il est dur au mal et, oublieux de la douleur, tout entier à l'accomplissement du devoir, il s'occupe maintenant d'exécuter les instructions que son chef lui a données.

Plus rien ne le distrait, ni les lueurs d'incendie qui rougissent le ciel au-dessus de Montbéliard, ni le feu des bivouacs allemands qui dessinent là-bas le cours de la Savoureuse, ni les coups de fusils qui éclatent tout près, à trois cents mètres à peine, tirés par quelques sentinelles avancées sur des ennemis peut-être imaginaires, ni enfin les ombres vagues qui, lentement, vont et viennent, se baissent et se relèvent chargées de la dépouille des cadavres.

Sa besogne est terminée : il rentre ses outils dans leur boîte, détache sa ceinture et rejoint à terre M. Darcq qui, adossé au poteau, l'attendait patiemment.

Une demi-heure après, tous deux rentraient à Montbéliard, sains et saufs.

Et, récemment, M. Darcq qui me contait cet épisode de sa campagne de l'Est ajoutait :

« Ce travail, accompli dans des conditions si périlleuses et si difficiles, en pleine nuit, par un froid de 15 degrés, sous une bise aiguë, a été fait avec une précision et une rapidité incroyables. La preuve, c'est que, dès le lendemain, je me suis transporté dans les deux bureaux dont les communications électriques avaient été coupées et rétablies et que, pas plus dans l'un que dans l'autre, on ne s'était aperçu de quoi que ce fût.

« Le surveillant Tresse, m'a-t-il dit en terminant, était un homme parfois bizarre, mais dont j'ai tiré excellent parti et dont, en somme, je n'ai eu qu'à me louer. C'est à lui, et à lui seul, et certes pas à moi, que revient le mérite de l'incident que je vous ai raconté. Quoique ce brave serviteur soit mort, vous pouvez dire ce qu'il a fait. Peut-être quelqu'un de sa famille (il était, je crois, de la Haute-Saône) l'apprendra-t-il ainsi. »

C'est fait. Mais je ne sais ce qu'il convient d'admirer le plus, de l'attitude énergique et courageuse du surveillant ou de la modestie de l'ingénieur.

Une Narration de mon Collègue Trévédy (¹)

Quand les employés de la mission Aubry arrivèrent à Besançon, le 23 janvier 1871, ils étaient tous dans le plus piteux état. Pour moi, miné par la dyssenterie, je dus m'aliter.

J'étais logé chez de braves commerçants qui me soignèrent avec un grand dévouement, et j'entrais en convalescence quelques jours après mon arrivée chez mes hôtes.

Je ne sortais pas encore, et je n'étais guère au courant des nouvelles, lorsqu'un matin je reçus la visite d'un de mes collègues, Fridblatt, un brave Alsacien que nous appellions entre nous l'ami Fritz. C'est par lui que j'appris la tentative de suicide du général Bourbaki et aussi la signature toute récente de l'armistice. Mon collègue venait même me chercher pour m'emmener en Suisse. Il m'expliqua confidentiellement que, contrairement à la croyance générale, notre pauvre armée de l'Est n'était pas comprise dans l'armistice ; que les Prussiens allaient certainement marcher sur Besançon et qu'il fallait en sortir pendant

---
(1) Aujourd'hui inspecteur du service électrique des Alpes-Maritimes.

que la route était encore libre. Toute l'armée était d'ailleurs partie depuis trois jours, mais il avait trouvé deux télégraphistes et trois officiers qui s'étaient réunis à lui pour essayer de gagner la frontière. Une voiture était louée pour le lendemain matin.

J'avais la plus grande confiance dans mon vieil ami Fritz ; sa parfaite connaissance de la langue allemande pouvait, dans la circonstance, nous être d'un grand secours. Je n'hésitai donc pas à accepter son offre, malgré l'état de faiblesse dans lequel j'étais encore, et je pris aussitôt mes dernières dispositions qui consistèrent à remplacer mes boutons d'uniforme par des boutons en corne ; à revêtir sur mon pantalon bleu un pantalon à raies rouges et jaunes, et à changer mon képi contre un bonnet de peau. Ainsi déguisé je me croyais méconnaissable, même pour un Prussien.

Notre petite troupe s'embarqua le lendemain matin dans une grande diligence. Nous étions sept : Fridblatt et moi, deux collègues, un capitaine et deux lieutenants ou sous-lieutenants (ces deux derniers de la mobile). Cependant, au moment du départ, un convoyeur des postes présenta au conducteur de notre voiture une réquisition de transporter dans les villages frontières, jusqu'à Pontarlier, les lettres qui étaient depuis longtemps en souffrance à Besançon. Notre nouveau compagnon enferma ses sacs dans le coffre de la voiture et prit place sur le siège à côté du cocher, et.... en route pour la Suisse !

Nous arrivâmes à Ornans juste à l'heure du déjeuner, et j'avoue que nous avons tous fait le plus grand honneur à la cuisine du principal hôtel, puis nous repartîmes par un soleil splendide et arrivâmes sans encombre jusqu'à Mouthier. Là, nous apprîmes que les Prussiens étaient venus dans le village le matin même; en effet, à environ quatre ou cinq kilomètres de Mouthier, nous rencontrons des paysans qui se sauvent en chassant devant eux des troupeaux ou en emportant leur mobilier. Ils ne peuvent cependant nous donner aucun renseignement sur les positions des Prussiens. On croit qu'ils viennent de Pontarlier et qu'ils vont sur Besançon.

Le capitaine veut revenir sur ses pas, il donne même l'ordre au conducteur de tourner bride, mais le convoyeur s'y oppose formellement et déclare que le cocher ne peut recevoir d'ordres que de lui. Nous nous mettons du côté de l'agent des postes, et la diligence repart. Nous rencontrons un zouave complètement ivre. On l'interroge : *Y a-t-il des Prussiens près d'ici ? — S'il y a des Prussiens ?... Ah ! mais je crois bien !.. Alors moi je me suis dit : sauvons la caisse !* et il nous montre, en riant, un tambour crevé qu'il a trouvé sur la route et qu'il porte sur le dos ! C'est tout ce que nous pouvons en tirer.

Cependant le capitaine, de plus en plus inquiet, déclare qu'il n'ira pas plus loin ; il descend donc de la voiture, entraînant par son exemple les deux jeunes officiers et les deux télégraphistes. Fridblatt et moi nous restons.

Nous étions à trois ou quatre cents mètres d'un hameau, lorsque nous vîmes au bas d'une côte une dizaine de cavaliers prussiens qui avaient l'air de garder un carrefour où aboutissaient plusieurs chemins de montagne. Il y a à cet endroit-là quelques maisons qui composent le hameau de La Main.

Nous arrêtons alors notre voiture que nous cachons derrière un pli de terrain, et nous déclarons, Fritz et moi, que nous allons essayer de passer. Si nous réussissons, la voiture pourra nous rejoindre; si au contraire nous sommes pincés, il faut qu'elle retourne immédiatement nous attendre dans quelque village en arrière.

Nous voici à vingt mètres des Prussiens, un cavalier vient à notre rencontre; mon collègue lui explique en allemand que nous sommes des ouvriers horlogers suisses, et que, n'ayant plus de travail à Besançon, nous profitons de l'armistice pour rentrer chez nous. Le soldat qui semble parfaitement gober cette histoire, nous répond qu'il va prévenir le chef du poste, et, en effet, celui-ci sort quelques minutes plus tard d'un des chemins creux avec une escorte. Il s'avance très correct et salue même en nous disant simplement : *Messieurs Français, vous êtes prisonniers ; venez chez nous.*

Nous nous gardons bien d'obéir à cet ordre, mais

nous n'en sommes pas moins pris et gardés à vue sur la route. Du côté de la Suisse, il y a une dizaine de cavaliers, et, du côté de la France, un seul ; mais nous comprenons bien que celui-là a pour mission spéciale de nous surveiller, et il a l'œil sur nous ! Il a placé son cheval (un cheval qui n'en finit pas) à côté d'une pauvre jument crevée de fatigue ou de faim. Cette misérable carcasse et le cheval du uhlan forment une barrière qui tient toute la largeur de la grand'route ; enfin, à droite, c'est la montagne à pic et, à gauche, le précipice ! Mais pourtant il y a, à cent cinquante mètres environ, du côté de la France, sur la gauche de la route, un petit bois de sapin... Ah ! si seulement on pouvait aller jusque là !

Notre gardien fume une grande pipe recourbée et ne paraît pas s'occuper de nous depuis qu'il a vu que nous étions très tranquilles. Nous essayons alors de franchir le corps de la jument et de faire quelques pas vers le bois. Je me retourne : le uhlan a déposé sa pipe et pris sa carabine. *Ce n'est pas le moment,* dis-je à Fritz, et nous revenons vers notre gardien qui s'empresse de reprendre sa pipe.

Une seconde fois, nous tentons d'aller un peu plus loin. A vingt-cinq ou trente mètres, je me retourne : le soldat nous couche en joue, et il me semble que je vois la cartouche au fond du canon, *tant je l'ai dans l'œil !* « Il va tirer ! » dis-je à mon compagnon. « Je *croyais les Bretons plus braves* », me répond-il simplement.

Mais la nuit arrive : les Prussiens vont certainement nous faire rentrer *chez eux* ; il faut nous décider. Fritz, pour me donner du courage, m'explique qu'un homme à cheval n'est jamais sûr de son coup de fusil, qu'après tout il ne tuerait qu'un de nous ! Je promets à mon ami de le suivre ; cependant je suis encore si faible que mes jambes me trahiront certainement ; alors il me prend la main et s'engage à me traîner, s'il le faut.

Nous sommes bien à cinquante mètres du uhlan. Je n'ose plus me retourner, *pour ne pas voir,* mais pourquoi donc ne tire-t-il pas ? Oh ! que ces secondes me paraissent longues ! la fuite me semble maintenant impossible ; s'il nous manque, en deux bonds de son cheval il sera sur nous, et cependant c'est moi qui donne le signal. « *Au galop* ! dis-je à Fridblatt, et nous nous élançons de toutes nos forces ; mais, au même instant, nous apercevons dans la brume, à deux ou trois cents mètres de nous, une troupe de cavaliers qui descendent la côte au trot. Nous nous arrêtons, car ils vont nous barrer la route ; alors nous revenons découragés vers les Prussiens. Notre gardien n'est plus à son poste, il a sans doute compté sur les arrivants pour nous rabattre, et voilà pourquoi nous n'avons pas fait connaissance avec son fusil.

Ciel ! mais ce sont des Français qui s'avancent : une

vingtaine d'artilleurs, conduits par un jeune officier de chasseurs d'Afrique. Celui-ci s'arrête près de nous. « *Combien sont-ils ?* » demande-t-il. — « *Vingt ou vingt-cinq !* » — *Bien, nous allons passer, suivez-nous* », et il rassemble ses artilleurs, mais nous voyons alors sortir de tous les chemins des soldats prussiens, cavaliers et fantassins; ils sont maintenant plus de cent qui entourent la petite troupe. Pendant ce temps, Fritz et moi nous nous élançons vers le bois de toute la force de nos jambes, et, trois minutes plus tard, nous sommes à l'abri des balles et de la cavalerie, pendant que ces pauvres artilleurs et l'officier de chasseurs sont faits prisonniers.

On ne fait pas attention à notre fuite ; cependant nous attendons la nuit noire pour revenir sur la route. Notre voiture est partie, mais nous la retrouverons à Mouthier avec nos compagnons de voyage qui n'espéraient pas nous revoir de si tôt ! Nous courons au télégraphe ; la receveuse, Mlle Menier, a enlevé l'appareil qui est maintenant caché dans une ferme voisine, mais nous avons encore la pile et le fil est bon jusqu'à Besançon ; alors nous racontons à notre directeur général, dans la *dernière* dépêche qui ait été reçue de l'Est, comment les Prussiens observent l'armistice, comment nous nous sommes échappés, etc., etc., et nous recevons le collationnement de cette dépêche sur les lèvres. La receveuse nous accorde l'hospitalité dans le bureau où nous passons, mes trois collègues et moi, une nuit des plus tourmentées. Vers le milieu de la nuit, en effet, nous entendons arriver des cavaliers Prussiens ; ce sont peut-être ceux de la Main !

Tout le village est sens dessus dessous, on entend des cris et des commandements. Nous voudrions bien filer, mais c'est impossible, car une sentinelle garde maintenant la porte du bureau sur la route ; et, du côté de la vallée, les fenêtres donnent sur un précipice. Nul doute, nous avons été trahis et on va nous faire prisonniers. Cependant la nuit se passe ainsi, et le calme se rétablit petit à petit.

Vers six heures du matin, voici encore de la cavalerie qui passe au trot. Tout à coup, nous entendons un juron des plus énergiques, et ces mots : *que je m'...bête*. Mais alors ce sont des Français ! et nous entr'ouvrons nos volets. Oui, ce sont bien des dragons français qui occupent maintenant le village, mais ils ne s'y arrêtent pas. Notre sentinelle prussienne a filé, bien entendu, et nous profitons de ce moment pour rentrer à l'auberge où nous retrouvons nos compagnons et quelques autres officiers qui n'ont pas été inquiétés non plus.

Ici je dois ouvrir une parenthèse pour raconter une comédie au milieu de ce drame.

Un des jeunes lieutenants venus avec nous de Besançon était, ma foi ! un fort joli garçon, grand, élancé, beaucoup de chic ! Il nous avait dit en voiture qu'il était, avant la guerre, commis dans un magasin de confection de la capitale. Il semblait très fier surtout de ses belles moustaches blondes. Or, la veille, il était arrivé à l'auberge de Mouthier une certaine dame, dont je tairai le nom devenu, en ces derniers temps, tristement célèbre. Cette voyageuse avait obtenu des autorités prussiennes un laissez-passer pour elle, sa bonne et son domestique, mais elle n'avait emmené que sa bonne ; elle proposa alors au jeune lieutenant de lui faciliter les moyens de gagner la Suisse en le faisant passer pour son valet de chambre. Celui-ci accepta avec empressement, et, le lendemain matin, nous le vîmes en effet complètement transformé, au moment où la dame se préparait à monter en voiture. Il avait même poussé la précaution jusqu'à sacrifier ses belles moustaches aux exigences de sa nouvelle position. Il s'avançait donc, le sourire aux lèvres, et saluant sa compagne de voyage, mais celle-ci, le fixant tout à coup, « *Dieu! que vous êtes laid!* » s'écria-t-elle, et elle donna l'ordre de partir, avant même que le pauvre lieutenant, cloué sur place, fut revenu de son ahurissement, et, comme l'esprit français n'abdique jamais ses droits, même dans les plus tristes situations, quelqu'un dit près de nous : « *On renvoie l'objet quand il a cessé de plaire!* »

Voici, vers neuf heures du matin, une nouvelle colonne prussienne, faite d'au moins mille ou quinze cents hommes, qui entre dans le village. Le commandant piqua droit sur notre auberge. Il nous salue, puis, sans descendre de cheval, boit une bouteille de Bordeaux. Cependant les Prussiens nous entourent ; un officier nous a déjà donné l'ordre d'entrer dans les rangs, mais le commandant lui dit quelques mots en allemand, et, se tournant vers le groupe d'officiers français : « *Messieurs, dit-il, retournez à Besançon, la route est libre.* »

Nous ne nous le faisons pas dire deux fois, et à peine les Prussiens ont-ils quitté Mouthier, que nous reprenons, les uns à pied, les autres en voiture, le chemin que nous avions suivi la veille. La route est en effet libre et nous rentrons à Besançon dans la nuit, avec nos compagnons, le convoyeur et ses dépêches.

Notre première tentative pour passer en Suisse avait assez mal tourné pour que je ne fusse pas disposé à recommencer ce voyage, mais j'avais compté sans Fridblatt qui vint me relancer dès le lendemain. « *Je te donne un jour de repos, me dit-il, mais demain matin nous repartirons. seuls tous deux, et tu verras que nous réussirons.* » J'essayai bien de discuter, mais vainement ; mon collègue avait d'ailleurs combiné son affaire, nous devions aller à pied par la montagne par des chemins inconnus des Prussiens. Ce serait un peu dur peut-être, mais c'était sûr. Enfin, si je ne voulais pas l'accompagner, il partirait seul, et ce dernier argument me décida. Je ne pouvais pas en effet abandonner mon ami, après ce qui s'était passé à La Main.

Nous partîmes donc à pied le lendemain au petit

jour, et nous arrivâmes sans difficulté à Ornans, où nous comptions nous reposer et passer la nuit. En entrant dans la patrie de Courbet nous fûmes désagréablement surpris de rencontrer des uniformes prussiens si près de Besançon, mais notre désillusion fut complète lorsque la maîtresse d'hôtel qui nous reconnut nous dit qu'elle aurait grand peine à nous loger, car elle avait chez elle tout l'état-major ennemi. Nous voici installés à table d'hôte, à côté des officiers prussiens. Ils lient conversation, en français, avec nous ; ils parlent tous d'ailleurs correctement notre langue, et l'un d'eux, le baron Von-Sdorff, major général de la réserve des uhlans, a un accent marseillais des plus prononcés !

Nous rééditons notre version des horlogers suisses sans travail qui ne nous a pourtant guère réussi, mais que leur dire ? Ces messieurs qui semblent d'ailleurs accepter notre histoire nous donnent beaucoup de renseignements utiles : Il est très fâcheux que nous n'ayons pas demandé un sauf-conduit à notre consul, car les villages sur la route et tous les ponts du Doubs sont gardés. Nous n'avons qu'à retourner à Besançon, pendant que la route est encore libre.

Ces renseignements n'étaient malheureusement que trop exacts, car le lendemain matin, quand nous nous présentâmes pour nous rendre soit-disant à Montgesoye, le poste prussien nous barra carrément le passage, et ce fut ainsi pendant six jours.

Moi je voulais rentrer à Besançon, mais Fritz s'entêtait de plus en plus, et quand il avait quelque chose dans la tête!...

En somme, nous étions fort bien à Ornans. Nous avions fait plus ample connaissance avec nos commensaux qui causaient volontiers avec nous. Ils déploraient sincèrement la guerre dont ils espéraient voir bientôt la fin, et ils condamnaient sans pitié Napoléon III qui avait amené tous les malheurs de la France.

Fridblatt et moi surtout nous ne cachions pas notre vif amour pour la France, et nous étions d'autant plus libres dans nos paroles que nous étions censés être des sujets suisses.

Je me souviens qu'un soir, le baron Von-Sdorff, le gros à l'accent marseillais, nous offrit un verre de Champagne pour trinquer à la Suisse... et à la Prusse. Je refusai de lever mon verre, et je lui dis que je ne boirais jamais à la Prusse. Un des officiers dit je ne sais quoi en allemand (Fridblatt ne l'entendit pas), mais le baron Von-Sdorff répliqua en français : « *Il a parfaitement raison, la France n'est-elle pas sa seconde patrie ?* » et il ajouta en allemand : « *J'ai un fils d'adoption que j'aime comme mon propre fils* ».

En somme, il m'allait presque, ce pseudo marseillais, si différent de ses camarades. Je fus même sur le point de m'ouvrir à lui et de lui demander un sauf-conduit, mais Fridblatt ne fut pas de cet avis car il avait réussi à intéresser à notre situation un sous-officier avec lequel il causait souvent en allemand. Et il avait été convenu avec lui qu'il nous laisserait sortir de la ville quand il serait de garde au poste.

C'est ainsi qu'un beau matin nous nous trouvâmes de nouveau sur la route d'Ornans à Pontarlier, avec l'agréable perspective d'être arrêtés à Montgesoye où nous devions rencontrer un nouveau poste.

Par bonheur, les Prussiens avaient quitté Montgesoye depuis deux jours ; nous traversâmes aussi Vieillafons sans difficulté, cependant nous rencontrâmes sur la route une troupe d'une centaine d'hommes, mais elle ne nous inquiéta pas.

Nous arrivâmes dans l'après-midi à Lods et nous apprenons par des paysans que les Prussiens occupent le village. Nous apercevons bientôt en effet les premiers casques à pointe qui se promènent au soleil. La situation est des plus embarrassantes. Ils ne nous laisseront certainement pas entrer dans le bourg si nous ne connaissons personne, et, si nous y entrons, ils ne nous laisseront pas sortir ! Je regrette d'avoir quitté Ornans, lorsque nous entendons tout à coup un coup de fusil tiré vers l'autre bout du village. Les Prussiens se précipitent aussitôt sur leurs armes et courent sur le point où on a tiré. Fritz et moi nous entrons à ce moment, nous passons devant le poste où il semble n'y avoir plus personne, et nous avons le temps de nous cacher dans un café d'où nous sortons tranquillement, dix minutes plus tard, lorsque tout est rentré dans le calme. Il n'y a qu'un seul poste dans le village et nous sommes encore une fois sauvés! Le soir, nous arrivons à Mouthier sans avoir rencontré d'autres Prussiens.

Nous restons deux jours chez les dames Menier, receveuses des postes, pour nous refaire ; puis nous partons avec un guide, un contrebandier qu'elles nous ont procuré, et qui doit nous conduire à la frontière par des chemins connus de lui seul. C'est à partir de ce moment que commencent les difficultés de notre voyage à travers les bois, dans des montagnes à pic et par des sentiers souvent recouverts d'une couche de neige vierge où nous enfonçons jusqu'au ventre ; et nous devons ainsi marcher pendant quatre jours !

Le soir du premier jour, nous arrivons à une ferme isolée, habitée par un ancien magistrat de Besançon qui nous reçoit très cordialement et nous invite à dîner. Nous sommes, Fritz et moi, si fatigués que nous ne pouvons manger et nous n'aspirons qu'à nous reposer. On nous donne un lit dans la grande pièce de la ferme et nous dormons d'un sommeil tellement profond que nous n'entendons pas les Prussiens qui viennent, peu de temps après que nous sommes arrivés, visiter la ferme et réclamer un guide.

Nous repartons, dès la pointe du jour, le lendemain matin, avec le nôtre, et nous nous enfonçons de plus en plus dans la montagne par des sentiers connus des contrebandiers seuls. Ce jour-là, nous ne faisons pas plus de sept à huit kilomètres et, le soir, nous nous asseyons sur la neige, le dos appuyé contre un sapin, pour passer la nuit. La fatigue nous fait oublier l'absence de confortable, et je n'ai jamais mieux dormi ! Quand nous nous réveillons, le lendemain matin, à la voix de notre guide, nous sommes couverts de neige et de givre.

La troisième journée est un peu moins dure. Nous passons dans les environs de la Chaux ; là, notre contrebandier nous propose de s'adjoindre un de ses jeunes camarades, car nous allons bientôt arriver, paraît-il, dans des parages où nous risquons fort de rencontrer des Prussiens, et il faut qu'un homme marche devant en éclaireur. Ce soir-là encore, nous couchons en plein bois, mais on nous promet pour le lendemain de bons lits en Suisse.

Le quatrième jour est un dimanche. D'après le conseil de nos guides, nous nous mêlons aux paysans qui se rendent à la messe à un village voisin. A la porte de l'église, nous lisons des affiches qu'on vient de placarder pour informer les habitants que *ceux d'entre eux qui serviront de guides aux soldats français seront fusillés.*

Cette mesure ne semble pas émouvoir nos braves contrebandiers ; cependant ils ne nous laissent pas ignorer que nous sommes arrivés au passage le plus dangereux de notre voyage ; nous avons en effet devant nous la grand'route de Morteau à Pontarlier, très fréquentée par les Prussiens, puis le Doubs dont tous les ponts sont certainement gardés.

Nous nous cachons derrière le piédestal de la Vierge qui domine le village, pendant que notre vieux guide va à la découverte ; et nous voyons bientôt passer à deux cents mètres de nous, sur la route, un convoi prussien qui va vers Pontarlier. A peine le dernier soldat est-il hors de vue que notre guide nous fait signe de descendre. Nous traversons la route en courant, mais nous rencontrons alors le Doubs qui nous barre le passage, car il a, en cet endroit, de sept à huit mètres de largeur.

Nous le remontons, en désespérés, pendant plus d'un kilomètre, mais nous ne trouvons aucun moyen de le franchir, et notre position devient des plus critiques lorsque nous sommes croisés par une voiture qui porte toute une famille ; le conducteur qui a sans doute compris la situation d'un coup d'œil arrête son cheval une minute et nous crie : « *A deux cents mètres plus haut, vous trouverez un sapin, dépêchez-vous ! dépêchez-vous !* » et il nous fait signe avec son fouet de remonter encore le fleuve. Nous courons vers le point indiqué et nous trouvons en effet un arbre énorme couché sur les deux rives, et c'est ainsi que nous passons le Doubs sur ce pont improvisé qui a échappé à la garde des Prussiens.

C'est Fridblatt qui a passé le dernier. A peine a-t-il mis le pied sur l'autre rive qu'un de nos guides se jette à terre derrière un rocher « *les voilà!* » Nous avons juste le temps de nous cacher derrière des arbres, pendant qu'un convoi passe devant nous, sur la route, sans soupçonner notre présence ! Encore une fois nous l'avons échappée belle, car deux minutes plus tard...

Nous sommes maintenant dans la *montagne suisse*. Nos guides nous assurent que nous n'avons plus rien à craindre ; toutefois, il faut quitter au plus vite les abords de la grand'route, et nous nous jetons à travers bois, dans des sentiers où nous enfonçons jusqu'au ventre dans la neige. Nous nous arrêtons enfin sur un plateau pour respirer un instant et admirer le plus beau paysage que j'aie jamais vu. A nos pieds, du côté de la France, s'étend, comme un immense manteau de fourrures blanches, la plaine couverte de neige et tachetée par les bois de sapins au vert sombre, pendant que le Doubs semble un long ruban bleu ciel qui la sillonne gracieusement. Alors nos compagnons, en fumant une pipe, nous font voir le chemin que nous avons parcouru. Il ne nous reste plus que quelques kilomètres à faire pour gagner la frontière, mais nous allons d'abord déjeuner dans une maison hospitalière aux contrebandiers. Si depuis trois jours nous n'avons mangé que du pain, du fromage et de la saucisse froide, nos guides se font fort, ce matin, de nous procurer une bonne soupe, du laitage et du café chaud pour lequel je donnerais tout le reste du repas, puis bien lestés, nous gagnerons la Suisse par un bon chemin où nous ne rencontrerons plus de neige. Nos misères sont finies !

Et la voici en effet la petite maison blanche où nous entrons gaiement, en secouant la neige de nos bottes. Mais quoi ! la guerre ou plutôt le contre-coup de la guerre est venu jusque-là ! Ce matin, il y a une heure à peine, une bande de pillards, de ces traînards que la déroute semble engendrer derrière elle, ont passé par là. Ils ont tout pris et n'ont pas même laissé un morceau de pain aux deux femmes, la mère et la fille, qui pleurent, pendant qu'un enfant dort dans son berceau. Le mari est parti avec eux, car ils l'ont emmené de force pour les conduire en Suisse. Alors c'est nous qui laissons nos provisions à ces pauvres femmes, et nous nous contentons de prendre un verre d'eau dans lequel nous vidons quelques gouttes de vin qui restent dans la gourde d'un guide.

Cependant nos compagnons déclarent qu'il ne serait pas prudent de suivre la route où nous pourrions rencontrer les traînards, aussi dangereux peut-être que les Prussiens, et ils nous engagent fortement à reprendre les sentiers à travers bois. Nous voici de nouveau dans la neige qui est de plus en plus épaisse, mais nous marchons avec courage, nous savons que ce n'est plus qu'une affaire de minutes.

Nous arrivons près d'un rocher sur lequel le vent a balayé la neige. Un des guides monte dessus et me tend la main, pendant que l'autre me pousse sur la pierre, et quand je suis grimpé sur ce piédestal, le vieux guide qui a voulu me ménager cette surprise me montre, à cinq cents mètres de moi à peine, une petite maison grise au toit pointu : « *Voilà la Suisse!* » Fridblatt monte aussi sur le rocher. Je le serre avec joie dans mes bras, mais lui ne partage pas notre bonheur, et désignant de la main un arbre près de la maison : « *le drapeau des uhlans* » dit-il, et je vois alors le drapeau maudit qui flotte dans l'arbre, et les guides le reconnaissent aussi!...... Alors je me laisse glisser au pied du rocher dans la neige et tout mon courage m'abandonne d'un seul coup. Cela me semble si épouvantable d'avoir tant souffert et d'être venu jusque là pour être pris, que je préfère mourir de suite. En vain mon ami me supplie d'essayer de marcher pour faire un détour d'un kilomètre ou deux, en vain même les guides essaient de me porter, je veux rester là et y mourir. Je dis aux autres de se sauver, quant à moi je ne puis plus marcher. Alors Fritz m'embrasse en pleurant et je reste tout seul.

Je ne vois même pas partir mes compagnons. Ma pensée est bien loin, dans mon pays que je ne reverrai plus, près des miens ; et cependant je suis si près, si près de la Suisse. Alors je ne sais quelle énergie me secoue encore, je me lève et je me roule plutôt que je ne marche dans le sentier qu'ont tracé mes amis. Je les appelle de toutes mes forces, mais hélas! personne ne me répond ; alors j'ai peur de ce silence et de cette solitude, j'ai peur aussi de mourir au milieu de cette neige où personne peut-être ne viendra chercher mon corps. Je roule dans la tranchée où les autres viennent de passer et j'appelle au secours, heureux même si les Prussiens viennent maintenant me prendre ; mais voici un des guides qui revient en courant vers moi et en me faisant de loin signe de me taire ; il paraît en effet que nous sommes tout près de l'auberge suisse.

J'ai bientôt rejoint Fritz et l'autre guide qui m'ont attendu.

Alors nous continuons notre route tous les quatre, et nous avançons à petits pas dans la neige que le premier guide sonde avec son bâton qui disparaît quelquefois tout entier dans les crevasses. Fritz le suit et moi je ferme la marche avec l'autre guide qui me soutient souvent lorsque je ne puis plus avancer. Et nous marchons ainsi pendant une demi-heure au moins, sans nous parler. Nous ne montons plus, mais nous suivons le flanc escarpé d'un ravin dans lequel nous pouvons glisser à chaque pas. Il est deux heures, et nous n'avons pris depuis le matin qu'un verre d'eau et de vin, lorsque le guide nous déclare que nous ne pouvons plus continuer la route de ce côté ; la neige ayant atteint des hauteurs énormes, nous risquons d'être tous engloutis. Alors nous revenons sur nos pas, mais je suis si las que je supplie mes compagnons de me laisser dormir cinq minutes seulement, je me figure que ce repos me rendra mes forces, et mes yeux, fatigués par la blancheur de la neige, se ferment malgré moi ; mais les guides me secouent au contraire et me forcent à marcher, car ils savent que si je m'endors, je ne me réveillerai plus.

« *Par ici, les amis ! par ici !* » Nous levons la tête et nous apercevons à deux cents mètres de nous un douanier qui nous appelle ; moi, je le prends d'abord pour un Prussien, mais nos guides ont déjà répondu ; alors le douanier descend vers nous, puis voici un de ses collègues et enfin un paysan qui nous rejoignent. En deux mots, ils nous mettent au courant de la situation. Ils étaient à l'auberge suisse quand ils ont entendu mes appels ; alors ils sont sortis et nous ont retrouvés grâce à nos traces sur la neige. Quant au drapeau des uhlans, ce sont des bandes d'étoffes de diverses couleurs qu'on a attachées aux branches d'un arbre pour défendre la basse-cour contre les oiseaux de proie ! Le hasard a sans doute voulu que nous n'ayons pu distinguer que des raies blanches et noires !

Alors nous remontons directement tous les sept à la maison suisse où nous arrivons dix minutes plus tard, mais, au moment où je franchis le seuil hospitalier, n'étant plus soutenu sans doute par l'instinct de la conservation, je sens que mes dernières forces m'abandonne et je tombe évanoui.

Quand je revins à moi, j'étais sur le dos, par terre, et devant un bon poêle ; j'avais les deux jambes en l'air, les pieds dans la chambre du fourneau, car on avait essayé vainement de m'enlever mes bottes. La neige, en se glaçant, avait formé autour de mes jambes une sorte de gaine qu'il fallut d'abord faire fondre pour dégager mes pieds dont un pouce était gelé.

Le soir même, Fritz et moi nous arrivions en traîneau aux Verrières françaises !

GAILLARD

15ᴱ ET 16ᴱ CORPS

Mon collègue Gaillard dont j'ai eu l'occasion de citer le nom au cours de ce récit a bien voulu me communiquer la collection complète des lettres qu'il a adressées à son père pendant la campagne. Ces lettres sont toutes vibrantes de patriotisme, de foi en la bonté de Dieu et d'amour familial; je voudrais pouvoir les reproduire en entier. J'en extrais ce qui a trait aux opérations télégraphiques de la mission.

Gaillard avait été désigné comme chef de poste; il avait sous ses ordres quatre autres employés dont l'un, du nom de Merlin, avait perdu trois frères (officiers) depuis le commencement de la guerre.

Le premier fait marquant qu'il signale est l'audace incroyable d'un soldat prussien qui était venu se promener en uniforme dans les rues de Mer. Un turco s'était précipité sur lui et l'étranglait sans mot dire lorsque la prévôté est intervenue. Comment ce soldat avait-il pu traverser inaperçu les lignes françaises et s'introduire dans le camp? Gaillard ne le dit pas.

Le 4 novembre, sa brigade est à La Chapelle ; le 10, à la ferme de la Bouesche, près Poisly, sur la lisière de la forêt de Marchenoir ; le 13, à Cercottes, après la bataille de Coulmiers ; le 15, à Gidy, où il reste jusqu'au 2. Les événements ont marché, l'armée française, battue à Arthenay, évacue Orléans et la brigade Gaillard se replie sur la Ferté-St-Aubin. Le 13, elle est à Mehun-sur-Yèvre, après un parcours à pied de 80 kilomètres, et y reste jusqu'au 21. Elle avait passé par la Motte-Beuvron, Salbris, La Chapelle, Neuvy, Mennetou, Bourges, Dun-le-Roi. Le 21, elle quitte Mehun, passe à Bourges et prend le train pour La Charité, à 26 kilomètres au-delà de Nevers, puis revient à pied à Nevers. Le 28, elle part de Nevers pour Chalon-sur-Saône en chemin de fer, elle y arrive le 29 seulement à cinq heures du soir, après un trajet de 18 heures ; le 6 janvier, elle est à Beaume-les-Dames. Ici se place un épisode intéressant et qui suffit à prouver que les télégraphistes militaires ont été parfois exposés pendant cette campagne à un danger sérieux :

> Hier, écrit Gaillard à son père, j'ai failli être pincé par les Prussiens ; j'ai été forcé de laisser entre leurs mains tout le matériel et mes effets, une voiture et un cheval que j'avais réquisitionnés. Mes deux collègues n'ont pas voulu ou n'ont pas pu se sauver : ils ont dû être emmenés également. Je retourne aujourd'hui à la recherche de mon appareil que j'ai caché dans un bois, à 8 kilomètres d'ici (la

lettre est datée de Beaume-les-Dames). Je te prie de croire que je me suis donné de l'air, j'ai roulé vingt fois dans la neige.

Je crois que, sans mon surveillant et le conducteur de la voiture qui couraient devant moi, je restais sur place ; c'est par miracle que nous avons réussi à nous échapper. Les Prussiens nous cherchaient dans le bois, ces messieurs ont des chiens dressés à la piste des Français ; par bonheur ils étaient loin.

Voici comment cela est arrivé. Parti de Besançon avant-hier, j'avais l'ordre de coucher à Beaume-les-Dames et de partir dès le jour, hier matin, le surveillant et moi, à pied, pour visiter la ligne ; les autres, avec le matériel et nos effets, étaient dans une petite charrette réquisitionnée à Besançon. Arrivés à 8 kilomètres, je trouve le fil traînant à terre sur une certaine longueur. Nous nous arrêtons pour attendre la voiture ; elle arrive, tout le monde met pied à terre. Patatras, nous apercevons à 150 mètres, au détour du bois, des cavaliers qui s'arrêtent immédiatement. Comme il faisait un fort brouillard, impossible de distinguer si c'étaient des Français ou des Prussiens.

Par mesure de précaution, je fais prendre l'appareil pour le cacher dans le bois ; à peine avais-je fait dix pas que les Prussiens arrivaient au galop sur notre voiture. . . . .

Figure-toi que, tout le long de la route, je m'étais renseigné. Arrivés près du bois, nous avons rencontré deux individus qui, j'en suis certain, nous ont fait pincer. . . . .

Le 8 janvier, Gaillard va de Beaume-les-Dames à Rougemont ; le 9, de Rougemont au château de Bournel ; le 10, de Bournel à Fallon. Dans une lettre datée du 10, et écrite de Fallon, il rend compte de la prise de Villersexel et dit qu'il a retrouvé son appareil enseveli sous 20 centimètres de neige, mais qu'il a tout perdu, vêtements, papiers personnels et une somme de quatre cents francs environ.

Il lève son poste de Fallon le 10 et en installe un nouveau le 11 à Courchaton. Le 15, nouvelle lettre du poste de Desandans, à seize ou dix-huit kilomètres de Belfort ; lui aussi espère que l'armée française va débloquer Belfort.

On construit, dit-il, les lignes derrière l'armée qui se bat. Ainsi aujourd'hui nos hommes étaient à portée des canons ennemis, puisqu'un de nos surveillants a eu son capuchon et sa casquette enlevés par un éclat d'obus Tout cela fait bon effet. Nous manquons complètement de vivres ; hier j'ai vu la femme du maire pleurer parce qu'elle ne pouvait pas donner de pain à son enfant qui en demandait.

Le 22, l'armée est en pleine retraite. De Pont-de-Roide (Doubs), Gaillard écrit à son père :

Depuis quatre jours, nous avons fait soixante kilomètres à pied. De Désaudans, nous sommes allés dans la direction d'Héricourt, puis à Aibre, puis à Ste-Marie, Etrappes, où les Prussiens arrivaient une demi-heure après nous.

Enfin, parti de Pont-de-Roide le 24, il passe à Sancey-le-Grand où il reçoit l'ordre de se diriger sur Passavant. Le soir, après un parcours de 40 kilomètres à pied, il arrive au village de Vaudrevillers. Le 25, arrivée à Passavant où les Prussiens sont signalés ; départ pour Vercelles. Le 26, séjour à Nods ; le 27, arrivée à Pontarlier.

Pour finir, Gaillard passe en Suisse avec toute la mission, le 1ᵉʳ février.

On voit quelles ont été les fatigues et les misères de ce brave garçon qui n'a pas hésité, dans la situation critique qu'il raconte si simplement, à abandonner ses vêtements et son argent pour sauver son appareil des mains des Prussiens.

Par décret du 7 février 1871, la mention honorable lui a été décernée. Il méritait beaucoup mieux.

Les lecteurs ont vu que deux des collègues de Gaillard avaient été faits prisonniers par les Prussiens pendant que notre héros s'enfuyait sauvant avec lui son appareil ; ils se nommaient Bouloud et Fricotel.

Dans une lettre datée du Mans, 30 mars 1871, Bouloud fait le récit suivant de son arrestation et de ses conséquences :

> Je ne sais si, de ta cachette, tu as pu voir l'aimable conversation que j'échangeai pendant un quart d'heure, un siècle, avec le commandant prussien qui tenait son revolver armé à deux pouces de ma figure. Il me demandait et voulait savoir où étaient passés les « soldats » qui étaient, disait-il, avec moi. Je me gardai bien de le lui dire, mais ton coquin de sac militaire faillit bien me coûter la cervelle ; il courut sur moi quand il l'aperçut, me traitant de menteur, de trompeur, toujours le maudit pistolet sur le nez. Bref, on nous fit monter dans notre voiture et on nous emmena. Les cavaliers, trouvant que notre cheval n'allait pas assez vite, lui enfoncèrent une lame de sabre dans la cuisse ; le brancard de gauche était tout rouge de sang. On nous fit descendre à Esprées ; là, on nous enferma dans une

chambre avec une vingtaine de soldats qui, en moins d'une minute, défoncèrent sac et valises et nous dépouillèrent de tout. Nous en fîmes une plainte, mais on ne nous répondit pas. Tes bottes seules purent arriver à Vesoul, mais là elles eurent le sort du reste, et c'est à la charité du Comité de secours d'Épinal que nous dûmes de pouvoir changer de chaussettes, nous n'avions plus rien à nous. Je me trompe, j'avais des bleus sur tout le corps par suite des coups de crosse de fusil dont je fus accablé lorsque, en forçant ma valise, ils y aperçurent mon malheureux casque à pointe que j'aurais voulu voir à tous les diables. D'Esprées à Vesoul à pied, arrivée à dix heures, rien mangé de la journée. A Vesoul, présentation à l'aide de camp du général Werder. Enfin, on nous donne à manger et on nous fait repartir, toujours à pied, à minuit. Neige abondante, froid terrible. Ainsi de même, toujours à pied, de Scay à St-Loup, à Xertigny, à Épinal. Là est la famille de Fricotel : juge quel chagrin ! Son père a pu venir l'embrasser. A Épinal, on nous met en chemin de fer et on nous dirige sur Mayence. Séjour de 18 heures en chemin de fer, sans boire ni manger. Arrivée à Manheim, contre-ordre ; on nous rembarque pour Rastadt, toujours à jeun et entre des baïonnettes. Enfin, on arrive vers onze heures ou minuit et on nous interne à la forteresse St-Louis jusqu'au lendemain. On nous donne un permis de circuler dans la ville et à 5 kilomètres autour. Enfin, le 9 mars, nous partons à nos frais et sommes obligés de traverser toute la Suisse.

. . . .

MICHEL

Mon collègue Michel qui avait fait le service avec moi, tant sur la cathédrale qu'à la citadelle de Strasbourg, a bien voulu, sur ma demande, résumer ses services pendant la guerre. Il ressort de son récit qui est, d'ailleurs, l'expression exacte de la vérité, que son existence, de juillet 1870 à février 1891, a été des plus mouvementées ; plusieurs fois, au cours des missions dangereuses qui lui ont été confiées, il a failli tomber entre les mains des ennemis. Les services exceptionnels qu'il a rendus pendant la campagne méritaient une distinction plus honorifique que la simple mention honorable dont l'a gratifié le gouvernement de la Défense. Qu'on en juge.

Au moment de la déclaration de guerre, Michel se trouvait au bureau télégraphique central de Marseille. Appelé par dépêche à Strasbourg, il fut envoyé par M. Aubry au poste de Reichshoffen qui donnait au maréchal de Mac-Mahon la possibilité de correspondre avec Haguenau, Strasbourg et Metz. Il y était à peine

depuis vingt-quatre heures que la bataille de Wœrth s'engageait. Le lecteur se souvient que, grâce à Michel, nous connûmes à Strasbourg les moindres événements de cette malheureuse affaire. A quatre heures de l'après-midi, Mac-Mahon se retirait par Reichschoffen ; « à ce moment, dit Michel, la plus grande
« confusion régnait partout, des cris d'alarme se fai-
« saient entendre. Je me suis emparé des originaux de
« dépêches, de l'appareil, j'ai brisé la pile et me suis
« enfui à travers champs vers Gondershoffen et Ha-
« guenau. Le soir, je prenais pour Strasbourg un train
« empli de blessés. »

Michel eut ensuite à assurer le service sur la cathédrale et à la citadelle puis, après la capitulation, il fut appelé à Tours où se formait l'armée de la Loire. M. Stéénackers le chargea, aussitôt son arrivée, de l'organisation du service des dépêches par pigeons et le désigna ensuite pour faire partie de la mission télégraphique de l'armée de la Loire.

Nommé chef de poste, il prend possession du poste avancé de Loury (forêt de Marchenoir) et est forcé d'évacuer la place au bout de quelques jours à la suite des mouvements de l'ennemi. Il se trouvait au château de la Montjoye et se repliait avec nous sur Orléans et à la Ferté-St-Aubin. Il demeurait dans cette dernière localité où un poste télégraphique était installé, jusqu'après le départ de nos troupes, sous la seule protection d'une dizaine de soldats qu'on lui avait laissés.

Puis il va de la Ferté-St-Aubin à La Motte Beuvron et à Salbris où il est exposé au feu des Allemands, à la Chapelle d'Angillon, Mennetou, Henrichemont et Bourges, prend possession des postes de St-Martin et de la Charité-sur-Loire. Il suit l'armée dans l'Est et est détaché à la gare de Clerval jusqu'au moment de la retraite sur Besançon.

Le dernier jour, dit-il, je suis sorti de la gare à la dernière extrémité et le dernier. Toutes les troupes s'étaient repliées. J'emportais les originaux de dépêches et mon appareil ; j'ai brisé la pile d'un furieux coup de pied afin que l'ennemi ne pût s'en servir. La mitraille arrivait de tous les côtés et je suis arrivé juste à temps pour être aperçu de l'officier qui allait faire sauter le pont qui sépare la gare de la ville. On m'a attendu et j'ai pu passer. Nous avons aussitôt établi un poste télégraphique dans Clerval, sur les bords du Doubs. J'y suis resté jusqu'à 4 heures, dernière limite possible ; l'ennemi, venant de l'Isle-sur-le-Doubs par la rive gauche, entrait dans la ville d'un côté. J'en sortais par l'autre avec mon appareil, mes dépêches et deux cavaliers d'escorte. A la sortie de Clerval, une centaine de Prussiens qui longeaient la rive droite de la rivière nous ont salués d'une fusillade bien nourrie : les balles sifflaient au-dessus de nos têtes et venaient s'aplatir sur les rochers qui bordent la route : si leur tir avait été moins mauvais, nous aurions été tués infailliblement.

Après avoir regagné Besançon et rejoint l'armée française à Pontarlier, Michel entra comme nous en Suisse et fut interné à Lucerne.

N'avait-il pas bien mérité de la patrie ?

J'aurais été heureux de pouvoir consacrer un chapitre spécial à chacun des chefs de la mission télégraphique, dire ce qu'ils ont fait, les lignes qu'ils ont établies, les postes qu'ils ont montés ; malheureusement, vingt-sept années se sont écoulées et quelques-uns de ces messieurs sont aujourd'hui à la retraite ; seuls, MM. Darcq et Wuenschendorff occupent encore des situations administratives : le premier n'a conservé aucune note manuscrite, et, si ses souvenirs sont encore très vifs, il ne possède aucun document qui puisse me servir à établir exactement la part importante qu'il a prise dans les travaux de la mission.

M. Wuenschendorff, avec une bonne grâce et une obligeance parfaites, a bien voulu me communiquer ses notes personnelles. La lecture de ces quelques lignes suffit pour démontrer la prodigieuse activité, l'endurance incroyable dont il a fait preuve pendant toute la campagne.

MM. Denis et Martin de la Bastide se sont retirés après de longs et honorables services ; je n'ai pu les consulter, l'administration ne possédant pas de renseignements sur l'adresse actuelle des agents sortis de fonctions ! Mais je les ai vus à l'œuvre, eux aussi, ils ont vécu au milieu de nous, partagé nos misères, enduré des fatigues inouïes, affronté des dangers incessants. Tout cela, nos ingénieurs l'ont fait simplement, modestement, comme s'ils accomplissaient un devoir journalier. A les voir monter à cheval par la nuit noire, sous la neige ou la pluie, avec, pour toute escorte, deux ou trois surveillants, et partir, le plus souvent sans guide, pour établir les fils télégraphiques demandés par le général en chef ou réparer ceux que l'ennemi avait détruits la veille, on n'eût pas dit qu'ils allaient effectuer une opération de guerre. Et cependant à Artenay, à Villersexel, à Montbéliard, à Héricourt, cent fois pendant cette guerre, ils ont été exposés au feu de l'ennemi, aux embuscades si hardies des reconnaissances que nos adversaires envoyaient jusque dans nos lignes. S'ils n'ont été ni surpris, ni tués, c'est qu'il y a un Dieu pour les braves.

Nul plus que moi n'a admiré le courage déployé pendant les combats par nos chers petits soldats et leurs officiers, n'a tressailli de plus orgueilleuse joie lorsqu'ils couraient, baïonnette au canon, sur les Allemands embusqués dans le parc de Coulmiers, dans les maisons ou le château de Villersexel. Certes, ils étaient sublimes dans ce sacrifice de leur vie, dans ce magnifique élan qui les jetait jusque sous le canon des batteries prussiennes, mais il y a dans la bataille une griserie envahissante ; le fracas des projectiles, le sifflement des balles, l'odeur de la poudre, le coude à coude, les commandements des officiers, l'exemple du voisin ; tout cela échauffe, étourdit et grise le soldat.

D'un ordre tout autre me paraît le courage de l'ingénieur, un civil, en somme, malgré son uniforme militaire, qui s'en va dans l'obscurité profonde, dans le silence lugubre de la nuit, à travers bois ou en pleins champs, accomplir une besogne commandée, alors que chaque arbre, chaque taillis, chaque accident de terrain peut cacher un ennemi, un piège, une embuscade. Ici, pas de grand'gardes, pas d'éclaireurs : quelques hommes aux mains engourdies par le froid, embarrassés de fils, d'isolateurs ou d'outils de terrassiers ; surveillant et ingénieur n'ont, en fait d'armes, qu'un revolver. Et la ligne se construit, les poteaux sont relevés, le fil rétabli sous le ciel noir, sans un rayon de lune, sans un scintillement d'étoiles, pendant que tombe silencieusement la neige. Les ordres ont été donnés à voix basse, rapidement exécutés, et, lorsque le travail a été poussé jusqu'à l'extrême limite, jusqu'en vue, parfois, des feux de bivouac des ennemis, la petite troupe revient sur ses pas, vérifie si tout est en ordre et rentre au camp.

Demain, on recommencera d'un autre côté, on poussera la ligne en avant, plus loin encore, si Dieu le veut, si la victoire nous sourit. Sinon, alors que toute l'armée sera en retraite, il faudra relever ce fil qui pourrait servir aux Prussiens, hâtivement, fébrilement, de crainte d'être surpris et faits prisonniers.

Tel a été le rôle de nos ingénieurs pendant la guerre : ils n'ont blessé ou tué aucun ennemi, leur revolver contenait encore, lorsqu'ils sont entrés en Suisse, les mêmes balles dont ils l'avaient chargé à Tours, mais pourrait-on établir le bilan des services qu'ils ont rendus ? Il existe certainement dans le gain d'une bataille, dans le succès d'une manœuvre, une corrélation entre l'appoint de ce qu'on appelle les services auxiliaires, l'habileté des chefs et le courage des soldats. Il y a là trois facteurs qui se lient étroitement ; la part de chacun d'eux peut-elle être déterminée ? Je ne crois pas. Ce qui est certain, c'est qu'avec le service de l'intendance, celui du télégraphe aux armées a une importance capitale : l'un ne va pas sans l'autre, et je puis dire sans craindre d'être démenti que le premier ne saurait se passer du second.

Voyons ce qui s'est passé dans l'Est. L'armée de Bourbaki, parvenue sur les bords de la Lisaine, n'a d'autre centre d'approvisionnement que Clerval, distant de 30 kilomètres de Montbéliard, de 38 kilomètres d'Héricourt, par voie ferrée. Or, la circulation des trains s'arrête à Clerval et les convois de vivres, de munitions, ne peuvent être acheminés que par les routes couvertes de neige ou rendues impraticables par le verglas. Quelque lenteur qu'aient mis ces convois à parvenir dans de pareilles conditions climatériques, si insuffisants qu'ils aient été, ils n'en ont pas moins été provoqués par le seul instrument rapide que le général en chef eût à sa disposition, c'est-à-dire par le télégraphe. Et ce télégraphe, ce sont nos ingénieurs qui l'ont établi de toutes pièces.

L'échange de communications entre le quartier général et le siège du gouvernement, qu'il fut à Tours ou à Bordeaux, n'a pas cessé une minute d'être assuré dans les conditions les plus satisfaisantes. Je n'en veux pas de meilleure preuve que l'attestation élogieuse que M. de Freycinet s'est plu à donner à la mission télégraphique dans son livre : *la Guerre en Province*, à la suite des rapports des généraux Bourbaki, Clinchant, Billot et d'Aurelle de Paladines. Ce résultat n'est-il pas dû entièrement à la rapidité avec laquelle nos ingénieurs ont su construire les lignes neuves, utiliser les réseaux existants et les relier avec les localités dans lesquelles les généraux en chef établissaient leur quartier général ?

Enfin, pendant toute la campagne, les différents corps d'armée ont toujours été reliés, sinon entre eux, ce qui, parfois, n'a pas été possible, du moins avec le grand quartier général, dans des conditions de célérité qui ont provoqué l'étonnement du commandement supérieur, avec un sang-froid et un mépris du danger qui ont valu à la mission une citation à l'ordre du jour de l'armée.

Et il est bon de rappeler que s'il y avait, ce qui est douteux, au moment de la déclaration de guerre, un matériel télégraphique spécial pour les opérations militaires, ce matériel avait été envoyé à l'armée du Rhin ; que, lors de la formation de l'armée de la Loire au camp de Salbris, il n'existait ni un appareil, ni un mètre de fil, ni voitures, ni bobines pour l'enroulement et le déroulement des câbles ; qu'il a fallu créer de toutes pièces le matériel indispensable, acheter des appareils en Suisse, des câbles en Angleterre, improviser des voitures, construire des bobines et s'approvisionner de poteaux ; qu'enfin, c'est avec ce matériel insuffisant, mal approprié à la nécessité d'actions énergiques et promptes, que nos ingénieurs ont réussi à surmonter des difficultés énormes et à répondre aux exigences multiples, imprévues, que crée l'état de guerre.

J'aurai rempli vis-à-vis d'eux tout mon devoir lorsque j'aurai dit qu'ils ont toujours su reconnaître chez leurs subordonnés le zèle, l'activité et le dévouement dont ils donnaient, les premiers, l'exemple ; c'est grâce à eux que notre énergie s'est soutenue jusqu'à la fin.

Quant au personnel, agents, de la mission, il s'est montré constamment à la hauteur de sa tâche : son rôle s'est borné, le plus souvent, à la réception et à la transmission des télégrammes. Si, parfois, son concours a été requis pour l'établissement, la réparation ou la vérification des lignes, il l'a donné tout entier, au risque de dangers auxquels quelques-uns d'entre nous, pour ne citer que nos amis Bouloud et Fricotel, n'ont pas pu se soustraire.

Mais son rôle normal suffisait pour faire de lui un auxiliaire précieux, indispensable. Au cours de ce récit, je n'ai pas insisté sur les conditions pénibles dans lesquelles il le remplissait ; il me paraît cependant bon qu'on le sache. Dans les différentes sections de la mission détachées auprès des divisions ou des brigades, les choses se sont passées exactement comme au grand quartier général ; les misères, les privations, les fatigues ont été partout les mêmes.

Ici et là, il a fallu coucher sur la paille dans de misérables habitations de paysans, parfois sous des hangars, le plus souvent dans quelque salle basse, humide et froide de château. Ici et là, il a fallu, après un travail de toute une nuit à l'appareil, à la lueur indécise de chandelles ou de bougies, effectuer à pied, par les chemins couverts de neige, d'interminables et dures étapes, et, en guise de repos, reprendre en arrivant et pour de longues heures, la transmission ou la réception des dépêches. Comme nous, nos camarades ont souffert du froid et de la faim, conservé, durant des semaines entières, les mêmes chaussures, les mêmes vêtements trempés de pluie ; comme nous, ils ont travaillé sous le feu de l'ennemi et sont restés à leur poste jusqu'à la dernière extrémité.

Que d'actes de courage n'aurais-je pas à citer d'eux si le chef de la mission avait résumé en des rapports journaliers les opérations effectuées par chacune des sections de télégraphistes ! Malheureusement, on se contentait d'exécuter les ordres reçus, quels qu'ils fussent ; nos chefs de brigade qui avaient pour principale attribution la traduction des dépêches chiffrées adressées aux généraux, ne faisaient aucune relation des événements ou des incidents qui se produisaient soit en cours de route, soit dans les postes. Seuls, les faits graves, comme la prise de deux agents par les Prussiens, étaient signalés. Et c'est ainsi que l'administration des télégraphes ne possède aucun document officiel, aucune pièce où l'on puisse trouver l'historique, si succinct qu'il soit, de ce qu'ont fait nos chefs, de ce que nous avons fait nous-mêmes. N'étaient les attestations des généraux, les services rendus par la télégraphie aux armées de la Loire et de l'Est auraient été complètement passés sous silence. Je ne sais même pas s'il serait possible de trouver trace aux archives de la guerre de la citation à l'ordre du jour dont nous avons été honorés.

Et cependant, l'historique de la guerre qu'a fait l'Etat-Major allemand consacre plusieurs chapitres à l'organisation de la télégraphie militaire et aux opérations qu'elle a effectuées sur le sol français. Pourquoi n'en a-t-il pas été de même chez nous ? J'ai trouvé des monographies trop courtes, il est vrai, des missions attachées aux armées d'Orient et d'Italie, mais rien, pas un mot de la télégraphie à l'armée du Rhin, à la 1re et à la 2e armée de la Loire, à l'armée de l'Est. Lacune regrettable que j'aurais voulu pouvoir combler, grâce aux renseignements fournis par mes camarades de la mission. Si chacun d'eux avait bien voulu rappeler et résumer ses souvenirs, me communiquer les notes prises au jour le jour, ou bien, comme Gaillard, les lettres adressées à la famille, je n'aurais pas été obligé de me borner à faire presque uniquement l'historique de la brigade attachée au grand quartier général. Malheureusement, le temps a accompli son œuvre : des agents de la mission, les uns sont morts, les autres, dispersés aux quatre coins de la France, ont oublié ou n'ont pas voulu, indifférents, s'imposer l'effort de mémoire, m'accorder la communication que je leur demandais.

Ce livre aurait présenté sans doute un intérêt plus puissant s'il avait été une œuvre en quelque sorte collective, le produit de la collaboration de tous. Tel qu'il est, je l'offre au lecteur, et je serai heureux si l'on y voit percer sous la forme simple, modeste que je lui ai donnée, l'unique souci de rendre à nos chefs aussi bien qu'aux agents qu'ils ont eu sous leurs ordres, la justice qui leur est due.

Je voudrais aussi que ce travail consciencieux, sans prétention littéraire et qui m'a coûté tant de veilles, qui m'a fait revivre les longs et douloureux mois passés à Strasbourg et aux armées, pût montrer à mes camarades de l'avenir, à ceux qui verront luire le jour bienheureux où la France, vaillante et forte, revendiquera hautement, l'épée à la main, les provinces qui lui ont été arrachées, ce que peuvent produire la science et l'énergie des chefs et le patriotique dévouement de ceux qui leur obéissent.

Imprimerie Friedel, Epinal

www.ingramcontent.com/pod-product-compliance
Lightning Source LLC
Chambersburg PA
CBHW070539230426
43665CB00014B/1744